DIE LAMME | BIOGRAPHIE EINES FLUSSES

HERAUSGEGEBEN VON

HANS-OISEAU KALKMANN | KUNSTVEREIN BAD SALZDETFURTH E. V.

GERSTENBERG

IMPRESSUM |

 Sparkasse
Hildesheim   Wir danken der Sparkasse Hildesheim
für die freundliche Unterstützung beim Druck dieses Buches.

DIE LAMME | BIOGRAPHIE EINES FLUSSES

Herausgeber: Hans-Oiseau Kalkmann | Kunstverein Bad Salzdetfurth e. V.
Idee und Konzeption: Hans-Oiseau Kalkmann, Bodenburg
Satz, Layout und Umschlaggestaltung: Jana Lidolt, Sehlem
Gesamtherstellung: Verlag Gebrüder Gerstenberg, Hildesheim

ISBN 978-3-8067-8746-7
Copyright © 2010 by Gebrüder Gerstenberg GmbH & Co. KG, Hildesheim
Printed in Germany
Alle Rechte vorbehalten

 www.verlag-gerstenberg.de

Stephan Bellin
Dipl.Ing. Wasserbauingenieur,
Universität Hannover;
geb. 1961; lebt in Giesen;
seit 1992 tätig in der nieders. Wasser-
schaftsverwaltung; seit 2005 tätig als Auf-
gabenbereichsleiter ›Oberirdische Gewässer‹
beim NLWKN Bst. Hannover – Hildesheim
Arbeitsschwerpunkte: Hochwasserschutz
Binnenland, Gewässerschutz;
stephan.bellin@nlwkn-hi.niedersachsen.de

Dr. Stefan Bölke
Kunsthistoriker;
geb. 1960; lebt in Hildesheim;
Dissertation zum Thema: Die Marineschule
Mürwik. Architekturmonographische Un-
tersuchung eines Repräsentationsbaues der
Kaiserlichen Marine; arbeitet seit 1995 als
freiberuflicher Autor, Journalist und Ausstel-
lungskurator an zahlreichen Projekten zur
Hildesheimer Bistums- und Stadtgeschichte.
Stefan.Boelke@t-online.de

Ewald Bürig
Pfarrer i.R.
geb. 1925; lebt in Sorsum;
1942 Ornithologische Schüler AG, Gymnasium
Josephinum; 1947 Studium der Theologie und
Philosophie in Paderborn; 1953 Ornithologi-
scher Verein Hildesheim OVH; Arbeitsschwer-
punkt: Feldornithologie, Vogelfotografie,
Vortragsreihen; seit 1975 ornithologische
Veröffentlichungen

Dr. Thomas Dahms
geb. 1965; lebt in Salzgitter;
Studium der Geschichte in Göttingen und
Durham (England) Promotion zum Thema ›Die
Hagen von Gebhardshagen, Braunschweig,
Gandersheim und des Klützer Ortes‹ – Eine
regionale Vergleichsstudie zur mittelalterlichen Wald- und Siedlungsgeschichte in
Niedersachsen und Mecklenburg;
seit 2007 tätig als Geschäftsführer des
Ostfalen-Netzwerks Hornburg;
Arbeitsschwerpunkte: Kulturlandschafts-
forschung, Siedlungsgeschichte, Wirtschafts-
und Sozialgeschichte;
www.ostfalen-portal.de
info@ostfalen-portal.de

Dr. rer. nat. habil. Ludger Feldmann
Privatdozent;
geb. 1956; lebt in Benningen am Neckar;
Studium und Promotion in Düsseldorf, Dissertation über Gletscher- und Flussablagerungen
im Großraum München, Dozentenzeit an der
TU Clausthal, Habilitationsarbeit über das
Eiszeitalter im Harzvorland;
seit 2003 freiberuflich tätig als Lektor, Reise-
leiter und Geowissenschaftler;
Arbeitsschwerpunkte: weltweite Reiseleitun-
gen, Landschaftszeichnungen;
www.ludger-feldmann.de
ludger_feldmann@yahoo.de

Claudia Günther, M.A.
geb.1960; lebt in Sarstedt
Studium der Kunstgeschichte, Mittelalterlichen Geschichte / Deutschen Literatur-
geschichte in Braunschweig; 1995 bis 2001
Magisterarbeit zum Thema ›Der Schulenburg-
sche Epithaphaltar – Ein unikales Werk der
lutherischen Kirchenkunst zu Beginn des
17. Jahrhunderts‹ Arbeitsschwerpunkte: Kunst-
inventare, Kirchenkunst des 19. Jahrhunderts,
Kunst und Geschichte im Hildesheimer Raum;
Claudia.Guenther.Sarstedt@web.de

Dr. phil. Norbert Hilbig
geb. 1947; lebt in Hildesheim;
Rektor der Krüger-Adorno-Schule in Elze
Arbeitsschwerpunkte: Ästhetische Theorie
– Kritische Theorie; Leiter der ›Galerie im
Stammelbachspeicher‹, Hildesheim;
norbert.hilbig@web.de

Dr. Heinrich Hofmeister
geb. 1934; lebt in Hildesheim;
langjährige Schulpraxis; Tätigkeit als Hoch-
schuldozent für Biologiedidaktik;
Autor zahlreicher Veröffentlichungen zur
Vegetationskunde und zum Naturschutz

Hans-Oiseau Kalkmann
Bildhauer;
geb. 1940; lebt in Bodenburg;
Gründer der Zentrale für künstlerischen
Umweltschutz; Gastprofessor an der Ecole
cantonale des Beaux-Arts, Lausanne;
Arbeitschwerpunkt ›Kontakt-Kunst‹ im öffentlichen Raum, Wasserskulpturen;
Gründer des ›Kunstverein Bad Salzdetfurth‹;
www.kunstverein-bad-salzdetfurth.de
info@kalkmann-kontakt-kunst.de

Axel Christoph Kronenberg
geb. 1938; lebt in Lamspringe;
Oberst a.D. und Dipl. Ing. (FH);
Arbeitsschwerpunkte: Erforschung der
Geschichte von Lamspringe und
Bad Gandersheim

Jacques Monnier-Raball
geb. 1932; lebt in Lausanne;
Honorardirektor der ›Ecole cantonale d'Art‹,
Lausanne; Lehrbeauftragter der ›Université de
Paris-Dauphine‹; Arbeitsschwerpunkte: Autor
›Visées‹ (Essai über zeitgenössische Künstler),
Félix Vallotton, Simuler/Dissimuler (Essai
über Massenphänomene), ›Dentelle et dynamite‹
(Essai über die Zeit), etc.;
monnier-jacques@bluewin.ch

Wolfgang Pletz
geb. 1948; lebt in Lamspringe;
Hauptamtlicher Bürgermeister der Samtgemeinde Lamspringe; (früher Realschul-
lehrer, 2. Staatsexamen: Examensarbeit zur
›Länderneugliederung in Deutschland‹); Ver-
bandsvorsteher des Wasser- u. Bodenverbandes
›Lamme‹-Neuhof; Gemeindedirektor der Mitgliedsgemeinden Flecken Lamspringe – Neuhof – Woltershausen – Harbarnsen – Sehlem;
Arbeitsschwerpunkte: Öffentliche Verwaltung
– Geographie – Geschichte – Arbeitswelt;
w.pletz@samtgemeinde-lamspringe.de

Erich Schaper
Dipl. Verwaltungswirt;
geb. 1949; lebt in Bad Salzdetfurth, Ortsteil
Lechstedt; seit 1988 Stadtdirektor bzw. Bürger-
meister der Stadt Bad Salzdetfurth;
Vize-Präsident des Niedersächsischen
Städte- und Gemeindebundes
e.schaper@bad-salzdetfurth.de

Dr. Gustav von Struensee
Dipl. Geologe;
geb. 1938; 1960 – 1967 Studium der Geowissen-
schaften und Volkswirtschaft, Freie Universität Berlin; Diplom- und Dr. Arbeit: ›Stratigraphie und Tektonik des Oberen Reno-Tales
(Prov. Bologna / Pistoia)‹; bis 2000 Montan-
geologe bei der Salzdetfurth- und K+S AG;
Auslandsaufenthalte in Äthiopien, Kanada
und Thailand; Betreuung der Kaliwerke Bad
Salzdetfurth, Siegfried Giesen, Hope Hattorf
und der stillgelegten Kaliwerke in Südniedersachsen; bis 2009 derzeitige geologische
Interessenschwerpunkte im Ruhestand:
Erforschungsgeschichte des mitteleuropäischen Zechsteins; Lagerstättenkunde –
Kali- und Salzbergbau; Lagerstätten im
ehemaligen Schlesien

Jürgen Twardzik
Diplom-Sparkassenbetriebswirt;
geb. 1959; lebt in Hildesheim;
Vorstandsmitglied der Sparkasse Hildesheim;
juergen.twardzik@sparkasse-hildesheim.de

es ist eine gute und förderungsfähige Sache, wenn Menschen, die ihren Lebensmittelpunkt in der Region Hildesheim gefunden haben, sich für die natürlichen Reize unserer Heimatregion begeistern können. Insofern war ich gern bereit, die Schirmherrschaft für das Buchprojekt ›Die Lamme – Biographie eines Flusses‹ zu übernehmen.

Die Lamme, ein 21 km langer südlicher Nebenfluss der Innerste, entspringt nördlich des Hebers in Lamspringe. Ihre Quelle befindet sich im dortigen Klosterpark, wo das Wasser aus einer ummauerten Quellgrotte sprudelt und für den Ortsnamen Pate stand. Von Lamspringe aus wendet sich die Lamme Richtung Norden und fließt bei Bad Salzdetfurth zwischen dem Hildesheimer Wald im Westen und den Saubergen im Osten hindurch bis sie kurz nach dem Heinder Wehr in die Innerste mündet.

Die Lamme ist kein besonders bedeutender Fluss, sie kann aber durch ihre ›Biographie‹ Geschichten über diese landschaftlich sehr reizvolle Region des Landkreises Hildesheim erzählen.

Für uns alle, aber auch für die nachwachsenden Generationen ist es von großem Interesse, zu erfahren, wie sich der Fluss und sein Umfeld über die Jahrhunderte bis zum Beginn des 21. Jahrhunderts entwickelt haben.

Der Fluss ist im übertragenen Sinne dann auch eine Quelle dafür, Geschichten zu erzählen, wie und wovon die Menschen gelebt haben. Er bildet die Grundlage für Flora und Fauna, die nicht durch menschliches Handeln gefährdet werden dürfen.

Jede Biographie – auch die eines kleinen überregional eher unbedeutenden Flusses – hat daher ihren eigenen Wert und ist ein Stück Regionalgeschichte und lohnt sich, festgehalten zu werden.

Als Landrat des Landkreises Hildesheim wünsche ich der Flussbiographie viele interessierte Leserinnen und Leser.

Reiner Wegner
Landrat

... EINTAUCHEN!

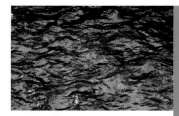

Biographien überschwemmen den Buchmarkt und so stellt sich die Frage: Soll man das Hochwasser auf diesem weiten Feld durch einen weiteren Wolkenbruch noch höher steigen lassen? Welchen Sinn macht es, sich mit dem Lebenslauf eines Flusses zu befassen, dessen Bedeutung im Adernetz der Flüsse Europas keine und im nahen Umfeld nur eine geringe Bedeutung besitzt? Die Frage, welchen Stellenwert diese Wasserader im weltweiten Haushalt unseres blauen Planeten einnimmt, soll hier schon gar nicht angesprochen werden.

Und doch stoßen wir mit dieser wertenden Einstufung genau auf den Punkt, der die Notwendigkeit dieser Biographie nachweist. Handelt es sich doch hier um einen Lebensraum, der seit Jahrtausenden von Menschen bewohnt wird, der die hier Lebenden prägte, und der von ihnen ebenso geprägt wurde. Wie die Zukunft dieses Lebensraumes aussehen wird, können wir nur erahnen.

Schon lange bevor der Mensch diesen Raum betrat, war er ein Teil von geologischen Prozessen, die nicht nur für die Enge des Lammetales von Bedeutung waren. Ich freue mich sehr, dass wir in diesem Lebenslauf Einblick nehmen können in die Vorgänge, die sonst nur wenigen Fachleuten vergönnt sind. Wer wusste bisher, dass sich die Quelle der Lamme ursprünglich an ganz anderer Stelle befand, und dass die Lamme der Innerste das Bett bereitete?

Dieser eine Hinweis mag genügen, um neugierig zu machen auf die einzelnen Kapitel des vorliegen- den Buches, und ich bin überzeugt, dass jeder der Leser nach seiner Lektüre die abwechslungsreiche Landschaft dieses kleinen Gewässers mit anderen und wissenderen Augen betrachten wird. Es wird ihm auch klar werden, dass unsere Region ein exemplarisches Beispiel dafür ist, wie unsere Land- schaft zwischen Natur und künstlichem Produkt hin und her schwankt, angefangen von der noch halbwegs intakten Auenlandschaft bis hin zur kanalisierten und ein- betonierten Wasserrinne, in der ein paar Findlinge das schnell strömende Wasser verlangsamen sollen. Er wird auch erkennen,

Forth 188 km

Lamme 21 km

welche Folgen unsere Eingriffe für die unterschiedlichen großen und kleinen Biotope und Lebensgemeinschaften dieses Flüsschens haben.

Die Beiträge in dieser Flussbiographie werden uns aber auch helfen, unverständliche Begebenheiten und Zustände besser verstehen zu können. Dieses bessere Verstehen kann und soll Folgen haben für unser Handeln an diesem schönen Flusslauf. Als ein Beispiel hierfür ist die Renaturierung der von Menschenhand geschaffenen Klärteiche der ehemaligen Zuckerfabrik in Östrum zu nennen, die sich inzwischen zu einem ornithologischen Kleinod entwickeln konnten. Dieses Biotop ist aber auch gleichzeitig eine Aufforderung an alle Bewohner dieses Flusstales, weitere Flächen und Landschaftsteile der Natur zurück zu geben. Ist es doch eine Binsenweisheit, dass das schwächste Glied einer Kette deren Funktionstüchtigkeit bestimmt. Ich denke hier z. B. an den Borbach, der in seiner ganzen Länge von Evensen bis zu seiner Mündung in die Riehe von einem wunderbar mäandrierenden Bächlein zu einer geraden Wasserlinie gemacht wurde. Noch auf der Gaußschen Landkarte von 1827 nimmt er im selbst gesuchten Bett seinen Lauf. Wir sollten der ›Borbeke‹ die Gelegenheit geben, sich ihr Bett wieder selbst zu machen. Die vernetzende Wirkung einer solchen Maßnahme hätte zur Folge, dass in Bad Salzdetfurth ein plötzliches Hochwasser seltener wäre. Eine Vielzahl ähnlicher Maßnahmen könnte der Gesundheit der Lamme helfen und mit ihr auch den Menschen in ihrem Tale sowie an den angrenzenden Höhen.
Nun aber zurück zum eingangs erwähnten Bild des Hochwassers. An ihm lässt sich verdeutlichen, dass meine anfangs gemachte Aussage von der Unwichtigkeit unseres kleinen Flüsschens für den Rest der Welt gar nicht stimmt. Wie der Borbach für die Riehe und Lamme, so ist die Lamme für die Innerste von Bedeutung und diese wiederum für die Leine. Das lässt sich bis zur Nordsee fortsetzen und hört nicht einmal bei ihr auf. Wir sehen also, wie die Teile von großer Wichtigkeit für das Ganze sind.
Das verdeutlichen uns die einzelnen Beiträge in diesem Buch. Aus ihren fachspezifischen Blickwinkeln geben uns die Verfasser in Wort und Bild informative Einblicke frei, die das Buch zu einem Nachschlagwerk machen, auf das man immer wieder gern zurückgreifen wird. Zu wünschen wäre auch, dass es in den Schulen zum Einsatz kommt. So kann es über die Sensibilisierung junger Menschen für die faszinierende Schönheit und Vielfalt dieses Lebensraumes gelingen, deren Augen zu öffnen, damit sich in ihrem Bewusstsein jenes Verantwortungsgefühl entwickelt, das für uns alle Lebensgrundlage ist.

Vielleicht ist dieser Lebenslauf sogar der Anstoß für ein Projekt, das modellhaft Zeichen setzen kann für das verantwortliche Handeln in unserer Region zwischen Quelle und Mündung. Ich nenne es ›Projekt Flusspark Lamme‹. Das was früher Fürsten mit ihren Parkanlagen künstlich

»aus dem Boden stampfen« mussten, um einen englischen Landschaftspark zu schaffen, kann sich am Lauf der Lamme in einer gewachsenen Kulturlandschaft Schritt für Schritt entwickeln. Geben wir diesem schönen Flüsschen die Chance, sich sein Bett wieder selbst zu machen. Stellen wir ihm an seinen Ufern rechts und links einen mindestens 10 Meter breiten Streifen Land zur Verfügung. Der Platz ist an vielen Stellen des nur knapp 21 km langen Laufes vorhanden. Es würde nicht lange dauern, und unser ›Flusspark Lamme‹ wäre ein Landschaftsraum mit hoher Lebensqualität und legte Zeugnis ab für das ökologische Denken und umweltbewusste Handeln seiner Bevölkerung. »Kirchturmdenken« würde bei diesem Projekt keine Rolle mehr spielen und das glitzernd fließende Band der Lamme könnte dabei seine verbindende Rolle einnehmen.

Ein solches Projekt reicht weit in die Zukunft hinein und birgt somit eine Aufgabe für die zurzeit politische Verantwortung Tragenden, die gleichzeitig als Chance für die Jugend aufzufassen ist, denn hier spielt der Nachhaltigkeitsgedanke eine tragende Rolle. Es bietet sich hierbei eine hervorragende Möglichkeit der Kooperation zwischen Jung und Alt, für das es bereits bewährte Modelle[1] gibt, an denen man sich orientieren kann. Hamburger Schülerinnen und Schüler renaturieren zum Beispiel bei Ihrem Projekt ›Lebendige Engelbek‹ einen Bachlauf. Und man muss nur in die Robert-Bosch-Gesamtschule, die den Deutschen Schulpreis gewonnen hat, schauen, wie man die Nachhaltigkeitsthematik in den Schulalltag aufnimmt. Am Projekt ›Flusspark Lamme‹ könnten sich die Schulen vom Quellort Lamspringe bis zum Mündungsort Heinde in einer bundesweit einmaligen Initiative engagieren und zeigen, dass auch in unserem kleinen Flusstal die ›Bildung für nachhaltige Entwicklung‹ (BNE) kein marginales Thema ist.
Das vorliegende Buch lebt von der Sachkenntnis seiner Verfasserinnen und Verfasser. Mit ihrem Wissen öffnen sie uns die Augen für eine schöne Flusslandschaft, die eingebettet zwischen den Tosmarbergen und den Saubergen, dem Clusberg und der Ohe, dem Eckersberg, der Harplage sowie dem Heber und dem Hopfenberg einen vielfältigen Naturraum bildet, der zu jeder Jahreszeit zu Entdeckergängen einlädt. Ich danke ihnen, dass sie die Arbeit an ihren Texten auf sich nahmen. Ganz herzlich danke ich aber auch Jana Lidolt für das ansprechende Layout und dem Verlag Gebrüder Gerstenberg, dass er dieses Buch in sein Programm aufgenommen hat. |

- - - - - - - - - - - - - - - - - - - -

1 Umfassende Informationen zu dieser Thematik liefern die folgenden Institutionen: ›Fona‹, (Forschung für Bildung und Nachhaltigkeit). Verantwortlich ist das Bundesministerium für Bildung und Forschung, Berlin – www.fona.de | Und als Beitrag zur UN-Dekade ›Bildung für nachhaltige Entwicklung‹ realisiert die Deutsche UNESCO-Kommission das Internet-Portal zur Bildung für nachhaltige Entwicklung. www.bne-portal.de

PORTRÄT EINES FLUSSES •
DIE LAMME IN NIEDERSACHSEN

Jede Art von Diskurs, jeder Text kann einen Anfang haben – vorausgesetzt, es existiert bereits ein vollständiges Sprachsystem mit Wortschatz und Syntax. Das Gleiche gilt für einen Fluss: Er muss eine Quelle haben; doch ohne Wasser würde die Quelle nicht existieren, und Wasser impliziert einen unendlichen Kreislauf, von der Verdunstung über die Kondensation (Abb.1) bis zum Niederschlag.

Fluss: »Mittleres bis grosses Fließgewässer«, sagt das Lexikon, das zudem folgende topografische Eigenschaften beschreibt: »Fließgewässer fließen in der Regel gemäß der Schwerkraft von einer Quelle bis zu ihrer Mündung in einen See, ein übergeordnetes Fließgewässer oder ein Meer«[1].

Erstaunlich ist, dass in manchen Sprachen (wie im Französischen mit dem Wort *rivière*) ein Widerspruch auftritt: Man nutzt ein starres Substantiv, um ein fließendes Phänomen zu beschreiben! Schon Heraklit merkte an, man könne nicht zweimal im gleichen Fluss baden …
Gibt man sich, wenn man ein Phänomen *benennt*, nicht der Illusion hin, dass man es beherrscht? Und wenn es sich um ein flüssiges Element handelt, dessen Eigenheit es ist, jeglicher Form zu trotzen und jegliche Starrheit abzulehnen, solange nicht dazu gezwungen wird, kommt diese Namensgebung nicht terminologischem Missbrauch mit dem Ziel gleich, ein Element ruhig zu stellen, dessen Bestimmung darin liegt, zu fließen und sich auszubreiten? Zudem *benennt* das Französische ein Fließgewässer, also einen flüssigen Strom, nach dem materiellen, dauerhaften Effekt, den es auf das Land ausübt: *Rivière* leitet sich von der lateinischen *ripa* ab, die das Ufer (Abb. 2) (franz. *rive*) bezeichnet …

Schließlich ist *Fluss* ein Oberbegriff, der ausreichend abstrakt ist, um alle Wasserströme mittlerer Größe unseres Planeten zu bezeichnen. Doch es hat nie der *Fluss* als solcher existiert, sondern vielmehr individuelle Wasserläufe, für die die Lamme ein besonderes, ja einzigartiges Beispiel darstellt.

01 | LINKS | AUFSTEIGENDE NEBEL UND WOLKEN
IM WASSERKREISLAUF
02 | DIE JUNGE LAMME AM ZUSAMMENFLUSS MIT DEM
KREUZQUELLENWASSER

1 (zitiert nach Wikipedia, Stand 12.09.09)

Das in Schriftform gezeichnete Porträt eines Flusses stellt den Autor zunächst vor das Problem der angemessenen Ausdrucksweise. Welche Art der Prosa soll er wählen, welchen Rhythmus und welches Tempo anschlagen, um dem Lauf des Flusses möglichst eng zu folgen, seine Windungen nachzuempfinden, ihn zu begleiten, wenn er gelegentlich davoneilt, ihm nahe zu bleiben in seinen Gefällen (Abb. 3) und stillen Abschnitten, wenn der Fluss sich ausruht und sich den Liebkosungen der Sonne hingibt? (Abb. 4)

Bald ergeben sich die nächsten Fragen, inspiriert durch Jahres- und Tageszeiten, klimatische Bedingungen, ja allein schon durch die Wichtigkeit, die man den Momenten und Umständen der Betrachtung zumisst … Bereits Claude Monet mühte sich mit dem Malen der *Cathédrale de Rouen*, nur um sehr bald zu erkennen, dass er einem Trugbild erlegen war, dass die Kathedrale nicht als solche existierte, dass ihre Wahrnehmung von unzähligen Umständen abhing und dass er, wie sein Freund Georges Clemenceau bemerkte, seine Versuche unendlich wiederholen müsste: »Mit zwanzig Bildern und gut gewählten Effekten hat der Maler uns das Gefühl gegeben, dass er fünfzig, hundert, tausend, nein so viele Bilder, wie sein Leben Sekunden hat, wenn es so lang wäre wie das des steinernen Monuments, hätte schaffen können, ja müssen … denn so lange, wie die Sonne auf das Bauwerk niederscheint, gibt es so viele Variationen der Kathedrale, wie der Mensch Zeitabschnitte schaffen kann« (*La Justice*, 20. Mai 1895).

Und wie kann man überhaupt einen Fluss unter Hunderttausenden auf eine Art beschreiben, dass er in seiner Besonderheit einmalig wird? Welche beschreibenden Elemente kann man für einen Fluss in einer bestimmten Region verwenden, um eine Verwechslung mit anderen benachbarten Wasserläufen zu vermeiden?
Derartige Überlegungen sind heutzutage schon deshalb nicht müßig, weil die gesamte Menschheit bereits jetzt mit dem Problem der Verteilung und relativen Knappheit der lebenswichtigen Substanz *par excellence* konfrontiert ist, die das Wasser seit jeher darstellt.

Doch was gibt es Banaleres als das Aufdrehen eines Wasserhahns, das Herunterspülen des Abwassers aus einer Toilettenschüssel – Gesten also, die man tagtäglich fast reflexartig ausführt und heute in unserer westlichen Welt kaum als Privileg begreift, während eine grosse Zahl Menschen dieser alltäglichen Anwendungen entbehrt! Kaum noch erinnert man sich an diese Szene in *Wind, Sand und Sterne* von Antoine de Saint-Exupéry, die vom Erstaunen eines Maghrebiners beim Anblick eines reißenden Gebirgsstroms in der französischen Savoie berichtet, der sich fragt, wann diese Verschwendung wohl aufhöre …

Aber die Anwohner eines Flusses sind meist so an ihn gewöhnt, dass sie ihn überhaupt nicht mehr beachten und meinen, wenn man sie über ihn befragt, nicht einmal seinen Namen, den Ort seiner Quelle oder den seiner Mündung kennen zu müssen … (Abb. 6)

04 |

05 |

06 |

Doch sobald das Flussbett einen Ort (Abb. 5) durchquert, wird man sich der Gegenwart des Flusses wieder bewusst, die derart stetig ist, dass sie letztendlich selbstverständlich wird; es kommt vor, dass man ihn einige Augenblicke lang betrachtet und sich kurzzeitig seiner immerwährenden Bewegung und seiner stetigen Erneuerung bewusst wird, die wie im Widerspruch zu seiner fortwährenden Existenz stehen. Doch wenn sein Lauf unter der Vegetation verschwindet, vergisst man ihn alsbald.

Von Geografen wird ein Fluss durch seine geografische Lage im jeweiligen Land, durch seine Länge von der Quelle bis zur Mündung und den Durchfluss in Kubikmetern pro Sekunde beschrieben. Man geht dabei von einer mittleren Geschwindigkeit aus, die Hoch- und Niedrigwasser berücksichtigt. In diesem Sinne zeichnet sich die Lamme durch ihre Lage, nämlich in Niedersachsen bei 51° 57′ 39″ N, 10° 0′ 49″ O aus, durch ihre Quelle in Lamspringe und ihre Mündung in die Innerste; auch ihre Höhenlage ist wichtig: ungefähr 200 m über dem Meeresspiegel an der Quelle, 89 m an der Mündung; auch die Oberfläche ihres Einzugsgebiets (160 km^2) ist genau festgelegt; sie floss im Zeitraum 1997–2007 durchschnittlich bei Niedrigwasser mit 0,159 m^3/s und bei Hochwasser mit 30,75 m^3/s. So präzise diese Zahlen sein mögen – genügen sie, um die Originalität und Besonderheit des Flusslaufs darzustellen?

Diese Angaben sind allgemein und abstrakt zugleich und nützen nur dem Spezialisten. Sie sind nicht in der Lage, den *Fluss* zu beschreiben, ihn vor Augen zu führen, zu veranschaulichen. Hinzugefügt werden müsste, die Lamme ihren natürlichen Lauf ändert, in Windungen verläuft, sobald sie sich ausserhalb von Ortschaften befindet, dass manche Abschnitte des Flussbetts begradigt sind. Doch das genügt nicht, um sie von all den anderen, ähnlichen Wasserläufen zu

03 | DAS LAMMEWEHR AN DER STRASSE
NACH WEHRSTEDT

04 | SONNENREFLEXE AUF DER LAMME

05 | AN DER ENGSTEN STELLE DES LAMMETALES
IN BAD SALZDETFURTH

06 | BLICK AUF DIE LAMME IM KURPARK

07 |

08 |

09 |

unterscheiden: Das 19. Jahrhundert war besessen von der Beherrschung der natürlichen Umwelt, man legte Feuchtgebiete trocken und kanalisierte Flussbette, um die als widerspenstig und unberechenbar geltende Natur zu bändigen … Dass die Lamme aus dem Fuß eines bewaldeten Hügels quillt und, wie so viele ihrer Genossinnen, in einen anderen Fluss mündet, ist sicher nichts Besonderes!

Und dennoch ist es unbestreitbar, dass die Lamme einzigartig ist und dass sie durch eine einzigartige Landschaft fließt, zu deren Prägung sie seit Jahrhunderten, ja seit mehr als einem Jahrtausend, beigetragen hat. Nichts an dem bescheidenen Rinnsal, als das sie entsteht, deutet auf eine solche Bestimmung hin. Sie entspringt unter dem Symbol eines Lamms mit einem diagonalen Bischofskreuz – die Mauer, die die bescheidene Quelle markiert, trägt als Basrelief das Wappen des Abts Maurus Heatley (1787). Das hätte der Lamme einen launenhaften Charakter verleihen müssen! Doch weit gefehlt, auch wenn sie bald einen ebenso schwachen Zulauf von einer zweiten Quelle erhält, die kaum fünfzig Meter entfernt liegt: der Kreuzquelle (Abb. 7). Diese zweite Quelle, die mit einem runden Metalldeckel bedeckt ist, scheint sich mit der ersten, dem Lämmchenbrunnen (*fons agni*), verbündet zu haben, dessen Name dem Charakter der Lamme alle Ehre macht; ihr sanftes Dahinströmen mit kleinen Wirbeln als Antwort auf die Liebkosungen der Sonne erinnert an die seidige, krause Wolle der ersten Schur … Doch statt weiter lustig dahinzuhüpfen, verbreitert sie sich alsbald zu einem Weiher und bietet den sie liebevoll umspielenden Sonnenstrahlen und den durch die umgebenden Baumkronen geformten Schatten eine grössere Fläche dar. Die Lamme verweilt jedoch nicht länger und nimmt ihren weiterhin bescheidenen Lauf wieder auf, spinnt fleißig an ihrem Wasserstrang, mit der ruhigen Beharrlichkeit derer, die ihr Lasttier schont, um weiter und weiter zu reisen.
Nein, nicht die Lamme wollte hier verweilen! Vielmehr haben die Benediktinernonnen ihren ruhigen, aber stetigen Lauf gebremst, um mit ihr den Teich zu füllen, das den Ordensfrauen ihren freitäglichen Fisch, ihre Karpfen und Schleien lieferte. Weiter flussabwärts unterbricht ein weiteres Becken den Flusslauf, diesmal um die Lamme zu zwingen, ihre bescheidene Kraft mittels des grossen Mühlrades einer Mühle in mechanische Energie umzuwandeln. (Abb. 8 u. 9)

10|

11|

In der Bibel ist Wasser ein wiederkehrendes Motiv; es ist
in Palästina umso kostbarer, als die Erde dort trocken
ist und das Tote Meer wegen seines hohen Salzgehalts den
Durst von Mensch und Land nicht löschen kann. Der Jordan
stellt die Hauptschlagader des Landes dar, und artesische
Brunnen durchziehen das Alte und Neue Testament. Mit
seiner hygienischen Funktion transzendiert das Wasser
seinen unmittelbaren Nutzen durch seine hoch symbolische
Bedeutung als Mittel der moralischen Läuterung: Es dient
der Taufe der Gläubigen; ja Christus selbst vergleicht sich mit
einer Quelle: »Wenn jemand dürstet, so komme er zu mir und
trinke./Wer an mich glaubt, aus dessen Leibe werden Ströme
lebendigen Wassers fliessen« (Johannes 7, 37–38).

Nicht verwunderlich also, dass die ersten Benediktinerinnen im Jahr 847 ihr Kloster nahe einer Quelle errichteten
und dass ihr Kloster wiederum dem Ort seinen Namen
gegeben hat, dessen Zentrum es bildete: Lamspring
(Spring = Quelle).

Und weitere Quellen speisen die Lamme. Der Schellbrunnen (Abb. 10) quillt aus einer Mergelschicht, am Fuße eines
bewaldeten Hügels (der Ohe), und bildet, geborgen unter
dem hohen Laub der umgebenden Buchen und Ahornbäu-
me, einen bescheidenen Weiher, übersät mit Inseln und
Inselchen aus Wasserlinsen. In der leichten Rundung
kündigen sich der nahe Waldessaum und ruhige Auen
an. Flussabwärts der Öffnung, aus der das Wasser quillt,
streckt der Stumpf eines toten Baumes im Dämmerlicht des
Laubes in ergreifender Weise seine nassen Wurzeln aus.

Die sofort von Mönchen gezähmte und doch schüchtern
rebellische Lamme kann sich dennoch auf einem grossen
Teil ihres Laufes über recht grosszügige Freiheiten freuen;
sie überschwemmt und umspielt ihre Ufer, bevor eine Stadt
die Rolle der Benediktinerinnen übernimmt und den Fluss
neuen Regeln unterwirft, die bedeutend strenger sind, ihn
in ein Korsett aus steinigen Ufern zwingen und ihm ein

U-Profil (Abb. 11) vorschreiben. Somit musste die Lamme
sich ein klein wenig den städtischen Umgangsformen
anpassen und einst den Wohlstand der gut betuchten
33 Salzsieder von Salzdetfurth sichern. Diese erbauten
nämlich aus Gründen der Brennholzersparnis *Gradierwerke*
– hohe mit Schwarzdorn gefüllte Gerüste, von denen heute
noch zwei erhalten sind. Hier sickert und tröpfelt die
Salzsole herab, das Wasser verdunstet und so entsteht nach
siebenmaligem Lauf über dieses Gerüste eine konzentrierte
Sole. Die Wirkung dieses Prozesses ist an den Balken und
Stützen der kunstvollen Konstruktion ablesbar, tragen sie
doch die vom Salz verursachten Zeichen der Zeit, als ob die
Gischt des Ozeans stetig diese Bauten benetzt hätte.

In diesem friedvollen sonnigen Monat Juni fließt das
Wasser recht langsam durch das geradlinig angelegte
Flussbett und reicht eben aus, um im Vorbeiströmen Moose
und Algen zu glätten und kleine Kresseblätter abzuzupfen.
Doch bei starken Regenfällen führt die Lamme gelegentlich mehr Wasser, wird ungestümer … Ja es kommt vor,
dass sie über die Ufer tritt!

Allerdings zeigt die Lamme eine gewisse Schüchternheit,
wenn sie sich den städtischen Sitten beugen muss, die sie
neugierigen Blicken aussetzen. Diese Sitten sind gegen
ihre Natur, denn ihr Charakter bleibt eher ländlich.
Nichts liebt sie so sehr, wie sich durch die Vegetation zu
schlängeln, sich gar dem allzu interessierten Blick des
Spaziergängers zu entziehen und im Schatten der hohen
Bäume dahinzuplätschern, die ihre Ufer säumen und als
vertikale Wegweiser ihren Lauf verraten: Spindelförmige
Pappeln, ausladende Kronen von Eichen, biegsame Weiden
und im Wind säuselnde Erlen sind ihre ständigen Begleiter,
die wiederum dichte Büsche als Weggefährten mit sich
führen.

12|

13|

An manchen Stellen entfernt sich der Weg, der sich am Lauf der Lamme entlangwindet, vom Fluss, als ob er von den Bataillonen an Schilf mit seinen hohen Wattekolben in respektvoller Entfernung gehalten würde.
Das Murmeln des Wassers beim Spinnen seines klaren Wollstrangs bildet die Basslinie der Partitur, aus der sich hin und wieder der Ruf eines Kuckucks emporhebt …

Nachdem die Lamme lange Zeit zwischen Auen und Feldern – mit Mais, dessen Kolben wie in militärischer Ordnung schnurgerade aufgereiht stehen, – dahingedümpelt ist, erreicht sie das Dorf Wehrstedt. Sie kommt auf Höhe von Gärten in einem kleinen Kanal, dem Mühlengraben, zum Vorschein, der zu einer Mühle führt, die allerdings heute dem Verfall preisgegeben ist. (Abb. 13)
Nach einer langen Reihe von Gemüsegärten, in denen betagte Renterpaare sich zu schaffen machen, gelangt man schliesslich zur Einmündung der Lamme: Durch das dichte Laub hoher Bäume, deren unterste Äste ihr die Ehre einer Verbeugung erweisen, vor den neugierigen Blicken des Spaziergängers geschützt, scheint die Lamme die Bescheidenheit verbergen zu suchen, mit der sie ihr Wasser mit dem eines anderen Flusses, der Innerste (Abb. 12), vermengt, die wiederum freudig ob ihrer Wichtigkeit gegenüber einer möglichen Rivalin anschwillt. Fast widerwillig beugt sich die Lamme einem Fluss, der diese Unterwerfung von ihr verlangt. (Abb. 14)

Doch die Innerste kommt von weit her, aus dem Harz, diesem eindrucksvollen, dicht bewaldeten Gebirge, einem Zeugen der Urzeit. Die Innerste erzählt eine lange Geschichte. Das Gebirge wurde von Gletschern ausgeschliffen, vom Wechsel der Eiszeiten abgetragen, und so lagerten sich über die Zeit in seinem Inneren wertvolle, begehrte Metalle an: Silber, Kupfer, Eisen, Zink, Blei, … Im Mittelalter wurden immer tiefere Minen gegraben, die den Bergen wieder schärfere Konturen verliehen, in Form von Halden aus abgetragenem Erdreich, die von Moos, Pionierpflanzen, Laub- und Nadelbäumen nach und nach in einen dichten Wald verwandelt wurden.

Teilt die Innerste ab nun mit der Lamme ihre Erinnerungen an die alten Zeiten, an die harte Arbeit und den Schweiss der Menschen und an die mühsam unter Tage dem Boden und dem Fels entrissenen Metalle? Und säuselt die Lamme ihrer Herrin die Geheimnisse der Mönche ein, die diese ihren geistlichen Führern beichteten? Oder erzählt sie gar die Höhepunkte ihrer Geschichte, die so eng mit der des Klosters verbunden ist, das die lutherische Reformation, die Zersprengung der Einwohnerinnen, die Restitution des katholischen Glaubens (1629) und dann die Niederlassung von Benediktinern aus dem fernen England (1643) miterlebte und deren Anführer schliesslich die Wiege des Flusses mit seinem Siegel gekennzeichnet hat? Oder betrachtet die Lamme aus der Warte eines Flusses die Geschichte der Menschheit mit liebevoller Ironie – denn hat sie nicht die Jahrhunderte und Jahrtausende auf ihrer Seite, und hat sie nicht diese Fähigkeit, ihr Element ständig zu erneuern und dabei der Landschaft ihr unauslöschliches Siegel aufzudrücken? Hat sie nicht genügend Zeit, die Bewohner ihrer Ufer zum Besten zu halten, indem sie vorgibt, manchen ihrer Anordnungen Folge zu leisten, während sie sich doch stetig ihrem Einfluss entzieht? Denn was kümmert die Lamme letztendlich die Menschheit … |

14|

12| BLICK NACH OSTEN AUF DIE INNERSTE KURZ VOR
DER LAMMEMÜNDUNG

13| DER MÜHLENGRABEN STÜRZT IN DAS VERFALLENE
MÜHLHAUS AN DER SCHMIEDESTRASSE
IN WEHRSTEDT

14| DIE LAMME MIT DER INNERSTE VEREINT

Bodenburg

Bad Salzdetfurth

Lamspringe

Wehrstedt

Detfurth

Klein Ilde

Kl. Dünger

Neuhof

Groß Ilde

Wesseln

Heinde

DIE LAMME UND IHRE GEOLOGISCHE GESCHICHTE
LUDGER FELDMANN

Mit 21 km Länge ist die Lamme ein relativ kurzer Fluss, der bei Lamspringe in etwa 200 m über dem Meeresspiegel entspringt und bei Groß Düngen oberhalb von Hildesheim in 84 m über dem Meeresspiegel in die Innerste mündet.

Die Quelle der Lamme im Klosterhof von Lamspringe ist auf unterschiedliche Gesteine im Untergrund zurückzuführen: über wasserstauenden Tonsteinen des Oberen Buntsandsteins liegen wasserdurchlässige Kalksteine des Unteren Muschelkalks. Wenn nun Regenwasser auf den Anhöhen von Heber und Hopfenberg versickert, erreicht es nach kurzer Zeit den Tonstein. Das Sickerwasser sammelt sich auf dieser wasserundurchlässigen Schicht und tritt an der Grenze zwischen Tonstein und Kalkstein an der tiefsten Stelle als Quellwasser an die Oberfläche.

Die Lamme durchfließt dann das Becken bei Neuhof, das aus Sand- und Tonstein aufgebaut wird, auf dem Löss liegt. Es ist der westliche Ausläufer des Rhüdener Beckens.

Zwischen Neuhof und Klein Ilde durchbricht der Fluss an einer Störungszone den harten Muschelkalkberg, der die Harplage aufbaut und aus Gesteinen des so genannten Trochitenkalks und Ceratitenkalks besteht. Die Gesteinsserien haben ihren Namen nach typischen Fossilien erhalten. Der Fluss quert dann die westliche Grenze des Ambergaus, der das Becken von Bockenem bildet. Vor Bad Salzdetfurth nimmt die Lamme von Westen die Riehe auf. Unterhalb von Bad Salzdetfurth durchbricht der Fluss die harten Sandsteine des Buntsandsteins in einem engen Tal und mündet schließlich bei Groß Düngen in die Innerste (Abb. 2).

Die Lamme durchfließt damit einen kleinen Teil des Niedersächsischen Berglandes, das aus 250 bis 100 Millionen Jahre alten Sandsteinen, Tonsteinen und Kalksteinen aufgebaut ist. Diese ehemals horizontal liegenden Gesteine sind durch tektonische Bewegungen vielfach verstellt und verbogen worden und – in Abhängigkeit von ihrer Härte – unterschiedlich stark abgetragen worden. So bilden harte Sand- und Kalksteine die Anhöhen, die heute vielfach bewaldet sind, und relativ weiche Ton- und Mergelsteine die Mulden, in denen sich als oberste Gesteinslage häufig eiszeitlicher Löss befindet. Diese Mulden werden landwirtschaftlich genutzt.

Die Verstellung der Gesteine erfolgte zum Teil durch Salzschichten, die in Form von Salzstöcken, Salzmauern und Salzbeulen aus dem Untergrund aufsteigen. So ist die Anhöhe des Hildesheimer Walds durch eine langgestreckte Salzmauer im Untergrund entstanden, die sich aus

02 |

01 | GEOLOGISCHE FORMATION OBERHALB DER ENTLASTUNGSSTRASSE IM BEREICH DER GASSTATION

02 | DIE MÜNDUNG DER LAMME (IM VORDERGRUND DIE INNERSTE)

einer Tiefe von bis zu 4,5 km in den letzten 100 Millionen Jahren bis fast an die Oberfläche bewegt hat und noch heute bergbaulich genutzt wird. Auch die Anhöhen von Sackwald, Heber, Harplage, Hainberg und Lichtenberg sind auf Salzstrukturen im Untergrund zurückzuführen. Heber und Harplage umgrenzen dabei das Rhüdener Becken, in dessen Zentrum die Salzstruktur im Untergrund liegt. Vielfach sind die Senken und Talungen zwischen diesen Anhöhen Leitlinien für die Entwässerung und damit für die Fluss- und Bachläufe. Dieses gilt vor allem für die Innerste, während die Lamme und die Nette die Strukturen auch schneiden und somit wahrscheinlich Bruchlinien folgen.

Seit wann die Lamme ihren heutigen Lauf nimmt, ist unbekannt. Viele Flussläufe im Harzvorland wurden vor etwa 2 – 3 Millionen Jahren festgelegt. Allerdings ist das nördliche und nordwestliche Vorland des Harzes im Eiszeitalter zwei Mal vollständig von skandinavischem Eis bedeckt gewesen, wodurch die Oberfläche und auch die Flussläufe nachhaltig beeinflusst und verändert wurden.
Die erste (nachgewiesene) Eisbedeckung erfolgte in der drittletzten Eiszeit vor etwa 400.000 Jahren: von Skandinavien ausgehend dehnte sich die Inlandeismasse über die Ostsee und das Norddeutsche Tiefland bis an den Harzrand aus. Es bedeckte bei seiner maximalen Ausdehnung auch das gesamte Gebiet der heutigen Lamme. Diese Eiszeit wird als Elster-Eiszeit bezeichnet. Nach einer Warmzeit erreichte das skandinavische Eis vor etwa 250.000 Jahren in der vorletzten, so genannten Saale-Eiszeit erneut den Harzrand und damit auch das Lamme-Gebiet. In der letzten Eiszeit, der Weichsel-Eiszeit vor 115.000 bis 11.000 Jahren vor heute, ist das Eis nicht mehr über die Elbe gekommen, das Harzvorland einschließlich des Lamme-Gebiets war von einer Kraut- und Grastundra bedeckt. Es herrschte ein eiszeitliches Klima mit Dauerfrostboden und Jahresdurchschnittstemperaturen weit unter 0 °C vor.

03 | DIE LANDSCHAFT IM EINZUGSGEBIET DER HEUTIGEN LAMME VOR ETWA 1 MILLIONEN JAHREN WÄHREND EINER WARMZEIT: EIN DICHTER URWALD WURDE NUR IN DEN FLUSSTÄLERN VON EINER OFFENEN AUENLANDSCHAFT UNTERBROCHEN. BLICKRICHTUNG NACH NORDEN, LINKS UNTEN DAS LEINETAL, DANN KOMMEN DIE ANHÖHEN VON SACKWALD UND DER SIEBEN BERGE. ES FOLGT DAS RIEHETAL, DAS VOR DEM HILDESHEIMER WALD NACH WESTEN ABBIEGT. IN DER MITTE UNTEN DER HEBER, RECHTS UNTEN DER HARZ. IM ZENTRUM ZERSCHNITT DIE UR-LAMME, DIE IHRE QUELLEN IN HÖHE VON BAD SALZDETFURTH HATTE, DIE ANHÖHEN DES HILDESHEIMER WALDES. IN DER RECHTEN ABBILDUNGSHÄLFTE IST DIE NETTE, DIE NEILE UND OBEN RECHTS DIE INNERSTE DARGESTELLT, DIE IHREN WEG NACH NORDEN NAHM. DIE OBERSTE ANHÖHE RECHTS SIND DIE LICHTENBERGE (WEITERE ORTE UND NAMEN SIND IN ABBILDUNG 17 ENTHALTEN) (ENTWURF UND ZEICHNUNG: L. FELDMANN 2009).

03 |

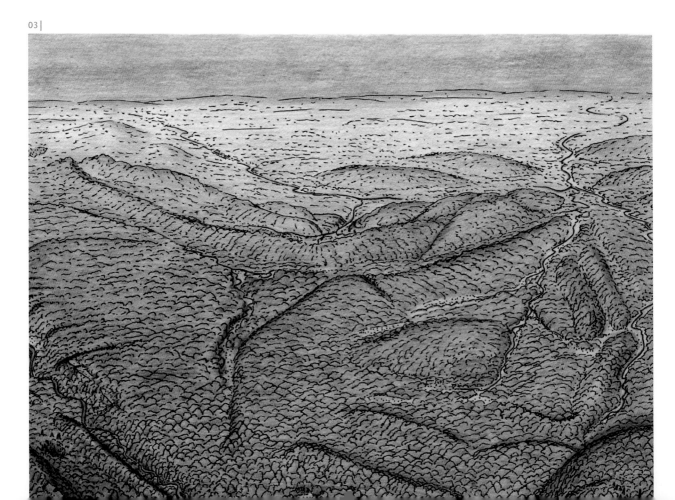

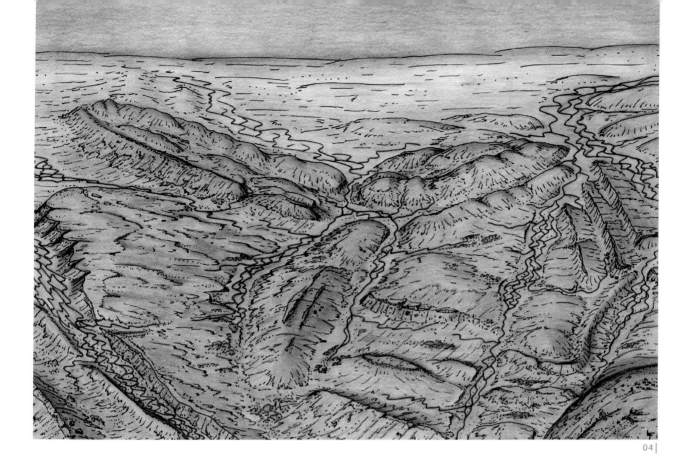

04|

DIE GESCHICHTE DER LAMME

Die Geburtsstunde der Lamme lässt sich nicht genau festlegen. Erste Anzeichen des Flusses hat es sicherlich weit vor der Elster-Eiszeit gegeben. Zu dieser Zeit – vor 1 bis 2 Millionen Jahren – bildete sich am Nordrand des Hildesheimer Waldes bei der heutigen Ortschaft Wesseln eine Quelle aus (Abb. 3), die wie die heutige Lamme-Quelle ihre Ursache in wasserstauenden Tonsteinen unter wasserdurchlässigen Kalksteinen hatte. Diese Quelle muss eine relativ große Schüttung gehabt und damit große Teile des Hildesheimer Waldes entwässert haben. Durch ständiges Nachsacken der Gesteine an der Quelle wurde diese immer weiter nach Süden verlegt, so dass die Ur-Lamme zunehmend länger wurde und schließlich den Berg bei Bad Salzdetfurth durchbrochen hat. Erleichternd kam hinzu, dass im Untergrund wasserlösliche Salze anstehen, die ursächlich mit verantwortlich für das Durchbruchstal sind. Durch die weitere Rückverlegung der Quelle, was auch als ›rückschreitende Erosion‹ bezeichnet wird, wurde die Lamme zunehmend länger. Die Riehe hatte anfangs möglicherweise einen Abfluss nach Westen zur Leine und ist erst später von der Lamme angezapft worden. Dieses alles erfolgte noch vor den Vergletscherungen in Elster- und Saale-Eiszeit.

Aus der ersten bekannten Eisbedeckung der Elster-Eiszeit vor etwa 400.000 Jahren ist im Harzvorland wenig und im Lamme-Gebiet gar nichts erhalten geblieben. Daher lässt sich über die Geschichte der Lamme vor der zweiten und letzten Eisbedeckung in der Saale-Eiszeit nichts aussagen. Aus den Ablagerungen der Innerste ist allerdings bekannt, dass die Lamme bis zur Saale-Eiszeit auch das heutige untere Innerstetal ausgeformt hat, das bei Sarstedt in die Leine mündet. Die Ur-Innerste floss zu dieser Zeit nicht nach Westen über Hildesheim ab, sondern aus dem Harz kommend über Ringelheim und Baddeckenstedt

04| DIE MITTELTERRASSEN-ZEIT AM BEGINN DER VORLETZTEN EISZEIT (SAALE-EISZEIT). DIE FLÜSSE LEINE, RIEHE, LAMME, NETTE, NEILE UND INNERSTE (OBEN) HATTEN SICH IN VERWILDERTE FLUSSLÄUFE MIT ZAHLREICHEN ARMEN VERWANDELT UND LAGERTEN IN DEN TÄLERN KIES AB. DIE VEGETATION BESCHRÄNKTE SICH AUF EINE INSELHAFTE TUNDRA MIT EINZELNEN KLEINEN BÜSCHEN. DIE LAMME HATTE ZU DIESER ZEIT DEN HILDESHEIMER WALD BEREITS ZERSCHNITTEN UND BILDETE ZUSAMMEN MIT DER RIEHE DAS (HEUTIGE) UNTERSTE INNERSTETAL. DIE INNERSTE FLOSS ÜBER SALZGITTER-LEBENSTEDT UND PEINE / BRAUNSCHWEIG NACH NORDEN AB (ENTWURF UND ZEICHNUNG: L. FELDMANN 2009).

05 |

06 |

05 | DAS VORSTOSSENDE EIS AUS SKANDINAVIEN IN
DER SAALE-EISZEIT VOR ETWA 250.000 JAHREN. DIE
NACH NORDEN ABFLIESSENDEN FLÜSSE WURDEN
VOR DER EISFRONT ZU SEEN AUFGESTAUT, IN DIE DER
GLETSCHER EINZELNE EISBERGE ABGAB. ZU DIESER
ZEIT WURDE DIE INNERSTE, DIE IN EINEN GROSSEN
SEE MÜNDETE, ERSTMALS NACH WESTEN ABGELENKT
(ENTWURF UND ZEICHNUNG: L. FELDMANN 2009).

06 | DER RAND DES INLANDEISES AUF GRÖNLAND ÖSTLICH
VON KANGERLUSSUAQ MIT EISSTAUSEE. ÄHNLICH
WIRD DIE AUSSICHT VOM HILDESHEIMER WALD NACH
NORDEN RICHTUNG HILDESHEIM VOR 250.000 JAH-
REN GEWESEN SEIN.

ab Wartjenstedt nach Norden über Lebenstedt dem Allergebiet zu. Die Verbindung der Innerste zwischen Wartjenstedt und Hildesheim gab es noch nicht.

Die Saale-Eiszeit begann vor etwa 260.000 Jahren mit einer langen Phase der Abkühlung, die mehrere zehntausend Jahre gedauert hat und mehrfach von wärmeren Zeiten unterbrochen war. Zu dieser Zeit änderte sich die Vegetation von einem dichten Laubwald über einen lichten Mischwald zu einem Nadelwald und schließlich zu einer Strauchtundra, die von einer Kraut- und Grastundra abgelöst wurde. Die Jahresdurchschnittstemperaturen sanken von gemäßigten Werten, die etwas höher waren als heute, auf eiszeitliche Verhältnisse mit einem Dauerfrostboden. Erst später dehnte sich dann das skandinavische Eis wie in der vorhergehenden Elster-Eiszeit bis an den Harzrand aus.

Vor dieser Eisbedeckung änderten die Flüsse ihr grundsätzliches Ausse- hen: in den Warmzeiten waren es mäandrierende Flüsse, die in weiten Bögen die Flussaue einnahmen und bei regelmäßigen Hochwässern zur Schneeschmelze in der Talaue Kies und Lehm um- und ablagerten. Unter den dann herrschenden eiszeitlichen Verhältnissen wandelten sich die Flüsse in verwilderte Flussläufe um, die in zahlreichen Rinnen die gesamte Talaue einnahmen und bei jedem Hochwasser in der ganzen Talaue Sedimente umlagerten (Abb. 4). An den Talhängen, die dem Dauerfrostboden unterlagen, taute im eiszeitlichen Sommer nur die Oberfläche bis wenige Dezimeter Tiefe auf. Da das Tauwasser durch den darunter liegenden gefrorenen Boden nicht versickern konnte,

07 |

kam es an der Oberfläche in einem wassergesättigten Boden zum
Bodenfließen, wodurch den Tälern sehr viel Schutt zugeführt wurde.
Dieser Schutt wurde bei den Hochwässern gleichmäßig in der ganzen
Talaue verteilt, so dass relativ mächtige Kiesschichten entstanden
sind. Diese saalezeitlichen Kiesvorkommen werden im Harzvorland als
›Mittelterrassenkies‹ bezeichnet. Sie wurden aufgeschüttet, bevor das
Gebiet vom skandinavischen Eis bedeckt wurde. Zu dieser Zeit floss die
Innerste immer noch nach Norden ab, während die Lamme und Riehe
die Quellflüsse des unteren (heutigen) Innerstetals waren.
Schließlich rückte von Norden das Eis aus Skandinavien vor und
versperrte den nach Norden abfließenden Flüssen zunehmend den Weg
(Abb. 5). Als das Eis die Lichtenberge und Wartjenstedt erreichte hatte,
war der Innerste der Weg nach Norden versperrt. Bei Wartjenstedt
bildete sich kurzfristig ein kleiner Stausee, der über Grasdorf,
Derneburg, Heersum einen Abfluss nach Westen fand und so der
Innerste den heutigen Weg bahnte. Die Landschaft zu jener Zeit mag so
ausgesehen haben, wie sie heute in Grönland am Rand des Inlandeises
zu finden ist (Abb. 6).

Das Eis, das sich jedes Jahr um einige Hundert Meter ausdehnte,
drang weiter nach Süden vor und erfüllte zunächst die Täler, so zum
Beispiel auch von Nette, Lamme, Riehe und Leine (Abb. 7). Vor der
Gletscherfront bildeten sich immer wieder kurzfristig Stauseen, die das
Flusswasser von Süden und das Schmelzwasser von Norden aufnahmen
(Abb. 8). Diese Stauseen wurden mit dem Vorrücken des Eises zuneh-
mend nach Süden verlegt.

08 |

07 | WEITERER VORSTOSS DES EISES IN DER SAALE-EIS-
ZEIT. MIT EINER GESCHWINDIGKEIT VON BIS ZU 500 M
PRO JAHR BEWEGTE SICH DAS EIS NACH SÜDEN UND
STAUTE IN DEN TÄLERN KLEINE SEEN AUF
(ENTWURF UND ZEICHNUNG: L. FELDMANN 2009).

08 | DER GLETSCHERRAND AUF GRÖNLAND MIT
MORÄNENWALL ÖSTLICH VON KANGERLUSSUAQ.
VERGLEICHBAR WERDEN AUCH DIE TÄLER IM LEINE-
BERGLAND AUSGESEHEN HABEN, ZUM BEISPIEL DAS
LAMMETAL.

09|

10|

Schließlich erreichte das Eis um 250.000 bis 240.000 Jahre vor heute
seine maximale Ausdehnung (Abb. 9). Das gesamte Gebiet der Lamme
lag unter dem Eis, das bei Bad Salzdetfurth eine Mächtigkeit von etwa
200 m hatte. Das Eis reichte im Leinetal bis Freden, bis vor die Tore von
Bad Gandersheim und bis Ildehausen südlich von Seesen (Abb. 10). Am
Harzrand erreichte das Eis Höhen bis 300 m über dem Meeresspiegel
und damit Mächtigkeiten bis 80 m.

In dieser Zeit der Eisbedeckung wurde das Lammetal unter dem Eis
möglicherweise von Schmelzwasser durchflossen, das – durch die
aufliegenden Eismassen unter Druck stehend – von Norden nach Süden
floss und an der Gletscherstirn nördlich von Bad Gandersheim in einem
Gletschertor an die Oberfläche kam.

Mit dem Abschmelzen des Eises wurde eine Landschaft freigegeben,
die von Schmelzwasser-Sedimenten und Moränenschutt bedeckt war
(Abb. 11). An vielen Stellen lagen große Toteisreste, die der Gletscher
hinterlassen hatte und die nun langsam abschmolzen. Die Innerste
fand ihren alten Lauf nach Norden nicht wieder und floss seit dieser
Zeit über Hildesheim nach Westen ab. Im Norddeutschen Tiefland
schmolz der zurückweichende Gletscher langsam ab. Er gab schließlich
das Ostseebecken wieder frei, stieß anschließend aber noch zweimal bis
zur Lüneburger Heide vor. In dieser Zeit herrschte im Lamme-Gebiet
ein eiszeitliches Klima vor.

Die Landschaft war anfangs vegetationsfrei, wurde dann aber wieder
von einer Tundra bewachsen, der ein Nadelwald und schließlich mit
zunehmender Erwärmung ein sommergrüner Laubwald folgte.

In der folgenden Warmzeit, die nach einem kleinen Flüsschen in Hol-
land als Eem-Warmzeit bezeichnet wird, herrschten Klimaverhältnisse
vor, die mit den heutigen vergleichbar waren. Die Warmzeit dauerte
von 127.000 bis 115.000 Jahre vor heute. Die Landschaft war von einem
Laubwald bedeckt, die Flüsse mäandrierten in ihren Talauen (Abb. 14).

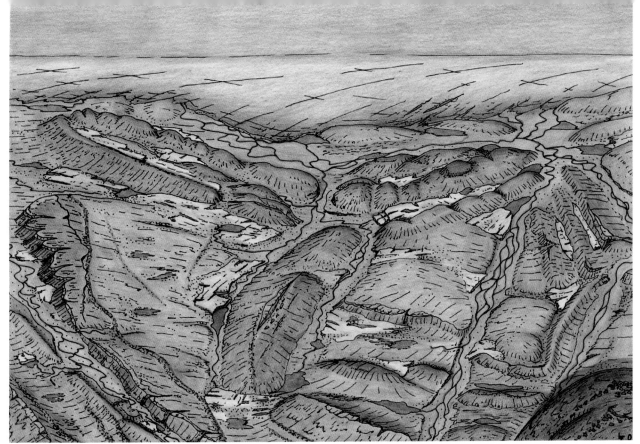

Auf wasserstauenden Gesteinen bildeten sich mancherorts Moore aus. Ein typisches Gestein aus den Warmzeiten ist auch ein Süßwasserkalk, der als Travertin bezeichnet wird. Ein solches Vorkommen, das bereits in der Eem-Warmzeit gebildet und wahrscheinlich in der heutigen Warmzeit weiter gebildet wurde, ist am Westende der Harplage zwischen Neuhof und Groß Ilde zu finden. Dicht nördlich hinter der Lamme-Brücke geht östlich der Straße ein befestigter Feldweg ab. Nach ca. 300 m liegt links des Weges ein als Naturdenkmal ausgewiesenes Vorkommen von Travertin, ein graues, sehr poröses Gestein, das früher als Steinbruch genutzt wurde. Es entsteht, wenn kalkhaltiges Grundwasser an die Oberfläche kommt und durch Abgabe von gelöstem Kohlendioxid Kalkstein ausfällt. Auf einem weiteren, sehr großen Vorkommen steht die Stadt Alfeld im Leinetal.

11| MIT DEM ABSCHMELZEN DES EISES WURDE EINE LANDSCHAFT FREIGEGEBEN, DIE VON EINER GRAUEN SCHLAMM- UND GERÖLLSCHICHT BEDECKT WAR. IN DER LANDSCHAFT LAGEN WEIT VERBREITET GROSSE EISBLÖCKE, DIE ALS TOTEIS BEZEICHNET WERDEN, DA SIE KEINEN KONTAKT MEHR ZUM GLETSCHEREIS (IM HINTERGRUND) HATTEN UND LANGSAM ABTAUTEN (ENTWURF UND ZEICHNUNG: L. FELDMANN 2009).

12| EINE TYPISCHE TUNDRA BEI ILULISSAT AUF GRÖNLAND, VERGLEICHBAR MIT DER VEGETATION ZWISCHEN LEINE UND INNERSTE VOR 20.000 JAHREN.

Vor etwa 115.000 Jahren kündigte sich dann die nächste Eiszeit durch eine langsame Abkühlung an. Diese wurde wieder wie bei der letzten Eiszeit durch einzelne wärmere Phasen unterbrochen. Die Abkühlung dieser jüngsten Eiszeit, der Weichsel-Eiszeit, zeigt sich vor allem in der Vegetationsentwicklung, die aus Pollenanalysen bekannt ist: aus dem sommergrünen Laubwald wurde zunächst ein Mischwald, dann ein reiner Nadelwald. Dieser lichtete sich zunehmend auf und machte einer Baum- und Strauchtundra Platz. Schließlich war es so kalt geworden, dass sich eine Kraut- und Grastundra ausbreitete (Abb. 12 und 13). Zwischen 30.000 und 18.000 Jahren vor heute hatte diese jüngste Eiszeit ihre maximale Abkühlung erreicht. Von Skandinavien dehnten sich wieder die Eismassen über die Ostsee aus, allerdings überschritten sie nicht mehr die Elbe. Das Lamme-Gebiet blieb damit eisfrei, unterlag aber einem eiszeitlichen Klima. Der Boden war ganzjährig gefroren und taute nur in den Sommermonaten oberflächlich auf. Es bildeten sich Eiskeile im Boden, die als Netz von eiserfüllten Spalten auf die extrem tiefen Temperaturen zurückzuführen sind. An den Hängen kam es über dem gefrorenen Boden zum Bodenfließen, so dass in den Tälern wieder eine mächtige Kiesschicht aufgeschüttet wurde. Diese Kiesschicht aus der letzten Eiszeit wird in der Geologie als ›Niederterrassenkies‹ bezeichnet. Auch die Lamme schüttete zu dieser Zeit in einem verwilderten Flussbett Kies auf, der vor allem in den Talweitungen bei Neuhof und Klein Ilde abgelagert wurde. An Innerste und Leine sind diese Kiesablagerungen so mächtig, dass sie heute abgebaut werden (Kiesgrube bei Wartjenstedt, zahlreiche Kiesgruben zwischen Nordstemmen und Sarstedt an der Leine).

Die meiste Zeit des Jahres waren die Flussauen fast trocken gefallen, nur einzelne Rinnsale durchflossen in einem verzweigten Netz die Kiesflächen. Da die Flussauen vegetationsfrei waren, konnte der Wind das Feinmaterial aus dem Kies ausblasen und als Windstaub verfrachten. Aus diesen Staubstürmen wurde der Staub beim Auftreffen auf ein Hindernis – zum Beispiel eine Anhöhe oder Vegetation – abgegeben und abgelagert. Daraus ist der fruchtbare Löss entstanden, der als typisches eiszeitliches Sediment weite Landstriche überzieht.

Das Ende der letzten Eiszeit kündigt sich mit einer ersten Erwärmung um 15.000 Jahre vor heute an. In geschützten Lagen wuchs ein erster Birkenwald, der allerdings nur aus Dezimeter hohen Zwergbirken bestand, wie sie heute in der nordeuropäischen Tundra, in Relikten aber auch in Oberharzer Mooren zu finden sind.

Nach mehreren Kälterückschlägen setzte dann um 10.000 Jahre vor heute eine vollständige Wiederbewaldung mit einem Birken-Kiefernwald und schließlich vor 7.500 Jahren mit einem Eichenmischwald ein. Die Landschaft war vor dem Eingriff des Menschen schließlich mit einem dichten Urwald bewachsen, vergleichbar mit der Vegetation in der Eem-Warmzeit (vergleiche Abb. 12). Seit etwa 10.000 Jahren herrschen heutige Temperaturen vor, die nur noch in engen Grenzen schwanken; seit dieser Zeit erlebt Mitteleuropa die heutige Warmzeit. In dieser Warmzeit hat die Lamme nur noch geringfügig ihren Lauf verändert. In engen Mäandern durchzieht sie die Talaue und zeigt vor allem zwischen Klein Ilde und Wehrstedt (Abb. 15 und 16), aber auch zwischen Neuhof und Klein Ilde ihr ehemaliges Aussehen. Frische Uferabbrüche deuten darauf hin, dass das Gewässer auch heute noch aktiv ist, indem bei Hochwasser am Prallhang Lehm und Kies abgetragen und am Gleithang wieder abgelagert wird. Dadurch ›wandern‹ die Mäander durch die Flussaue.

13 | IN DER LETZTEN EISZEIT, DIE VOR 115.000 JAHREN BEGANN UND IHREN HÖHEPUNKT UM 20.000 JAHRE VOR HEUTE HATTE, ERREICHTEN DIE SKANDINAVISCHEN GLETSCHER NICHT MEHR DIESEN RAUM. UNTER EINEM EISZEITLICHEN KLIMA MIT EINER TUNDREN-VEGETATION KAM ES ZU STAUBSTÜRMEN, AUS DENEN DER LÖSS ENTSTAND (ENTWURF UND ZEICHNUNG: L. FELDMANN 2009).

14 | IN DER FOLGENDEN EEM-WARMZEIT WURDE DIE LANDSCHAFT AB 127.000 JAHRE VOR HEUTE VOLLSTÄNDIG VON EINEM LAUBWALD BEDECKT. VEREINZELT WUCHSEN KLEINE MOORE. BEI ALFELD UND AM WESTRAND DER HARPLAGE TRATEN KALKHALTIGE WÄSSER AUS UND BILDETEN TRAVERTIN (ENTWURF UND ZEICHNUNG: L. FELDMANN 2009).

15 | MÄANDER DER LAMME UNTERHALB DER OHE

16 | MÄANDER DER LAMME ZWISCHEN GROSS ILDE UND BAD SALZDETFURTH

15 |

16 |

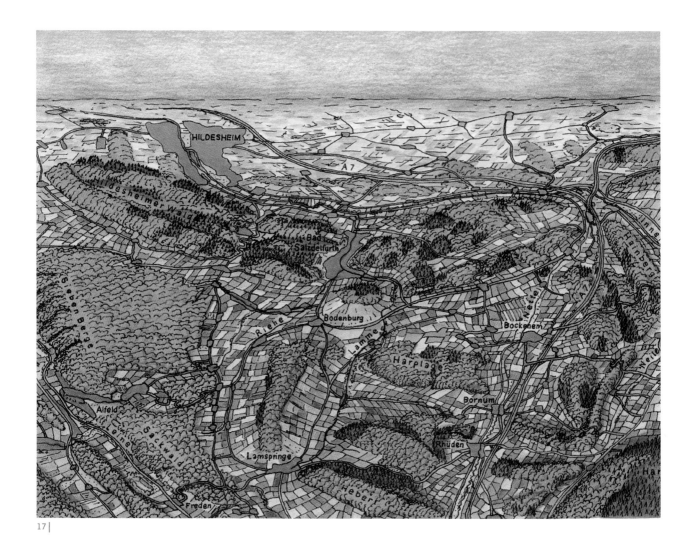

17 |

17 | DIE LANDSCHAFT HEUTE
(ENTWURF UND ZEICHNUNG: L. FELDMANN 2009)

18 | SÜSSWASSERKALK (TRAVERTIN) UND MOOS VON
DER LAMMEQUELLE

In der Jungsteinzeit ist der Mensch dann sesshaft geworden und hat die Landschaft zu der Kulturlandschaft umgeformt, wie wir sie heute kennen (Abb. 17).

Zwischen Lamspringe und Neuhof und ab Wehrstedt bis zur Mündung ist die Lamme schließlich vom Menschen ausgebaut und begradigt worden. Allerdings zeigen die Bäche und Flüsse von Zeit zu Zeit, dass sie trotz ihres friedlichen Aussehens Naturgewalten sind. So hat das Hochwasser der Innerste im September 2007 gezeigt, welchen Schaden für den Menschen ein natürlicher Flusslauf anrichten kann.

Im Bereich der Quelle, die durch den Menschen ausgebaut wurde, lässt sich schließlich noch das jüngste Gestein beobachten: an der Mauer, aus der die Lamme ihren Ursprung nimmt, wachsen teilweise Moospolster. Diese Pflanzen entziehen dem kalkgesättigten Quellwasser Kohlendioxid, wodurch Kalk ausfällt. Der Kalk umkrustet die einzelnen Moospflänzchen, die dadurch im unteren Bereich absterben, während sie oben weiter wachsen (Abb. 18). Dadurch entsteht ein poröser Kalkstein, dessen Gerüst aus den einzelnen Kalkkrusten besteht. Hier wird also zur Zeit ein festes Gestein gebildet, das als Travertin bezeichnet wird.

AUSBLICK

Die Lamme hat als kleiner Fluss eine wechselvolle Geschichte erlebt. Als kleiner Quellbach am Hildesheimer Wald begonnen, hat sie durch rückschreitende Erosion zunehmend ihr Einzugsgebiet auf heute 160 km² vergrößert. Mindestens zwei Mal ist das Gebiet der Lamme vollständig von Eis bedeckt gewesen. Zu diesen Zeiten gab es keine Lamme. Bis zur letzten Vergletscherung in der vorletzten Eiszeit war die Lamme zusammen mit der Riehe Quellfluss des heutigen unteren Innerstetals. Erst nach dieser Vergletscherung hat die Innerste ab Klein Düngen das ehemalige Lammetal genutzt. Heute ist der Fluss ein kleines Seitengewässer der Innerste, stellt aber mit den Mäandern zwischen Klein Ilde und Wehrstedt ein Kleinod mitteleuropäischer kleiner Flussauen dar. |

WEITERFÜHRENDE LITERATUR

- FELDMANN, L. (1999): HILDESHEIM IM EISZEITALTER. EINE BILDERREISE. IN: BOETZKES, M., SCHWEITZER, I. & VESPERMANN, J. (HRSG.): EISZEIT. DAS GROSSE ABENTEUER DER NATURBEHERRSCHUNG. – BEGLEITBUCH ZUR GLEICHNAMIGEN AUSSTELLUNG IM ROEMER- UND PELIZAEUS-MUSEUM: 95 – 106; HILDESHEIM, STUTTGART (THORBECKE).
- FELDMANN, L. (2002): DAS QUARTÄR ZWISCHEN HARZ UND ALLERTAL. – CLAUSTHALER GEOWISSEN-SCHAFTEN, 1: 149 S.; CLAUSTHAL-ZELLERFELD.
- FELDMANN, L. FRANZKE, H. J. & MÜLLER, R. (2002): DIE GEOLOGISCHE ENTWICKLUNG DER TIEFEBENE UND DER MITTELGEBIRGE IN NIEDERSACHSEN. – VERÖFFENTLICHUNG DER AKADEMIE DER GEOWISSEN-SCHAFTEN ZU HANNOVER, 20: 8 – 19; HANNOVER.
- FELDMANN, L. & GROETZNER, J.-P. (1998): LEINE-BERGLAND UND NÖRDLICHES HARZVORLAND. – IN: FELDMANN, L. & MEYER, K.-D. (HRSG.): QUARTÄR IN NIEDERSACHSEN. – EXKURSIONSFÜHRER ZUR JUBILÄUMS-HAUPTVERSAMMLUNG DER DEUTSCHEN QUARTÄRVEREINIGUNG IN HANNOVER, EXKURSION B: 37 – 88; HANNOVER (DEUQUA).
- JORDAN, H. (1979): GEOLOGISCHE WANDERKARTE 1:100.000 LEINEBERGLAND. – HANNOVER.
- KALTWANG, J. (1992): DIE PLEISTOZÄNE VER-EISUNGSGRENZE IM SÜDLICHEN NIEDERSACHSEN UND IM ÖSTLICHEN WESTFALEN. – MITTEILUNGEN DES GEOLOGISCHEN INSTITUTS UNIVERSITÄT HANNOVER, 33: 161 S., 5 BEIL.; HANNOVER.
- LIEDTKE, H. (1981): DIE NORDISCHEN VEREISUNGEN IN MITTELEUROPA. – FORSCHUNGEN ZUR DEUT-SCHEN LANDESKUNDE, 204: 307 S., 2 BEIL.; TRIER.
- SCHREINER, A: (1992): EINFÜHRUNG IN DIE QUARTÄR-GEOLOGIE. – 257 S.; STUTTGART (SCHWEIZERBART).

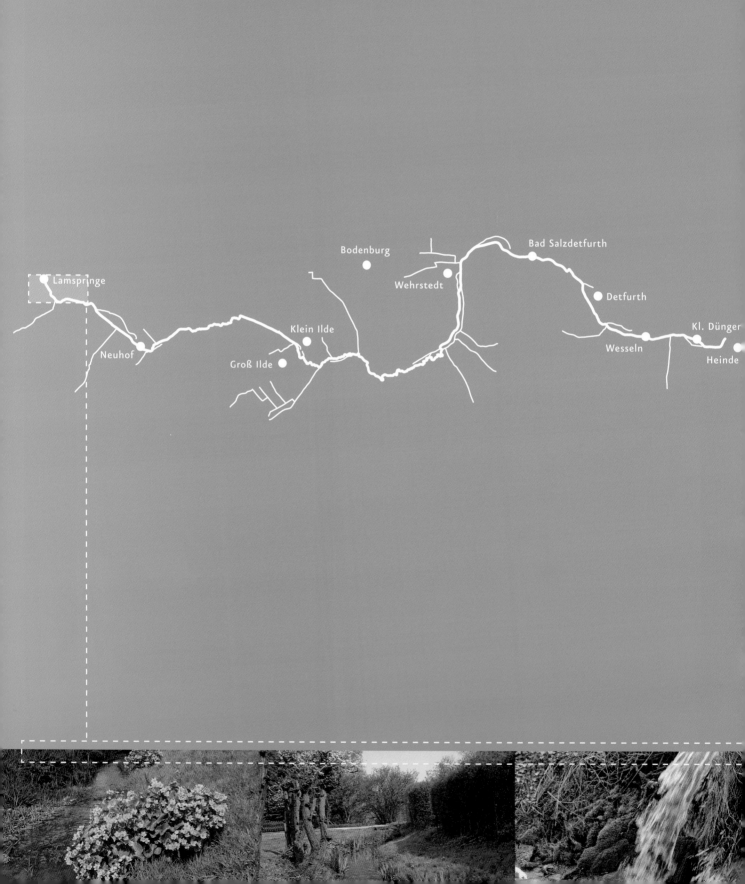

Lamspringe

Neuhof

Groß Ilde

Klein Ilde

Bodenburg

Wehrstedt

Bad Salzdetfurth

Detfurth

Wesseln

Kl. Dünger

Heinde

FLORA UND VEGETATION DES LAMMETALS
HEINRICH HOFMEISTER

2|

Die Lammeniederung zeichnet sich durch eine große Mannigfaltigkeit an unterschiedlichen Landschaftsstrukturen aus. Mit ihren Überschwemmungsbereichen bildet die Lamme eine Auenlandschaft, die sich von ihrer Umgebung deutlich unterscheidet. Ein dichter Gehölzgürtel begleitet das Fließgewässer über weite Strecken und markiert weithin sichtbar den das Tal durchziehenden Wasserlauf. Im Schatten von Bastard-Pappeln, Schwarz-Erlen und Weiden, die stellenweise an den ursprünglichen Auenwald erinnern, gedeihen üppige Uferfluren. Dort, wo die Bäume und Sträucher zurücktreten oder fehlen und besonnte Bereiche vorherrschen, breiten sich Vertreter der Pestwurzflur sowie Arten des Röhrichts und der Hochstaudenfluren aus. Flächen, die noch regelmäßig überschwemmt werden und einer extensiven Grünlandnutzung unterliegen, bieten bunt blühenden Nasswiesen und Großseggenriedern günstige Lebensbedingungen. Dagegen tragen nahezu alle anderen Wiesen im Tal der Lamme sowie die Äcker, die sich von den Berghängen bis in die Aue erstrecken, deutliche Spuren intensiver landwirtschaftlicher Nutzung und sind durch Gleichförmigkeit und Artenarmut gekennzeichnet. Ganz anders stellen sich die umweltfreundlich gestalteten und gepflegten Parkanlagen des Bürgerparks in Lamspringe sowie des Kurparks in Bad Salzdetfurth im Umfeld von Quellbächen und Uferbereichen der Lamme dar, die neben attraktiven Zierpflanzen eine große Fülle spontan auftretender, wild wachsender Arten aufweisen.

Die Lamme entspringt aus dem im Bürgerpark von Lamspringe gelegenen Quellhorizont des Hebers und fließt in nördlicher Richtung durch Mulden und Gebirgsdurchbrüche. Die Mulden von Neuhof und Bodenburg, die durch tektonische Bewegungen und die Abtragung der angrenzenden Höhenzüge der Trias (Buntsandstein, Muschelkalk und Keuper) entstanden sind, besitzen den Charakter von Lössböden. Auf den fruchtbaren Parabraunerden ist der ursprüngliche Wald vollständig gerodet und durch fruchtbare Ackerflächen ersetzt. Nördlich von Neuhof und südlich von Wehrstedt sind Durchbruchstäler entstanden, in denen die Berge dichter an die Lamme herantreten. Neben den beackerten Hangflächen findet man im Bereich der Wasser führenden Talsohlen noch standortgemäße Nasswiesen und kleine Auenwaldreste. Im engen Durchbruchstal von Salzdetfurth, das den Hildesheimer Wald durchschneidet, entstand infolge des Auftretens von Salzquellen der bekannte Kurort mit seinen von Linden gesäumten Straßenzügen,

3|

1| LINKS | DIE LAMME ÖSTLICH DER OHE

2| LAMMENIEDERUNG ZWISCHEN NEUHOF
UND KLEIN ILDE IM VORFRÜHLING

3| DIE LAMME MIT IHREN UFERBEREICHEN
IN BAD SALZDETFURTH

04 |

05 |

seinen Ufermauern und verschiedenen Kureinrichtungen, die diesen Abschnitt der Lamme in besonderer Weise prägen. Unter den zahlreichen Bächen, die von den benachbarten Bergen herabströmen und sich bei Salzdetfurth mit der Lamme vereinen, sind die Riehe und Alme sowie der Büntebach die größten. Nördlich von Wesseln durchfließt die Lamme die von SO nach NW verlaufenden Hügelketten, die aus Keuperschichten und Liastonen bestehen, und mündet zwischen Klein Düngen und Heinde in die Innerste. Von der Quelle bis zur Mündung legt sie eine Strecke von etwas mehr als 20 km zurück und überwindet dabei einen Höhenunterschied von ungefähr 100 m.

Ein wichtiges Kennzeichen von Bächen ist die Strömung, die durch ihre Dynamik und die schwankende Wasserführung das Bachbett und die angrenzende Aue ständig verändert. Der Bach unterspült die steilen, nach außen gerichteten Prallhänge und lagert das Erosionsmaterial an den gegenüber liegenden Gleithängen wieder ab. Daneben kommt es zur Mäanderbildung, die besonders gut zwischen Wehrstedt und Klein Ilde zu beobachten ist. Die Lamme besitzt hier mit ihrem schlängelnden Verlauf einen naturnahen Charakter und einen landschaftlich besonders hohen Reiz.

Vom Gefälle des Bachlaufes und der Strömung hängt es ab, wo das Gesteinsmaterial abgetragen und abgelagert wird, wo sich Pflanzen ansiedeln und bestimmte Tiere aufhalten können. Neben der Strömung spielen für die pflanzlichen und tierischen Organismen im aquatischen Bereich auch die Temperatur, der Sauerstoffgehalt und der Chemismus eine besondere Rolle. Für die Pflanzen und Tiere im terrestrischen Bereich erweisen sich die Nährstoff- und Basenversorgung, die Wasserführung im Boden sowie die Lichtverhältnisse als bestimmende Standortfaktoren.

WASSERPFLANZEN

Die Bewegung des flutenden Wassers erlaubt nur wenigen pflanzlichen Organismen, sich hier anzusiedeln. Deshalb findet man Wasserpflanzen in der Lamme nur in Bachabschnitten, in denen die Strömung auf Grund des geringeren Gefälles oder infolge von Anstauungen verlangsamt ist. Derartige Bereiche werden vom Kamm-Laichkraut besiedelt. Diese untergetaucht lebende und im Boden haftende Pflanze ist den extremen Lebensbedingungen hervorragend angepasst, indem sie mit ihren langen, fädigen Stängeln und dünnen, linealisch-länglichen Blättern dem Druck des Wassers nur wenig Widerstand bietet. Meistens wächst das *Kamm-Laichkraut* in Einzelbeständen, seltener ist es mit der aus Nordamerika stammenden Schmalblättrigen Wasserpest oder dem Wasserstern vergesellschaftet.
Bestände des Wassersterns besiedeln auch den Quellteich der Ohequelle. Dieses auch als Schellbrunnen bezeichnete Naturdenkmal ist wirklich sehenswert und von Wehrstedt aus auf einem bequemen Wanderweg leicht zu erreichen. Einige Quellen füllen hier einen mehrere hundert Quadratmeter großen, von Buchenwäldern eingerahmten Quelltopf. Das überlaufende Wasser gelangt von hier in einen Quellbach, der nach nur wenigen Metern in die Lamme mündet. Der Wasserstern entwickelt sich im Sommer mit seinen hellgrünen Blättern im klaren und sauerstoffreichen Wasser der Tümpelquellen. Die mit dem fadenförmigen Stängel und den gegenständigen Blättern untergetauchte Pflanzenart treibt mit ihren rosettig angeordneten Schwimmblättern auf der Wasseroberfläche.

Quellen zeichnen sich durch konstante Lebensbedingungen aus. Auf Grund der Pufferwirkung des Bodens, durch den das Wasser sickert, bleiben Temperatur und chemische Eigenschaften des Quellwassers in der Regel unabhängig von der Jahreszeit konstant.

06|

07|

08|

Nur wenige Meter von der Quelle der Lamme im Klosterpark von Lamspringe entfernt gedeiht im klaren, sauerstoffreichen Wasser des Quellbaches die *Brunnenkresse-Gesellschaft*. Sie wird durch die Echte Brunnenkresse gekennzeichnet, die nur wenige Dezimeter hohe, dichte Bestände ausbildet und durch ihre hellgrüne Farbe sowie im Frühsommer durch ihren weißen Blütenflor auffällt. Nur vereinzelt und mit geringerer Menge gesellen sich weitere Elemente des Bachröhrichts dazu wie Bachbungen-Ehrenpreis, Wasser-Ehrenpreis, Sumpf-Vergissmeinnicht und Flutender Schwaden. An den angrenzenden Ufern wachsen Hochstaudenfluren und üppig blühende Exemplare der Sumpf-Schwertlilie. Diese Arten gehören zu den amphibischen Pflanzen, die mit einem Teil ihres Pflanzenkörpers im Wasser leben und mit dem anderen daraus herausragen und so dem Wechsel zwischen Überflutung und Trockenfallen angepasst sind.
Die Brunnenkresse-Gesellschaft ist heute durch Eutrophierung und den Ausbau der Gewässer in starkem Rückgang begriffen und gehört zu den besonders schützenswerten Lebensraumtypen. Die namengebende Charakterart erfreut sich als Salat-und Heilpflanze großer Beliebtheit. Der hohe Vitamin C-Gehalt machte sie als Mittel gegen Skorbut bekannt.

In der Bachaue am Hangfuß der Ohe liegt ein kleiner, durch die Initiative einer Einzelperson gepflegter und von Schwarz-Erlen eingerahmter Teich, der lückenlos von einer hellgrünen *Decke aus Wasserlinsen*, die auch als ›Entengrütze‹ bekannt sind, überzogen ist. Neben der Kleinen Wasserlinse findet man hier als weiteren Vertreter aus der Familie der Wasserlinsengewächse auch die Vielwurzelige Teichlinse, die sich durch ihre Größe und die aus mehreren Fäden bestehenden Wurzelbüschel deutlich von der Kleinen Wasserlinse unterscheidet. Wasserlinsen haben keinen Kontakt zum Boden und schwimmen frei auf dem nährstoffreichen Wasser der windgeschützten Teichanlage.
Gewässer mit Wasserlinsen sind heute durch Zuschüttung und Verschmutzung im Rückgang begriffen und erfüllen als Laichplätze für Amphibien eine wichtige Funktion. So stellen sich hier im Frühjahr Tausende von Erdkröten ein.

04| TEICH MIT EINER DICHTEN DECKE VON WASSER-
LINSEN, DIE AUF DER OBERFLÄCHE SCHWIMMEN

05| DAS KAMM-LAICHKRAUT – EINE UNTERGETAUCHT
LEBENDE WASSERPFLANZE MIT FLUTENDEN
SPROSSEN

06| QUELLBACH IM BÜRGERPARK VON LAMSPRINGE
MIT BRUNNENKRESSE UND SUMPF-SCHWERTLILIE
IM UFERBEREICH

07| DER VOM SCHELLBRUNNEN GESPEISTE QUELLTEICH
MIT DEN HELLGRÜNEN PFLANZEN DES WASSER-
STERNS

08| MÄANDER UND STEILUFER DER LAMME
BEI WEHRSTEDT

09|

10|

11|

Dort, wo die Lamme sich mit vielen Mäandern durch die Landschaft
schlängelt, wird das Fließgewässer von einem schmalen, nur fragmentarisch ausgebildeten *Erlen-Bruchweiden-Auenwald* begleitet. Über
einem nahezu geschlossenen und aus Schwarz-Erlen aufgebauten
Baumgürtel erheben sich stattliche Exemplare der von Laubholz-
Misteln dicht besetzten Bastard-Schwarz-Pappeln und urwüchsig
anmutende Gestalten verschiedener baumförmiger Weiden, die durch
die krummschäftigen und längsrissigen Stämme der Bruch-Weiden und
im Sommer durch die seidenhaarigen Blätter der Silber-Weide schon
aus größerer Entfernung auffallen. Daneben ist hier auch der Bastard
dieser beiden schmalblättrigen Weidenarten, die Fahl-Weide, fast
überall präsent. In der Strauchschicht kommen neben dem dominierenden Schwarzen Holunder als Vertreter der strauchförmigen Weiden
bisweilen Korb-Weide, Mandel-Weide und Purpur-Weide vor. Hasel,
Vielgriffliger Weißdorn, Roter Hartriegel und Gewöhnlicher Schneeball
spielen dagegen nur eine untergeordnete Rolle. Die üppig entwickelte
Krautschicht setzt sich aus Stickstoff liebenden Pflanzen zusammen,
die auch in den Saumgesellschaften tonangebend sind.
Der durch baumförmige Arten geprägte Gehölzgürtel stellt ein Frag-
ment des ursprünglichen Bruchweiden-Auenwaldes dar, der wegen der
gegenüber Hochwasser widerstandsfähigen Weiden mit ihrem weichen
und elastischem Holz als Weichholzwald bezeichnet wird.

Auenwälder besiedeln den Uferbereich von Flüssen und Bächen. Das
Erscheinungsbild wird von Weiden, Erlen, Eschen und anderen
Gehölzen geprägt, die periodische und episodische Überflutungen ohne
Schaden ertragen können. Auf dem fruchtbaren Auenboden, der durch
Ablagerung erodierter Bodenteilchen entstanden ist, breitet sich eine
üppige und artenreiche Bodenflora aus.
Auenwälder sind nur noch selten und oft als Reste erhalten. Durch den
Ausbau von Flüssen und Bächen sind die natürlichen Lebensbedingun-
gen gestört. Viele Bestände sind gerodet und in Grünland oder nach
Absenkung des Grundwassers auch in Äcker umgewandelt.

Uferbereiche, an denen die Weidenarten zurücktreten und dafür
Esche und Berg-Ahorn unter dem Kronendach der Schwarz-Erle zur
Entwicklung gelangen, werden von einem *Erlen-Eschen-Auenwald* einge-
nommen. Im Gegensatz zum Erlen-Bruchweiden-Auenwald sind hier
als diagnostisch wichtige Arten Wald-Ziest, Gewöhnliches Hexenkraut,
Riesen-Schwingel und Blutroter Ampfer sowie Arten anspruchsvoller
Laubmischwälder zu finden. Dazu gehören Aronstab, Moschuskraut,
Hohler Lerchensporn und Große Sternmiere. Interessanterweise
kommen auch Pflanzenarten wie Schneeglöckchen, Märzenbecher und
Gelber Eisenhut vor, die aus Gärten verwildern, mit dem Hochwasser
transportiert werden und sich hier ansiedeln.
Der Erlen-Eschenauenwald im Lammetal zeichnet sich durch attraktive
Frühjahrsaspekte aus. Reizvoll ist dieser Bereich Anfang März, wenn
auf dem kahlen Boden die Horste des Schneeglöckchens zur Blüte
gelangen. Später bildet der Hohle Lerchensporn auffallende violette
und weiße Farbtupfer, die von den goldgelben Blütensternen des Wald-
Gelbsterns und dem weißen Flor des Buschwindröschens unterbrochen
werden. Ganz anders sieht dieser Wald im Sommer aus, wenn von der

12|

13|

14|

Blütenpracht nichts geblieben ist und Stickstoff liebende Pflanzenarten
wie Große Brennnessel, Kletten-Labkraut und Knoblauchsrauke ein fast
undurchdringliches Dickicht bilden.
Der Erlen-Eschen-Auenwald besiedelt im Lammetal nur kleinflächig
Auenstandorte mit einer guten Nährstoff- und Wasserversorgung.
Besonders typisch ausgebildet ist ein Bestand unterhalb der Ohequelle.

Stickstoff liebende Säume im Übergangsbereich zwischen Gehölzgürtel und
Offenland gehören zu den häufigsten und besonders charakteristischen
Landschaftselementen. Im Halbschatten von Bäumen und Sträuchern
finden sie auf den feuchten und nährstoffreichen Böden günstige
Lebensbedingungen vor und zeichnen sich dementsprechend durch
einen üppigen Wuchs aus. Bezeichnend sind die dichten, von grünen
Farbtönen beherrschten Brennnesselfluren, die im Sommer durch die
weißen Blütenstände hochwüchsiger Doldenblütler überragt werden.
Im zeitigen Frühjahr, wenn die Bestände der Großen Brennnessel noch
niedrig und lückig entwickelt sind, breitet sich am Boden das zarte
Grün des Scharbockskrautes aus, das wenig später einen leuchtend
gelben Blütenteppich entfaltet. Daneben findet man die Triebe von
Efeublättrigem Ehrenpreis und Gundermann mit ihren blauen Blüten.
Andere Vertreter Stickstoff liebender Staudenfluren wie Gefleckte
Taubnessel, Kletten-Labkraut, Knoblauchsrauke, Gewöhnliche Nelken-
wurz und Stinkender Storchschnabel haben zu dieser Zeit erst ihre
vegetativen Organe entwickelt.
Im Hochsommer sind Große Brennnessel und ihre Begleiter ausgewach-
sen und erreichen eine Höhe von etwa 1,50 m. Zu diesem Zeitpunkt
trifft man mit großer Regelmäßigkeit auch Gewöhnliches Knäuelgras,
Kriechende Quecke und Gewöhnlichen Beifuß sowie als Vertreter der
Doldenblütler Wiesen-Bärenklau und Wiesen-Kerbel an. Die Bestände
sind jetzt so dicht, dass kaum Licht auf den Boden gelangt.
Auf grundwasserfernen Auestandorten werden die stickstoffreichen
Säume von *Herden des Knolligen Kälberkropfes* geprägt, der mit seinen
bis zu zwei Metern hohen, violett überlaufen Stängeln und den
zarten, fein zerteilten Fiederblättern schmale, sich über lange Strecken
hinziehende Säume ausbildet und im Frühsommer durch seine weißen
Blütenstände auffallend in Erscheinung tritt. Gelegentlich entdeckt
man dazwischen die Krause Distel mit ihren kraus an den Stängeln
herablaufenden Blättern und purpurroten Blütenköpfen.

09| RESTE DER URSPRÜNGLICHEN WEICHHOLZAUE MIT
ALTEN BRUCH-WEIDEN

10| AUENWALD MIT SCHNEEGLÖCKCHEN, DIE MIT DEM
HOCHWASSER AUSGEBREITET WURDEN

11| DER HOCHWÜCHSIGE KNOLLEN-KÄLBERKROPF –
EINE AUFFALLENDE PFLANZE IN DEN UFERSÄUMEN

12| STICKSTOFFLIEBENDE BRENNNESSELFLUR VOR
EINEM VOM HOPFEN ÜBERWACHSENEN HOLUNDER-
STRAUCH

13| GEWÖHNLICHE PESTWURZ IM
ZEITIGEN FRÜHJAHR

14| GEWÖHNLICHE PESTWURZ – EINE FEUCHTPFLANZE
MIT IHREN RIESIGEN BLÄTTERN

Im Uferbereich, in dem bei Überschwemmungen Getreibsel und Spülgut abgelagert werden, ist die *Pestwurz-Flur* mit ihrem im Sommer ca. 1 m hohen Blattwerk vertreten. Die Gewöhnliche Pestwurz ist eine typische Feuchtpflanze (Hygrophyt), die an feuchte und nasse Standorte angepasst ist. Zur Förderung der Transpiration dienen die großen, bis ein Meter breiten, sowie lebende Haare und Spaltöffnungen, die sich über die Epidermis erheben. Pestwurzfluren erweisen sich als besonders konkurrenzstark, da sie mit ihrem dichten Blätterdach eindringende Sippen an ihrer Entwicklung hindern. Nur ganz vereinzelt überragen hochwüchsige Stauden wie Große Brennnessel, Knolliger Kälberkropf oder Gräser wie Rohr-Glanzgras die dichten Bestände. Ganz anders sieht es an diesen Stellen im zeitigen Frühjahr aus, wenn die Gewöhnliche Pestwurz noch vor der Entfaltung ihrer Blätter ihre vielen rötlichen Blütentrauben aus dem Boden schiebt.

In den Säumen von Fliessgewässern siedeln sich häufig Pflanzenarten an, die es hier vor einigen Jahrzehnten noch nicht gegeben hat und die sich heute immer weiter ausbreiten. Zu diesen als Neophyten bezeichneten Pflanzen gehört das Drüsige Springkraut, das im Lammetal mit seinem bis über 2 m hohen Wuchs und seinen ansprechenden rosa bis purpurvioletten Blüten eine farbige Unterbrechung der von grünen Farben beherrschten Säume bildet.

Neben den *indigenen* (einheimischen) *Pflanzen*, die bereits in der Jungsteinzeit in Mitteleuropa vorkamen, und den *Archäophyten* (Altbürgern), die vor langer Zeit aus Südosteuropa und dem Vorderen Orient in unser Florengebiet gelangt sind, gibt es zahlreiche Arten, die erst nach der Entdeckung Amerikas unter Mithilfe des Menschen bei uns eingewandert sind und als *Neophyten* (Neubürger) bezeichnet werden. Viele dieser Neophyten sind in der Lage, dauerhafte Populationen auszubilden, und gehören zum festen Bestand unserer Flora. Von diesen *eingebürgerten Neophyten* lassen sich die *unbeständigen Neophyten* unterscheiden, die sich nur vorübergehend ansiedeln und dann wieder rasch verschwinden.

Das *Drüsige Springkraut* stammt aus dem westlichen Himalaya, gelangte 1839 als Zierpflanze nach England und von dort in viele europäische Gärten. Heute kommt diese Pflanzenart im gesamten Mittel- und Westeuropa vor und besiedelt bevorzugt Standorte mit guter Wasser- und Nährstoffversorgung. Am Beispiel des Drüsigen Springkrauts lässt sich gut erklären, dass Fließgewässer den Neophyten ideale Möglichkeiten bieten, sich hier auszubreiten und zu etablieren. Als einjährige Art produziert das Drüsige Springkraut große Mengen an Samen, die mit dem Aufspringen ihrer Fruchtkapseln mehrere Meter weit fortgeschleudert werden und sich unter günstigen Bedingungen zu neuen Pflanzenindividuen entwickeln können. Ein großer Teil der Samen, der durch das fließende Wasser über weite Strecken transportiert wird, findet an gestörten Uferbereichen günstige Möglichkeiten, neue Populationen aufzubauen. Im Beobachtungsgebiet hat das Auftreten des Drüsigen Springkrauts nicht zu einem nennenswerten Rückgang einheimischer Arten geführt.

Der *Riesen-Bärenklau*, der eine Höhe von mehr als 3 m erreichen kann und sich durch die großen bis ein Meter langen, tief geteilten Blätter sowie die riesigen, bis zu 50 cm breiten weißen Blütendolden auszeichnet, gehört zu den imposantesten Pflanzen überhaupt und wird deshalb auch als Herkulesstaude bezeichnet. Dieser Neophyt gelangte um 1900 als attraktive Zierpflanze aus dem Kaukasus nach Mitteleuropa, verwilderte aus Gärten und Parkanlagen und breitete sich auf Kosten einheimischer Pflanzen aggressiv an Ufern von Fließgewässern aus. Er hat sich im Lammetal, vor allem im Mündungsgebiet bei Klein Düngen, angesiedelt und wird hier von Landwirten gezielt bekämpft.

Der Riesen-Bärenklau ist eine zwei- bis mehrjährige Art, die zumeist im Jahr nach der Keimung zur Blüte gelangt und dann abstirbt. Bei ungünstigen Bedingungen kann die Pflanze mehrere Jahre vegetativ überdauern. Die Dolden einer einzigen Pflanze können bis zu 20.000 Samen erzeugen.

Das Vorkommen des Riesen-Bärenklaus stellt auch ein ernstzunehmendes Problem dar, weil die Berührung der Pflanze eine Photosensibilisierung der Haut bewirkt, die bei Sonnenstrahlung zu einer schwerwiegenden Verbrennung führen kann.

GESUNDHEITSRISIKEN DURCH DIE HERKULESSTAUDE (NACH KOWARIK 2003: 212)

Der Saft der Herkulesstaude enthält phototoxische Furanocumarine. Sie verursachen eine schwerwiegende Photodermatitis, wenn die Haut während oder nach der Benetzung mit Pflanzensaft dem Sonnenlicht ausgesetzt wird. Mögliche Folgen sind Juckreiz, Rötung, Schwellung und Blasenbildung der Haut. Letztere kann so großflächig wie bei Verbrennungen 1. und 2. Grades sein. Auch Fieber, Schweißausbrüche und Kreislaufschocks kommen vor. Die Entzündungen können schmerzhaft, langwierig und mit Pigmentveränderungen verbunden sein. Für die Therapie gibt es keine spezifischen Gegenmittel, jedoch lindern abschwellende und antiphlogistische Mittel, so dass eine ärztliche Behandlung anzuraten ist.

Der *Japanische Staudenknöterich*, auch ein Neophyt, der schon seit 1825 in europäischen Gärten kultiviert wurde, bildet bei Klein Düngen Dominanzbestände und erweist sich gegenüber der heimischen Flora als äußerst konkurrenzstark. Ein weiterer eingebürgerter Neophyt, die aus Nordamerika stammende *Späte Goldrute*, kommt Massenbeständen vor und fällt im Hochsommer östlich von Wehrstedt mit ihren leuchtend gelben Blütenständen auf.

15|

16|

17|

18|

UFERBEREICHE MIT WEIDENGEBÜSCHEN UND RÖHRICHTGESELLSCHAFTEN

Bereiche mit einem auf Grund der stärkeren Strömung oder durchgeführter Ausbaumaßnahmen geradlinigen Bachverlauf besitzen einen andersartigen Charakter. Die landschaftsprägenden und Schatten spendenden Bäume treten fast ganz zurück und werden durch Weidengebüsche und Röhrrichtgesellschaften ersetzt.

Die artenarmen *Weidengebüsche* setzen sich aus strauchartigen Arten mit schmalen Blättern zusammen und bilden lockere, ca. 3 – 5 m hohe Bestände. Neben Mandel-Weide gehören Korb- und Purpur-Weide zu den charakteristischen Vertretern dieser Gesellschaft.
In besonnten Uferbereichen, in denen Gehölze weitgehend fehlen, säumen *Röhrichtgesellschaften* die Lamme. Die von Gräsern beherrschte Gesellschaft wird häufig durch Hochwässer überflutet und ist dem wechselnassen Wuchsort mit weit kriechenden Rhizomen angepasst. Das kräftige bis über 3 m hohe graugrüne Schilfrohr entfaltet dichte Massenbestände, die nur wenigen anderen Blütenpflanzen Raum bieten. Am häufigsten sind Stickstoffzeiger wie Große Brennnessel und Gundermann sowie Glatthafer und Gewöhnliches Knäuelgras aus dem benachbarten Grünland.

Zu den charakteristischen Elementen der Uferbereiche gehört das Rohr-Glanzgras, das mit seinen schilfähnlichen Halmen und rötlichen Blütenrispen dichte, geschlossene, eineinhalb bis zwei Meter hohe Röhrichte bildet und die Lamme bandartig über längere Strecken begleitet.

Im Übergangsbereich zwischen Weidengebüschen und Röhrichtgesellschaften auf der einen und der offenen Landschaft auf der anderen Seite ist bisweilen die *Zaunwinden-Gesellschaft* zu finden. Besonders charakteristisch ist hier die Zaunwinde, die an anderen Pflanzen empor klimmt diese schleierartig überzieht und sich so ihren ›Platz an der Sonne‹ sichert. Ihren Höhepunkt besitzt diese Gesellschaft im Hochsommer, wenn die trichterförmigen weißen Blüten einen farbenfrohen Kontrast zum Zottigen Weidenröschen mit seinen behaarten Blättern und purpurroten Blüten und anderen Vertretern der Hochstaudenfluren bilden.

15| DER RIESEN-BÄRENKLAU MIT SEINEN GEWALTIGEN BLÄTTERN UND IMPOSANTEN BLÜTENSTÄNDEN

16| DAS DRÜSIGE SPRINGKRAUT – EIN NEOPHYT, DER AUCH DAS LAMMETAL EROBERT HAT

17| ROHRGLANZGRAS-RÖHRICHT

18| ZOTTIGES WEIDENRÖSCHEN UND ZAUN-WINDE

19|

20|

21|

19| WALDSIMSEN-WIESE MIT SUMPFDOTTERBLUME

20| EXTENSIV GENUTZTE NASSWIESE BEI WEHRSTEDT

21| SCHLANKSEGGEN-RIED

22| NASSWIESE BEI WEHRSTEDT MIT FARBENFROHEM
FRÜHJAHRSASPEKT VON KUCKUS-LICHTNELKE UND
SCHARFEM HAHNENFUSS

23| WIESEN-STORCHSCHNABEL IN EINER HOCHSTAU-
DENFLUR BEI DETFURTH

FEUCHTGEBIETE MIT NASSWIESEN, HOCHSTAUDENFLUREN,
GROSSSEGGEN- UND RÖHRICHTGESELLSCHAFTEN SOWIE
EINEM KLEINEN ERLEN-BRUCHWALD

Zwischen Wehrstdt und Upstedt gibt es auf nährstoff- und basen-
reichen Auenböden noch gut erhaltene Feuchtgebiete. Die zeitweise
überfluteten und durch Grundwasser beeinflussten Flächen werden
teilweise extensiv bewirtschaftet und zeichnen sich durch einen
Komplex verschiedener Grünlandgesellschaften, Hochstaudenfluren
sowie Großseggen- und Röhrichtgesellschaften aus, die mosaikartig
ineinander greifen und mit ihren verschiedenen Farben das Bild dieses
reizvollen Raumes prägen. Für den Erhalt und die Ausweitung dieser
aus landwirtschaftlicher Sicht minderwertigen, für den Naturschutz
aber wertvollen Feuchtgebiete, ist es unbedingt erforderlich, die
extensive Nutzung fortzusetzen und nach Möglichkeit auszuweiten.
Durch Pflegemaßnahmen mit dem Ziel, den offenen Charakter der
Landschaft mit seinen typischen Pflanzen und Tieren zu erhalten,
leistet die *Arbeitsgemeinschaft für Natur- und Umweltschutz Ambergau* einen
wertvollen Beitrag. Feuchtgebiete dieser Qualität sind heute durch
Entwässerungs- und Intensivierungsmaßnahmen stark zurückgedrängt
und häufig durch monotone Wirtschaftswiesen ersetzt. Leider stellen
auch die monotonen und artenarmen Fichtenanpflanzungen in diesem
Teil der Lammeniederung einen Fremdkörper dar und sollten nach
Möglichkeit durch naturnahe Strukturen ersetzt werden.
Besonders wertvoll sind die Nasswiesen, in denen die Wald-Simse
vorherrscht und die Gesellschaft als *Waldsimsen-Gesellschaft* kennzeich-
net. Als weitere Vertreter des Feuchtgrünlandes sind hier fast immer
Echtes Mädesüß, Kuckucks-Lichtnelke, Zweizeilige Segge, Sumpf-
Vergißmeinnicht, Sumpf-Schachtelhalm, Gewöhnlicher Beinwell,
Sumpf-Hornklee, Moor-Labkraut, Sumpf-Kratzdistel und Flatter-Binse
vertreten. Einen aus Sicht des Artenschutzes hohen Wert besitzt das
Vorkommen der Sumpfdotterblume, die in Niedersachsen zu den
gefährdeten Blütenpflanzen zählt und im zeitigen Frühjahr mit ihren
leuchtend gelben Blüten schon aus großer Entfernung zu erkennen ist.
Zu den floristischen Besonderheiten gehört außerdem der im Raum
Hildesheim seltene Schlangen-Knöterich, der mit seinen schönen
hellrosa gefärbten Scheinähren manchem Leser schon einmal in den
Gebirgswiesen des Oberharzes begegnet ist. Daneben findet man in der

22|

23|

Waldsimsen-Wiese regelmäßig Arten, die auch in anderen feuchten Mähwiesen vorkommen. Darunter ist das Wiesen-Schaumkraut, das im Laufe des Frühjahrs die Talaue mit einem violett-weißen Schleier überzieht.

Die etwas höher gelegenen Bereiche der Talaue werden von Grünlandbeständen mit *Wiesen-Fuchsschwanz* bedeckt. Hier treten Arten der Nasswiesen zu Gunsten typischer Vertreter von Glatthafer-Wiesen wie Glatthafer, Gewöhnliches Knäuelgras, Wiesen-Kerbel und Wiesen-Bärenklau deutlich zurück. Diese Wiesen werden meistens zweimal gemäht und besitzen aus landwirtschaftlicher Sicht einen höheren Ertragswert als die Waldsimsen-Wiese

In tiefer gelegenen, einen großen Teil des Jahres unter Wasser stehenden und landwirtschaftlich nicht genutzten Senken herrschen in der Nähe von Weidengebüschen *Hochstaudenfluren* vor, in denen das Echte Mädesüß mit seinen cremefarbenen Blüten den Sommeraspekt bestimmt. Zwischen Rohr-Glanzgras, Rasen-Schmiele und Flatter-Binse wachsen Zottiges Weidenröschen, Blut-Weiderich, Sumpf-Ziest und Sumpf-Storchschnabel mit roten, Gewöhnlicher Gilbweiderich, Sumpf-Hornklee und Geflügeltes Johanniskraut mit gelben Blüten sowie der Gewöhnliche Baldrian, der alle anderen Arten überragt. Eine floristische Besonderheit für den Hildesheimer Raum ist das Vorkommen des blau blühenden Wiesen-Storchschnabels.

Großseggen-Gesellschaften sind charakteristische Elemente naturnaher Flusslandschaften und seit einigen Jahrzehnten in starkem Rückgang begriffen. Umso erfreulicher ist es, dass sie auch im Lammetal in einigen Gebieten mit hoch anstehendem Grundwasser vorkommen. Ihr Aussehen wird durch die Dominanz verschiedener Seggenarten bestimmt. Danach lassen sich ein *Schlankseggen-Ried* und ein *Sumpfseggen-Ried* unterscheiden, in dem auch die Ufer-Segge gedeiht. Einen farbigen Höhepunkt bildet in diesen von

Grüntönen beherrschten Gesellschaften im Mai der gelbe Blühaspekt der Sumpf-Schwertlilie.
Hochwüchsige und aus schilfartigen Pflanzen aufgebaute Gesellschaften wachsen im Untersuchungsgebiet auch in den tiefer gelegenen Senken und Mulden, die das ganze Jahr nicht austrocknen, sowie in Gräben, die sich durch die Nasswiesen ziehen. Neben dem Teich-Röhricht mit Gewöhnlichem Schilf gibt es im Niederungsbereich Röhrichtbestände, in denen entweder Breitblättriger Rohrkolben oder Wasser-Schwaden vorherrschen.

Erlen-Bruchwälder sind in der Lammeniederung ausgesprochen selten und wurden nur in einem einzigen, fragmentarisch ausgebildeten Bestand in einer kleinen, den größten Teil des Jahres unter Wasser stehenden Senke östlich von Wehrstedt in engem Kontakt zu den hier entwickelten Nasswiesen nachgewiesen. Im Gegensatz zu den von der Schwarz-Erle dominierten Auenwäldern auf wasserzügigem Substrat bevorzugen Bruchwälder Niedermoorböden mit stagnierendem, sauerstoffarmem Grundwasser.
Unter der allein von der Schwarz-Erle gebildeten Baumschicht treten in der Strauchschicht die Schwarze Johannisbeere sowie die an anderen Pflanzen empor kletternden Lianen Hopfen und Bittersüßer Nachtschatten als Kennarten des Schwarzerlen-Bruchwaldes auf. Daneben gehören grasartige Gewächse wie Rohr-Glanzgras, Großer Schwaden, Wald-Simse und Gewöhnliches Rispengras sowie Vertreter der Hochstaudenfluren wie Echtes Mädesüß, Sumpf-Vergißmeinnicht und Gewöhnlicher Wolfstrapp zum typischen Artengefüge.

Erlen-Bruchwälder waren früher viel häufiger und sind heute infolge von Meliorationsmaßnahmen stark zurückgedrängt. Als prägendes Landschaftselement und Lebensraum einer zum Teil bedrohten Tier- und Pflanzenwelt besitzen die erhalten gebliebenen Bestände deshalb einen hohen Wert.

24 |

25 |

INTENSIV GENUTZTE GRÜNLAND- UND ACKERFLÄCHEN

Im krassen Gegensatz zu der extensiv bewirtschafteten artenreichen Waldsimsen-Wiese stehen die intensiv genutzten, durch extreme Artenarmut und Gleichförmigkeit geprägten *Wirtschaftswiesen*, die in der Talaue der Lamme einen großen Raum einnehmen. Dabei handelt es sich weitgehend um Aussaaten ertragreicher Futtergräser wie Ausdauerndes Weidelgras, Wiesen-Schwingel, Gewöhnliches Knäuelgras und Wiesen-Lieschgras, die sich zu Dominanzbeständen entwickelt haben und anderen Arten wenig Möglichkeiten bieten, sich anzusiedeln. Nur nach längerem Suchen findet man hier neben den unerwünschten Wiesenunkräutern Große Brennnessel, Kleb-Labkraut, Stumpfblättrigen Ampfer und Vogelmiere vereinzelte Exemplare standortgemäßer Süßgräser wie Gewöhnliches Rispengras und Wolliges Honiggras sowie Wiesenpflanzen wie Gewöhnlichen Löwenzahn, Kriechenden Hahnenfuß und Wiesen-Schaumkraut.

Das Landschaftsbild des Lammetals wird auch durch die zahlreichen *Äcker* geprägt, die oft von den Hängen bis an die Ufer heranreichen und sich durch unterschiedliche und im Jahreslauf wechselnde Farbtöne unterscheiden. Im Mai bildet das leuchtende Gelb der ausgedehnten Rapsfelder einen auffälligen Kontrst zum Blaugrün der Weizenkulturen, das sich im Sommer mit dem Heranreifen des Getreides in bräunlich-gelbe Töne verwandelt und vom kräftigen Grün der Zuckerrüben abhebt.

Wildwachsende Pflanzenarten treten auf den fruchtbaren, von Löß bedeckten Feldern nur wenig in Erscheinung. Auf Grund der intensiven Landwirtschaft mit dem Einsatz von Dünge- und Pflanzenschutzmitteln ist die Ackerbegleitflora weitgehend zurückgedrängt und in der Regel nur noch an den Feldrändern zu finden. Die typische Ackerunkrautgesellschaft der Winterfruchtkulturen des Innerste-Berglandes ist die Kamillen-Gesellschaft, die auch im Lammetal in den Wintergetreide- und Rapsfeldern vorkommt. Am auffälligsten sind hier die Echte Kamille mit ihren weißen Blütenkörbchen und der Klatsch-Mohn mit seinen roten Blüten. Raps- und Weizenäcker in unmittelbarer Nachbarschaft zur Lamme, die eine längere Zeit unter Wasser stehen und auf denen die Kulturart nur lückenhaft aufläuft, bieten Feuchtezeigern günstige Lebensbedingungen. Neben dem Jungwuchs von Schwarz-Erlen und seltenen Acker-Lebermoosen bilden Kröten-Binse, Sumpf-Ruhrkraut,

26 |

27 |

28 |

Wasserpfeffer, Gewöhnliche Sumpfkresse und Vielsamiger Breit-
Wegerich auf den staunassen, oberflächlich verdichteten Böden üppige
Bestände aus und stellen eine besondere Ausbildungsform der Kamillen-
Gesellschaft dar, die für Bach- und Flussufer charakteristisch ist.

In den Zuckerrübenbeständen der Lammeniederung kommt die
Bingelkraut-Gesellschaft vor, in der neben Einjährigem Bingelkraut
weitere Ackerwildkräuter vorherrschen, die eine hervorragende
Nährstoffversorgung anzeigen. Dazu gehören Hundspetersilie, Per-
sischer Ehrenpreis, Acker-Hellerkraut und Sonnenwend-Wolfsmilch
sowie Schwarzer Nachtschatten, Gewöhnliches Hirtentäschel, Weißer
Gänsefuß und Vogelmiere. Auf staunassen Böden im Uferbereich
gesellen sich Wasser-Knöterich, Sumpf-Ziest, Acker-Schachtelhalm und
Kriechender Hahnenfuß dazu.

ANLAGEN DES BÜRGERPARKS IN LAMSPRINGE UND
DES KURPARKS IN BAD SALZDETFURTH

Die Anlagen des Bürgerparks in Lamspringe mit der Lammequelle
und der Kurpark in Bad Salzdetfurth an den Ufern der Lamme bieten
Spaziergängern und Erholungssuchenden vielfältige Möglichkeiten
zur Entspannung. Mit dem reichen Baumbestand, ausgedehnten
Rasenflächen, bunten Blumenrabatten und naturnah gestalteten
Teichanlagen verfügen sie über verschiedene Lebensräume, in denen
nicht nur Ziergehölze und Zierstauden, sondern auch Wildkpflanzen
geeignete Lebensbedingungen vorfinden.
Die *Parkbäume* mit unterschiedlichen Höhen, Wuchsformen und
Laubfarben ziehen den Blick der Besucher auf sich und erfreuen sich
besonders im Sommer wegen ihrer Schatten spendenden Wirkung
großer Beliebtheit. Neben Vertretern der heimischen Flora gibt es
hier auch fremdländische Baum- und Straucharten wie Gewöhnliche
Rosskastanie, Schneebeere und Forsythie. Daneben tragen besondere
Zuchtformen wie Blutbuche mit dunkelroten Blättern, Hänge-Esche
und Trauerweide mit herabhängenden Zweigen zur Bereicherung
der Parkanlagen bei. Unter Gehölzgruppen, in denen z.B. im Bürgerpark von Lamspringe heimische Vertreter wie Esche, Hainbuche,
Winter-Linde und Feld-Ahorn dominieren, ist im Frühjahr häufig ein
Blütenteppich von Geophyten entwickelt. Neben Hohlem Lerchensporn

29 |

sind hier Scharbockskraut, Busch-Windröschen, Wald-Gelb-stern, Aronstab und Schuppenwurz zu finden. Zu diesen Arten, den sog. Stinzenpflanzen, gesellen sich außerdem Sippen, die vor längerer Zeit aus der Kultur verwildert sind und sich hier angesiedelt haben. Dazu gehören Schneeglöckchen, Wohlriechendes Veilchen, Zweiblättriger Blaustern und Gelbe Narzisse.

Viele Frühblüher in Wäldern und Parkanlagen sind *Geophyten* (Erdpflanzen), die mit ihren unterirdi-schen Überdauerungsorganen den Einwirkungen der ungünstigen Jahreszeit angepasst sind. Die gespeicherten Reservestoffe ermöglichen den Pflanzen, rasch vor der Belaubung ihre Blätter und Blüten zu entfalten und prächtige Frühjahrsaspekte zu entwickeln. Das Busch-Windröschen und das Gelbe Windröschen gehören mit ihren Erdstängeln zu den Rhizomgeophyten. Daneben gibt es Knollengeophyten wie Hohler Lerchensporn, Scharbockskraut, Krokus und Zwiebelgeophyten wie Wald-Gelbstern, Schneeglöckchen und Gelbe Narzisse.

Zierrasen, die mit artenarmen Aussaatmischungen angelegt und durch regelmäßiges Mähen möglichst kurz gehalten werden, nehmen als prägende Elemente der Parkanlagen einen großen Raum ein. Trotz der anthropogenen Ent-stehung findet man hier zahlreiche Arten, die nicht von Menschen eingebracht wurden und die vor allem als niedrig wüchsige Kriech- und Staudenpflanzen den häufigen Schnitt unbeschadet überleben können. Zwischen den dominierenden Süßgräsern Rot-Schwingel und Ausdauerndes Weidelgras breiten sich am Boden neben Gänseblümchen und Kleiner Braunelle auch Weiß-Klee, Kleiner Klee und Thymian dicht über dem Boden aus. Besonders charakte-ristisch für viele Zierrasen ist der Faden-Ehrenpreis, der sie im Frühjahr stellenweise in ein blaues Blütenmeer verwandelt. Dieser eingebürgerter Neophyt stammt aus dem Kaukasus und Kleinasien und breitet sich seit einigen Jahrzehnten in Niedersachsen aus.

Häufig kommen in den Rasenflächen auch Pflanzen vor, die wie Scharbockskraut, Gundermann, Kriechender Hahnenfuß, Pfennigkraut, Wiesen-Schaumkraut und Kriechender Günsel Feuchtigkeit anzeigen. Bemerkenswert sind die goldgelben Blühaspekte des Scharbockskrautes und die Massenbestände des Wiesen-Schaumkrautes mit seinen weiß-violetten Blüten im Kurpark von Salzdetfurth. Einen farbigen Höhepunkt besitzen die Zierrasen im Frühjahr, wenn die ausgedehnten Bestände verschiedener Krokus-Arten und Gelber Narzissen, die von der Gartenverwaltung harmonisch in die Rasenflächen integriert sind und auch die Böschungen zur Lamme besiedeln, zur Blüte gelangen und die Besucher erfreuen.

Die *Blumenrabatten* im Bereich der Gradierwerke des Kurparks von Bad Salzdetfurth stellen einen reizvollen Anziehungspunkt für Spaziergänger und Erholung suchende dar. Zwischen den Zierpflanzen, die von den ›unerwünschten Unkräutern‹ weitgehend frei gehalten werden, findet der Botaniker gelegentlich eine Reihe von einjährigen Gartenunkräutern, die den wiederkehrenden Säuberungsaktionen mit ihren schnell auskeimenden Samen trotzen und sich immer wieder neu entwickeln. Interessanterweise kommen hier mit dem Vielsamigen Gänsefuß, dem Wasserdarm, dem Knäuel-Hornkraut und dem Kleinblütigen Weidenröschen Arten vor, die für vernässte Böden in Flussauen charakteristisch sind. Neben Gänsefuß- und Knöterich-Arten sind Vogelmiere und Kleine Brennnessel sowie als seltener Neophyt der Fremde Ehrenpreis präsent.

Teichanlagen nehmen im Bürgerpark von Lamspringe eine Große Fläche ein und bestimmen mit ihren offenen Wasserflächen, standortgemäßen Weiden, Schwarz-Erlen und Eschen sowie der naturnahen Ufervegetation mit Arten der Hochstaudenfluren und Röhricht-Gesellschaften den Gesamteindruck der Anlage. |

Erfassung von Heinrich Hofmeister im Frühjahr und Sommer 2009 • Nomenklatur nach Garve (2004) • Insgesamt 424 Arten nachgewiesen, darunter 44 eingebürgerte und 17 unbeständige Neophyten.

Erklärung der Symbole:
agg. Aggregat (Artengruppe), x Hybridzeichen, N/E eingebürgerter Neophyt, N/U unbeständiger Neophyt, s synanthrop (verwildert)

Ackerfrauenmantel, Gewöhnl.	Aphanes arvensis
Ahorn, Berg-	Acer pseudoplatanus
Ahorn, Spitz-	Acer platanoides
Ahorn, Feld-	Acer campestre
Akelei, Gewöhnliche	Aquilegia vulgaris s
Ampfer, Blut-	Rumex sanguineus
Ampfer, Knäuelblütiger	Rumex conglomeratus
Ampfer, Krauser	Rumex crispus
Ampfer, Stumpfblättriger	Rumex obtusifolius
Ampfer, Wasser-	Rumex aquaticus
Aronstab, Gefleckter	Arum maculatum
Baldrian, Kriechender Arznei-	Valeriana procurrens
Barbarakraut, Echtes	Barbarea vulgaris
Bärenklau, Riesen-	Heracleum mantegazzianum N/E
Bärenklau, Wiesen-	Heracleum sphondylium
Bärenschote	Astragalus glycyphyllos
Beifuß, Gewöhnlicher	Artemisia vulgaris
Beinwell, Gewöhnlicher	Symphytum officinale
Berle	Berula erecta
Berufkraut, Einjähriges	Erigeron annuus N/E
Berufkraut, Kanadisches	Conyza canadensis N/E
Bingelkraut, Einjähriges	Mercurialis annua N/E
Binse, Blaugrüne	Juncus inflexus
Binse, Flatter-	Juncus effusus
Binse, Glieder-	Juncus articulatus
Binse, Kröten-	Juncus bufonius
Binse, Spitzblütige	Juncus acutiflorus
Binse, Zarte	Juncus tenuis N/E
Binse, Zusammengedrückte	Juncus compressus
Birke, Hänge-	Betula pendula
Bocksbart, Wiesen-	Tragopogon pratensis
Braunelle, Kleine	Prunella vulgaris
Braunwurz, Geflügelte	Scrophularia umbrosa
Braunwurz, Knotige	Scrophularia nodosa
Brennnessel, Große	Urtica dioica
Brennnessel, Kleine	Urtica urens
Brombeere, Echte	Rubus fructicosus agg.
Brombeere, Schlitzblättrige	Rubus laciniatus N/E
Bruchkraut, Kahles	Herniaria glabra
Brunnenkresse, Echte	Nasturtium officinale
Buche, Rot-	Fagus sylvatica
Distel, Krause	Carduus crispus
Douglasie	Pseudotsuga menziesii N/E
Eberesche	Sorbus aucuparia
Efeu	Hedera helix
Ehrenpreis, Acker-	Veronica agrestis
Ehrenpreis, Bachbungen-	Veronica beccabunga
Ehrenpreis, Berg-	Veronica montana
Ehrenpreis, Efeublättriger	Veronica hederifolia ssp. hederifolia
Ehrenpreis, Efeublättriger	Veronica hederifolia ssp. lucorum
Ehrenpreis, Faden-	Veronica filiformis N/E
Ehrenpreis, Feld-	Veronica arvensis
Ehrenpreis, Fremder	Veronica peregrina N/E
Ehrenpreis, Glänzender	Veronica polita
Ehrenpreis, Persischer	Veronica persica N/E
Ehrenpreis, Thymian-	Veronica serpyllifolia
Ehrenpreis, Wasser-	Veronica anagallis-aquatica
Ehrenpreis, Gamander-	Veronica chamaedrys
Eibe	Taxus baccata s
Eiche, Rot-	Quercus rubra N/E
Eiche, Stiel-	Quercus robur
Eiche, Trauben-	Quercus petraea
Eisenhut, Gelber	Aconitum lycoctonum s
Eisenkraut, Echtes	Verbena officinalis
Engelwurz, Wald-	Angelica sylvestris
Erdbeere, Wald-	Fragaria vesca
Erdrauch, Gewöhnlicher	Fumaria officinalis
Erle, Schwarz-	Alnus glutinosa
Esche, Gewöhnliche	Fraxinus excelsior
Eselsdistel, Gewöhnliche	Onopordum acanthium s
Federschwingel, Mäuseschw.-	Vulpia myuros
Feldsalat, Gewöhnlicher	Valerianella locusta
Ferkelkraut, Gewöhnliches	Hypochaeris radicata
Fichte	Picea abies s
Fingerkraut, Frühlings-	Potentilla neumanniana
Fingerkraut, Gänse-	Potentilla anserina
Fingerkraut, Kriechendes	Potentilla reptans
Flachs	Linum usitatissimum N/U

Flattergras, Wald-	Milium effusum
Flieder, Gewöhnlicher	Syringa vulgaris s
Flockenblume, Wiesen-	Centaurea jacea
Flügelknöterich, Acker-	Fallopia convolvulus
Franzosenkraut, Behaartes	Galinsoga ciliata N/E
Franzosenkraut, Kleinblütiges	Galinsoga parviflora N/E
Frauenfarn, Wald-	Athyrium filix-femina
Frauenmantel, Weicher	Alchemilla mollis N/U
Fuchsschwanz, Acker-	Alopecurus myosuroides
Fuchsschwanz, Knick-	Alopecurus geniculatus
Fuchsschwanz, Wiesen-	Alopecurus pratensis
Gänseblümchen	Bellis perennis
Gänsedistel, Kohl-	Sonchus oleraceus
Gänsedistel, Raue	Sonchus asper
Gänsefuß, Feigenblättriger	Chenopodium ficifolium
Gänsefuß, Roter	Chenopodium rubrum
Gänsefuß, Vielsamiger	Chenopodium polyspermum
Gänsefuß, Weißer	Chenopodium album
Gauchheil, Acker-	Anagallis arvensis
Geißblatt, Wald-	Lonicera xylosteum
Gelbstern, Wald-	Gagea lutea
Giersch	Aegopodium podagraria
Gilbweiderich, Gewöhnlicher	Lysimachia vulgaris
Gilbweiderich, Punktierter	Lysimachia punctata N/E
Glanzgras, Rohr-	Phalaris arundinacea
Glatthafer	Arrhenatherum elatius
Glockenblume, Rapunzel-	Campanula rapunculus
Golddistel	Carlina vulgaris
Goldnessel, Gewöhnliche	Lamium galeobdolon
Goldnessel, Silberblättrige	Lamium argentatum N/E
Goldrute, Späte	Solidago gigantea N/E
Greiskraut, Fuchs-	Senecio ovatus
Greiskraut, Gewöhnliches	Senecio vulgaris
Greiskraut, Jakobs-	Senecio jacobaea
Greiskraut, Raukenblättriges	Senecio erucifolius
Gundermann	Glechoma hederacea
Günsel, Kriechender	Ajuga reptans
Habichtskraut, Gewöhnliches	Hieracium lachenalii
Habichtskraut, Kleines	Hieracium pilosella
Habichtskraut, Orangerotes	Hieracium aurantiacum N/E
Hafer, Flug-	Avena fatua
Hahnenfuß, Gift-	Ranunculus sceleratus
Hahnenfuß, Gold-	Ranunculus auricomus
Hahnenfuß, Kriechender	Ranunculus repens
Hahnenfuß, Scharfer	Ranunculus acris
Hainbuche	Carpinus betulus

Hainsimse, Behaarte	Luzula pilosa
Hartriegel, Blutroter	Cornus sanguinea
Hauhechel, Dornige	Ononis spinosa
Hellerkraut, Acker-	Thlaspi arvense
Helmkraut, Sumpf-	Scutellaria galericulata
Hexenkraut, Gewöhnliches	Circaea lutetiana
Himbeere	Rubus idaeus
Hirtentäschel, Gewöhnliches	Capsella bursa-pastoris
Hohlzahn, Gewöhnlicher	Galeopsis tetrahit
Holunder, Schwarzer	Sambucus nigra
Honiggras, Wolliges	Holcus lanatus
Hopfen	Humulus lupulus
Hopfenklee	Medicago lupulina
Hornklee, Gewöhnlicher	Lotus corniculatus
Hornklee, Sumpf-	Lotus pedunculatus
Hornkraut, Acker-	Cerastium arvense
Hornkraut, Gewöhnliches	Cerastium holosteoides
Hornkraut, Knäuel-	Cerastium glomeratum
Huflattich	Tussilago farfara
Hühnerhirse, Gewöhnliche	Echinochloa crus-galli
Hungerblümchen, Frühlings-	Erophila verna
Immergrün, Kleines	Vinca minor N/E
Johannisbeere, Schwarze	Ribes nigrum
Johannisbeere, Alpen-	Ribes alpinum s
Johannisbeere, Rote	Ribes rubrum
Johanniskraut, Geflügeltes	Hypericum tetrapterum
Johanniskraut, Tüpfel-	Hypericum perforatum
Kälberkropf, Knolliger	Chaerophyllum bulbosum
Kälberkropf, Taumel-	Chaerophyllum temulum
Kamille, Echte	Matricaria recutita
Kamille, Geruchlose	Tripleurospermum perforatum
Kamille, Strahlenlose	Matricaria discoidea N/E
Kammgras, Wiesen-	Cynosurus cristatus
Karde, Wilde	Dipsacus fullonum
Kerbel, Wiesen-	Anthriscus sylvestris
Kirsche, Gewöhnl. Trauben-	Prunus padus
Kirsche, Vogel-	Prunus avium
Klee, Feld-	Trifolium campestre
Klee, Kleiner	Trifolium dubium
Klee, Rot-	Trifolium pratense
Klee, Schweden-	Trifolium hybridum N/E
Klee, Weiß-	Trifolium repens
Klette, Filzige	Arctium tomentosum
Klette, Hain-	Arctium nemorosum
Klettenkerbel, Gewöhnlicher	Torilis japonica
Knäuelgras, Gewöhnliches	Dactylis glomerata

Knoblauchsrauke	Alliaria petiolata		Minze, Acker-	Mentha arvensis
Knöterich, Floh-	Persicaria maculosa		Minze, Pfeffer-	Mentha x piperita N/U
Knöterich, Fluss-	Persicaria lapathifolia		Minze, Wasser-	Mentha aquatica
Knöterich, Wasser-	Persicaria amphibia		Mistel, Laubholz-	Viscum album
Königskerze, Schwarze	Verbascum nigrum		Mohn, Klatsch-	Papaver rhoeas
Kornelkirsche	Cornus mas s		Mohn, Saat-	Papaver dubium
Kratzbeere	Rubus caesius		Mohn, Schlaf-	Papaver somniferum N/U
Kratzdistel, Acker-	Cirsium arvense		Möhre, Wilde	Daucus carota
Kratzdistel, Gewöhnliche	Cirsium vulgare		Moschuskraut	Adoxa moschatellina
Kratzdistel, Kohl-	Cirsium oleraceum		Nabelmiere, Dreinervige	Moehringia trinervia
Kratzdistel, Sumpf-	Cirsium palustre		Nachtschatten, Bittersüßer	Solanum dulcamara
Kresse, Schutt-	Lepidum ruderale		Nachtschatten, Schwarzer	Solanum nigrum
Kreuzlabkraut, Gewöhnliches	Cruciata laevipes		Nachtviole, Gewöhnliche	Hesperis matronalis N/E
Krokus, Elfen-	Crocus tommansinianus N/U		Narzisse, Dichter-	Narcissus poeticus N/U
Krokus, Kleiner	Crocus chrysanthus N/U		Narzisse, Gelbe	Narcissus pseudonarcissus N/U
Labkraut, Echtes	Galium verum		Nelkenwurz, Echte	Geum urbanum
Labkraut, Kletten-	Galium aparine		Orant, Kleiner	Chaenorhinum minus
Labkraut, Moor-	Galium uliginosum		Pappel, Bastard-Schwarz-	Populus x canadensis N/E
Labkraut, Sumpf-	Galium palustre		Pappel, Silber-	Populus alba N/E
Labkraut, Wiesen-	Galium album		Pappel, Zitter-	Populus tremula
Laichkraut, Kamm-	Potamogeton pectinatus		Pastinak	Pastinaca sativa
Lattich, Kompass-	Lactuca serriola		Perlgras, Einblütiges	Melica uniflora
Lauch, Schnitt-	Allium schoenoprasum N/E		Pestwurz, Gewöhnliche	Petasites hybridus
Lauch, Weinbergs-	Allium vineale		Pfaffenhütchen, Gewöhnliches	Euonymus europaea
Leberblümchen	Hepatica nobilis s		Pfennigkraut	Lysimachia nummularia
Leinkraut, Gewöhnliches	Linaria vulgaris		Pippau, Dach-	Crepis tectorum
Lichtnelke, Kuckucks-	Silene flos-cuculi		Pippau, Kleinköpfiger	Crepis capillaris
Lichtnelke, Rote	Silene dioica		Pippau, Wiesen-	Crepis biennis
Liebesgras, Kleines	Eragrostis minor N/E		Platterbse, Breitblättrige	Lathyrus latifolius N/E
Lieschgras, Knolliges	Phleum bertolonii		Platterbse, Wiesen-	Lathyrus pratensis
Lieschgras, Wiesen-	Phleum pratense		Rainfarn	Tanacetum vulgare
Liguster, Gewöhnlicher	Ligustrum vulgare s		Rainkohl, Gewöhnlicher	Lapsana communis
Linde, Winter-	Tilia cordata		Raps	Brassica napus N/U
Löwenzahn, Gewöhnlicher	Taraxacum officinale agg.		Rauke, Weg-	Sisymbrium officinale
Löwenzahn, Herbst-	Leontodon autumnalis		Reitgras, Land-	Calamagrostis epigejos
Lungenkraut, Dunkles	Pulmonaria obscura		Rispengras, Einjähriges	Poa annua
Mädesüß, Echtes	Filipendula ulmaria		Rispengras, Gewöhnliches	Poa trivialis
Märzenbecher	Leucojum vernum s		Rispengras, Hain-	Poa nemoralis
Mastkraut, Niederliegendes	Sagina procumbens		Rispengras, Sumpf-	Poa palustris
Mauerlattich	Mycelis muralis		Robinie	Robinia pseudoacacia N/E
Mauerpfeffer, Scharfer	Sedum acre		Rohrkolben, Breitblättriger	Typha latifolia
Mauerraute	Asplenium ruta-muraria		Rose, Bibernell-	Rosa spinosissima s
Meerrettich	Armoracia rusticana		Rose, Hunds-	Rosa canina
Melde, Spieß-	Atriplex prostrata		Rose, Kartoffel-	Rosa rugosa N/E
Melde, Spreizende	Atriplex patula		Rosskastanie, Gewöhnliche	Aesculus hippocastanum N/U
Milchstern, Dolden-	Ornithogalum umbellatum s		Ruchgras, Gewöhnliches	Anthoxanthum odoratum

Ruhrkraut, Sumpf-	Gnaphalium uliginosum	Spargel, Gemüse-	Asparagus officinalis s
Quecke, Kriechende	Elymus repens	Spierstrauch, Billard-	Spiraea billardii N/E
Sauerampfer, Großer	Rumex acetosa	Springkraut, Drüsiges	Impatiens glandulifera N/E
Sauerklee, Hornfrüchtiger	Oxalis corniculata N/E	Springkraut, Großes	Impatiens noli-tangere
Sauerklee, Wald-	Oxalis acetosella	Springkraut, Kleines	Impatiens parviflora N/E
Schachtelhalm, Acker-	Equisetum arvense	Stachelbeere	Ribes uva-crispa
Schachtelhalm, Sumpf-	Equisetum palustre	Staudenknöterich, Japanischer	Fallopia japonica N/E
Schachtelhalm, Teich-	Equisetum fluviatile	Stechapfel	Datura stramonium N/E
Schafgarbe, Gewöhnliche	Achillea millefolium	Steinbrech, Dreifinger-	Saxifraga tridactylites
Scharbockskraut	Ranunculus ficaria	Steinklee, Hoher	Melilotus altissimus
Schaumkraut, Behaartes	Cardamine hirsuta	Steinklee, Weißer	Melilotus albus
Schaumkraut, Spring-	Cardamine impatiens	Stendelwurz, Breitblättrige	Epipactis helleborine
Schaumkraut, Wald-	Cardamine flexuosa	Sternmiere, Bach-	Stellaria alsine
Schaumkraut, Wiesen-	Cardamine pratensis	Sternmiere, Große	Stellaria holostea
Schilf, Gewöhnliches	Phragmites australis	Sternmiere, Hain-	Stellaria nemorum
Schlehe	Prunus spinosa	Stiefmütterchen, Acker-	Viola arvensis
Schlüsselblume, Hohe	Primula elatior	Stiefmütterchen, Wildes	Viola tricolor
Schmalwand, Acker-	Arabidopsis thaliana	Storchschnabel, Kleiner	Geranium pusillum
Schmiele, Rasen-	Deschampsia cespitosa	Storchschnabel, Pyrenäen-	Geranium pyrenaicum N/E
Schneeball, Gewöhnlicher	Viburnum opulus	Storchschnabel, Schlitzblättrig.	Geranium dissectum
Schneebeere	Symphoricarpos albus N/E	Storchschnabel, Stinkender	Geranium robertianum
Schneeglöckchen, Kleines	Galanthus nivalis N/E	Storchschnabel, Sumpf-	Geranium palustre
Schöllkraut	Chelidonium majus	Storchschnabel, Weicher	Geranium molle
Schuppenwurz, Gewöhnliche	Lathraea squamaria	Storchschnabel, Wiesen-	Geranium pratense
Schwaden, Flutender	Glyceria fluitans	Straußenfarn	Matteuccia struthiopteris s
Schwaden, Wasser-	Glyceria maxima	Straußgras, Riesen-	Agrostis gigantea
Schwarznessel	Ballota nigra	Straußgras, Rotes	Agrostis capillaris
Schwertlilie, Sumpf-	Iris pseudacorus	Straußgras, Weißes	Agrostis stolonifera
Schwingel, Echter Schaf-	Festuca ovina	Sumpfbinse, Gewöhnliche	Eleocharis palustris
Schwingel, Riesen-	Festuca gigantea	Sumpfdotterblume	Caltha palustris
Schwingel, Rohr-	Festuca arundinacea	Sumpfkresse, Gewöhnliche	Rorippa palustris
Schwingel, Rot-	Festuca rubra	Taubnessel, Gefleckte	Lamium maculatum
Schwingel, Wiesen-	Festuca pratensis	Taubnessel, Purpurrote	Lamium purpureum
Segge, Behaarte	Carex hirta	Taubnessel, Weiße	Lamium album
Segge, Frühlings-	Carex caryophyllea	Teichlinse, Vielwurzelige	Spirodela polyrhiza
Segge, Hängende	Carex pendula s	Thymian, Arznei-	Thymus pulegioides
Segge, Schlanke	Carex acuta	Traubenhyazinthe, Weinbergs-	Muscari neglectum N/U
Segge, Sumpf-	Carex acutiformis	Trespe, Taube	Bromus sterilis
Segge, Ufer-	Carex riparia	Trespe, Wehrlose	Bromus inermis
Segge, Wald-	Carex sylvatica	Trespe, Weiche	Bromus hordeaceus
Segge, Winkel-	Carex remota	Ulme, Berg-	Ulmus glabra
Segge, Zweizeilige	Carex disticha	Veilchen, März-	Viola odorata N/E
Seide, Europäische	Cuscuta europaea	Veilchen, Wald-	Viola reichenbachiana
Simse, Wald-	Scirpus sylvaticus	Vergissmeinnicht, Acker-	Myosotis arvensis
Sonnenblume, Gewöhnliche	Helianthus annuus N/U	Vergissmeinnicht, Sumpf-	Myosotis scorpioides
Sonnenhut, Schlitzblättriger	Rudbeckia laciniata N/U	Vergissmeinnicht, Wald-	Myosotis sylvatica

Vogelknöterich, Acker-	Polygonum aviculare		Weidenröschen, Zottiges	Epilobium hirsutum
Vogelmiere	Stellaria media		Weiderich, Blut-	Lythrum salicaria
Waldmeister	Galium odoratum		Wein, Fünfblättriger Wilder	Parthenocissus inserta N/E
Waldrebe, Gewöhnliche	Clematis vitalba		Weißdorn, Eingriffliger	Crataegus monogyna
Wasserdarm	Stellaria aquatica		Weißdorn, Zweigriffliger	Crataegus laevigata
Wasserlinse, Dreifurchige	Lemna trisulca		Weißwurz, Vielblütige	Polygonatum multiflorum
Wasserlinse, Kleine	Lemna minor		Wicke, Rauhaarige	Vicia hirsuta
Wasserpest, Schmalblättrige	Elodea nuttallii N/E		Wicke, Viersamige	Vicia tetrasperma
Wasserpfeffer	Persicaria hydropiper		Wicke, Vogel-	Vicia cracca
Wasserstern	Callitriche palustris		Wicke, Zaun-	Vicia sepium
Wau, Färber-	Reseda luteola		Wiesenknopf, Kleiner	Sanguisorba minor
Wau, Gelber	Reseda lutea		Wiesenknöterich, Schlangen-	Bistorta officinalis
Wegerich, Breit-	Plantago major ssp. major		Winde, Acker-	Convolvulus avensis
Wegerich, Spitz-	Plantago lanceolata		Windhalm, Gewöhnlicher	Apera spica-venti
Wegerich, Vielsamiger Breit-	Plantago major ssp. intermedia		Windröschen, Busch-	Anemone nemorosa
Wegwarte	Cichorium intybus		Windröschen, Gelbes	Anemone ranunculoides
Weide, Bruch-	Salix fragilis		Winterling	Eranthis hyemalis N/U
Weide, Fahl-	Salix x rubens		Wirbeldost	Clinopodium vulgare
Weide, Grau-	Salix cinerea		Wolfsmilch, Garten-	Euphorbia peplus
Weide, Korb-	Salix viminalis		Wolfsmilch, Kreuzblättrige	Euphorbia lathyris N/U
Weide, Kübler-	Salix x smithiana		Wolfsmilch, Sonnenwend-	Euphorbia helioscopia
Weide, Mandel-	Salix triandra		Wolfsmilch, Zypressen-	Euphorbia cyparissias
Weide, Purpur-	Salix purpurea		Wolfstrapp, Gewöhnlicher	Lycopus europaeus
Weide, Reichardt-	Salix x reichardtii		Wurmfarn, Breitblättriger	Dryopteris dilatata
Weide, Sal-	Salix caprea		Wurmfarn, Dorniger	Dryopteris carthusiana
Weide, Silber-	Salix alba		Wurmfarn, Gewöhnlicher	Dryopteris filix-mas
Weide, Trauer-	Salix babylonica N/U		Zahntrost, Roter	Odontites vulgaris
Weidelgras, Gewöhnliches	Lolium perenne		Zaunwinde, Gewöhnliche	Calystegia sepium
Weidelgras, Vielblütiges	Lolium multiflorum N/U		Ziest, Sumpf-	Stachys palustris
Weidenröschen, Berg-	Epilobium montanum		Ziest, Wald-	Stachys sylvatica
Weidenröschen, Drüsiges	Epilobium ciliatum N/E		Zimbelkraut, Mauer-	Cymbalaria muralis N/E
Weidenröschen, Graugrünes	Epilobium tetragonum ssp. lamyi		Zweizahn, Dreiteiliger	Bidens tripartita
Weidenröschen, Kleinblütiges	Epilobium parviflorum		Zwenke, Wald-	Brachypodium sylvaticum
Weidenröschen, Schmalblättr.	Epilobium angustifolium			

LITERATUR

- DIERSCHKE, H. (1974): SAUMGESELLSCHAFTEN IM VEGETATIONSGEFÄLLE AN WALDRÄNDERN. – SCRIPTA GEOBOTANICA 6: 1–246. GÖTTINGEN.
- FEIGE, W. (O.J.): LAMSPRINGE. VERGANGENHEIT UND GEGENWART. 62 S. LAMSPRINGE.
- GARVE, E. (2004) ROTE LISTE UND FLORENLISTE DER FARN- UND BLÜTENPFLANZEN IN NIEDERSACHSEN UND BREMEN. – INFORMATIONSDIENST NATURSCHUTZ NIEDERSACHSEN 24: 1–76. HILDESHEIM.
- HOFMEISTER, H. (HRSG. 2003): NATURRAUM INNERSTETAL. – NATUR- UND LANDSCHAFTSSCHUTZ IM RAUM HILDESHEIM 4: 1–220. HILDESHEIM.
- KALKMANN, H.-O. & KALKMANN, J. (HRSG. 1995): ÖKOLOGISCHER WASSERLEHRPFAD BODENBURG. 49 S. LAMSPRINGE.

- KOWARIK, J. (2003): BIOLOGISCHE INVASIONEN. NEOPHYTEN UND NEOZOEN IN MITTELEUROPA. 380 S. STUTTGART.
- MÜLLER, W. (2008): DIE WEIDEN (SALICES) DER STADT HILDESHEIM. – BRAUNSCHWEIGER NATURKD. SCHR. 8: 33–48. BRAUNSCHWEIG.
- POTT, R. & REMY, D. (2000): GEWÄSSER DES BINNENLANDES – ÖKOSYSTEME. MITTELEUROPAS AUS GEOBOTANISCHER SICHT. 255 S. STUTTGART.
- PREISING, E., VAHLE, H.C., BRANDES, D., HOFMEISTER, H., TÜXEN, J., & WEBER, H.E. (1990–2003): DIE PFLANZENGESELLSCHAFTEN NIEDERSACHSENS. – NATURSCHUTZ UND LANDSCHAFTSPFL. NIEDERS. 20/2, 4, 5, 7–8. HILDESHEIM UND HANNOVER.

Lamspringe

Neuhof

Groß Ilde

Klein Ilde

Bodenburg

Wehrstedt

Bad Salzdetfurth

Detfurth

Wesseln

Kl. Dünger

Heinde

ABER DES ÄTHERS LIEBLINGE, SIE, DIE GLÜCKLICHEN VÖGEL

WOHNEN UND SPIELEN VERGNÜGT IN DER EWIGEN HALLE DES VATERS!

RAUMS GENUG IST FÜR ALLE. DER PFAD IST KEINEM BEZEICHNET,

UND ES REGEN SICH FREI IM HAUSE DIE GROSSEN UND KLEINEN.

ÜBER DEM HAUPTE FROHLOCKEN SIE MIR, UND ES SEHNT SICH AUCH MEIN HERZ

WUNDERBAR ZU IHNEN HINAUF.

Friedrich Hölderlin, ›An den Äther‹

DIE AVIFAUNA IM LAMMETAL •
EIN ORNITHOLOGISCHES PORTRAIT
EWALD BÜRIG

Schon auf einem ersten Orientierungsgang erweist sich der großflächige Park der Klosterkirche von Lamspringe jedem interessierten Ornithologen als ein kleines Reservoir für viele Vögel unserer niedersächsischen Heimat. Ein buntgemischtes Ensemble von Vogelarten wohnt in dem ausragenden Wipfelgeäst riesiger, uralter Bäume. In den üppigen Buschreihen, Hecken und Sträuchern singen die Vögel ihre Lieder, im dichtesten, urwüchsigen Efeugerank, das an den Klostermauern emporrankt, bauen sie ihre Nester.

Inmitten dieser prächtigen Parkanlage entspringt ein winziges Rinnsal, ein Flüsschen, das der von hier aus sich weitenden Kulturlandschaft den Namen Lammetal verliehen hat. Wie ein schmales Band in der Landschaft zeigt sich dieses Tal aus der Vogelperspektive, begleitet von einem buntgefächerten Mosaik aus Wiesen, Wäldern und Feldern.

Die Lamme, deren Wassermenge von der Riehe einen reichen Zufluss erfährt, verwandelt sich mit ihr zusammen bei der Schneeschmelze und nach stärkeren Regenfällen in ein reißendes Wildwasser. Beide sind von Dörfern, Wäldern, Feldern, Wiesen, Weiden, Feldgehölzen, Plantagen und Streuobstwiesen umgeben. In dieser Kulturlandschaft bilden die verschiedensten Biotope ein lebendiges Landschaftsbild. Viele Vogelarten, vom kleinsten Goldhähnchen bis zum Schwarzstorch, können auf Wanderungen und Exkursionen durch das Lammetal, durch die angrenzenden Wälder und an der Riehe entlang beobachtet und registriert werden. Zwischen Wehrstedt und Östrum lag früher, im Mündungsbereich der Riehe ein als Marsch bezeichnetes Feuchtgebiet. Heute ist dieses Areal aufgeteilt in viele Klärteiche der ehemaligen Zuckerfabrik Östrum.

01 | BLAUMEISE (PARUS CAERULEUS)
02 | KLEIBER (SITTA EUROPAEA)

01 |

02 |

03 | EISVOGEL (ALECEDO ATTHIS)

04|

05|

06|

07|

Mächtige Baumriesen, die die Riehe säumen, ragen in den Himmel, von Stürmen heruntergerissenes Astwerk und umgestürzte, marode, moosbedeckte Baumstämme stauen sich im Riehebett, das sich mit ausbuchtenden Schleifen, ausgewaschenen Kolken, Steilhängen und Felsgestein durch das Gebiet schlängelt.

Ein schier undurchdringliches Dickicht mit einem Gewirr von mannshohen Brennesseln, Pestwurz, Dorngestrüpp, Weidengeflecht und Brombeergerank bedeckt den feuchten Boden. In dieser Zone mit den Klärteichen hat sich ein Dorado seltener Vogelarten aufgebaut, das von der Paul-Feindt-Stiftung und dem Ornithologischen Verein Hildesheim in Obhut genommen wurde und betreut wird. Hier hat sich neben einer Vielzahl anderer Gefiederter ein höchst interessantes Vogelquartett angesiedelt:

Im Frühjahr kehren die seltenen Zwergtaucher (Podiceps ruficollis) auf diese inzwischen für Ornithologen berühmte Naturbühne des Lammetals zurück, nachdem sie den Winter über auf offenen Gewässern der näheren und weiteren Umgebung einzeln oder in kleinen Gemeinschaften verbracht haben. Diese hübschen Taucher führen ein äußerst heimliches und verstecktes Leben, man bekommt sie auf freien Wasserflächen zwischen den Schilfparzellen nur ganz selten zu Gesicht. Erfahrenen Ornithologen allerdings machen sie sich mit ihrem unverwechselbaren Balzgebaren bemerkbar. Sie verlassen das Schilfdickicht nur, wenn sie sich absolut unbeobachtet wissen. Dann erst, wenn der Eindringling sich verzogen hat, kommen die gewitzten Taucher auf die freie Wasserfläche, um ihre interessanten Balzrituale mit bibbernden und quirlenden weit über ihr Revier hinweg klingenden Gesangskapriolen vorzuführen. Diese Taucher bauen ihre im Wassergekraut verankerten, schwimmenden Nester. Droht Gefahr, wird das weißgraue Gelege in einer blitzartigen Aktion mit Schlingpflanzen und Schilfhalmen zugedeckt, um bei Entwarnung wieder freigelegt zu werden.

Als zweiter Vogel im exzellenten Quartett führt gleich nebenan die Wasseramsel (Cinclus cinclus) in der verborgenen, stillen Abgeschiedenheit dieses Schutzgebietes hochinteressante Verhaltensweisen vor. Wasseramseln sind als einzige Singvögel des Schwimmens kundig. Schon frühzeitig beginnen sie im Februar ihre Nester zu bauen, die

04| ZWERGTAUCHER (PODICEOS RUFICOLLIS)
05| KOLKRABE (CORVUS CORAX)
06| WASSERAMSEL (CINCLUS CINCLUS)
07| BERGSTELZE (MOTACILLA CINEREA)

sie innen und außen mit einem dichten Moospolster ausstatten. Sie werden im Uferwurzelgeflecht oder auch in Nistkästen errichtet. Wegen ihres schmatzenden und schnalzenden Gesanges, der mit einem hellen Gezwitscher vermischt wird, heißt diese Amsel auch Wasserschmätzer. Einen besonderen Eindruck macht die Wasseramsel in ihrem grau-blau-braunen Federkleid, wozu ein schneeweißes Brustschildchen ihr ein dezentes Aussehen verleiht. Wer sich vorsichtig ihrem Stammplatz nähert, den man vorher erkunden muss, kann aus sicherem Versteck die elegante Schwimmerin in klaren Gewässern unten auf dem Grundes bei der Nahrungssuche verfolgen und beobachten, wie sie mit schnellem Schwung wieder aus dem schäumenden Wasser auftaucht.

Als Star im Quartett stellt sich fast auf jedem Besuch der wunderschöne Eisvogel (Alcedo atthis) vor, der als fliegender Edelstein wegen seiner im Sonnenlicht schimmernden, smaragdgrünen Kleidung seiner Umgebung ein exotisches Fluidum verleiht. Seine Nahrungsflüge führen weit in das Lammetal hinein, wenn er Lamme und Riehe nach günstigen Fangplätzen absucht. Dabei erscheint er auch in den Dörfern, wo er an kleinen Weihern sich den erstaunten Einwohnern als geschickter Fischersmann präsentiert. Diesen Wasserspecht mit seinem meißelförmigen, spitzen Schnabel beim Fischfang zu beobachten, gehört zu den ganz großartigen Erlebnissen, die man in freier Natur beschert bekommt. Da sieht man diesen Eisvogel von seiner Sitzwarte senkrecht ins Wasser stürzen, weil er mit scharfem Blick unter sich einen Fisch erspäht hat. Solche Fangplätze liegen oft sehr weit entfernt von seinem Brutrevier. Einen Meter tief in die Uferwand graben beide Partner ihre Brutröhre, in die am hinteren Ende in einer backofenförmigen Mulde bis acht schneeweiße Eier gelegt werden. Bis zum Flüggewerden verbleiben die Jungen im düsteren Verlies, wo die winzigen Vögelchen vor Kälte sich schützend zu einer Körperpyramide zusammenkuscheln. Im Winter streifen die Eisvögel weit im Land umher, immer auf der Suche nach offenen Gewässern.

In diesem Schutzgebiet kann sich in guter Nachbarschaft mit dem edlen Eisvogel die zierliche Bergstelze (Motacilla cinerea) in ihrem schmucken Federkleid durchaus sehen lassen. Beide begegnen sich immer wieder auf ihren Nahrungsflügen, die dicht über dem fließendem Wasser von Lamme und Riehe stattfinden. Diese grazile Stelze liebt Gewässer mit hohen Bäumen am Ufer mit Gestein und Felsgeröll. Oft hebt sie sich mit eleganten Schwüngen in die Luft bis in die höheren Wipfelregionen, wo sie am liebsten ihre klangreichen Melodien vorträgt. Oder man sieht sie, die wegen ihres hellgrauen Mäntelchens und einer zitronengelben Unterseite leicht zu entdecken ist, im plätschernden Bach von Stein zu Stein hopsen, wo sie mit ihrem stecknadelspitzen Schnäbelchen jede Ritze und jeden Spalt nach Nahrung absucht. Dieser Vogel mit seinen

langen Beinen und dem überlangen Schwanz, mit dem er wippend Balance halten kann, schenkt jedem Beobachter ein possierliches Bild, wenn er nach flatterndem aus der Höhe kommenden Sinkflug zurückkehrt und feenleicht über die Wasserfläche von Ufer zu Ufer schwebt. Zu diesem elitären Vogelquartett auf den Klärteichen gehören die Grünfüßigen Teichhühnchen (Gallinula chloropos), die sich mit einem schrillen »kürrek-kürrek« bemerkbar machen. Tiefschwarz ist ihr Gefieder, das aber mit einer weißen Unterschwanzdecke und leuchtend rotem Schnabel und Stirnschild ein bildschönes Flair ausstrahlt. Fortwährend nickend tummeln sich diese Wasserhühner sehr vertraut auf freier Wasserfläche, oder man entdeckt sie an flachen Ufern von Lamme und Riehe Futter suchend entlang trippeln.

Zu diesen Rallenvögeln gehört auch das ähnliche Blesshuhn (Fulica atra), das mit einer leuchtend weißen Stirnplatte sofort zu erkennen ist. Beim Auffliegen aus dem Wasser müssen sie einen langen Anlauf nehmen, wobei sie mit ihren Schwimmhäuten versehenen Füßen platschend übers Wasser rennen, bevor sie schwerfälligen Fluges abheben. Die auf diesen Gewässern im weit verzweigten Teichrevier brütenden Rallen, Hühnchen und Taucher, wozu sich auch noch Stockenten und Reiherenten gesellen, führen in der Balzzeit heftige Revierkämpfe um ihre Brutplätze aus, die allerdings nach Besitzergreifung bald wieder ein friedliches Nebeneinander pflegen. Dann hocken sie alle auf ihren Nestern, die im Schilf verborgen angelegt werden. Sie schenken gerade in dieser Zeit interessante Einblicke in ihr Brutverhalten.

Da trällert in der Nachbarschaft der Teichrohrsänger (Acrocephalus scirpaceus) seine plaudernd vorgezwitscherten Weisen oft minutenlang ohne Unterbrechung, wobei der nimmermüde Sänger an den Schilfhalmen emporklettert, um sich im vielstimmigen Konzert Gehör zu verschaffen. Als echter Pfahlbaumeister hängt er seine Nester wie kleine Körbchen zwischen drei bis vier Schilfhalmen dicht über dem Wasser auf. Selbst starken Winden, die das Schilfmeer durcheinanderschütteln, halten sie stand. Nur der Kuckuck (Cuculus canoris), der Ende April auch in diesem Revier auftaucht, kann für ihre Brut gefährlich werden. Wenn die Gelege in den Nestern liegen oder vielleicht auch schon Rohrsängerchen geschlüpft sind, sitzt dieser schlaue Bursche auf seinem Ausguckposten und passt auf, wohin die Teichrohrsängerelter fliegen. Wenn dazu noch der abwechslungsreiche Gesang eines Sumpfrohrsängers (Acrocephalus palustris) aus nahem Deichgestrüpp ertönt, Heckenbraunellen (Prunella modularis) zwitschern und Singdrosseln (Turdus philomelos) flöten, dazu auch noch Sumpfmeisen mit sehr feinen Stimmen sich melden, genießt ein geduldig ausharrender Vogelfreund die ganze Herrlichkeit eines immer bunter sich entfaltenden Frühlingskonzertes. Alle übertönt von der nahen Riehe her der stummelschwänzige Zaunkönig (Troglodytes troglodytes), der im gesamten Lammetal mit seinen Liedern einer der häufigsten Singvögel ist. Im Uferbereich der Flüsse baut der Knirps seine Nester, von denen er gleich mehrere zum Schlafen und Aufenthalt für den Winter anlegt. Im Winter überrascht dieser winzige Kerl manchen Wanderer mit seinen flotten Gesängen, wenn plötzlich im Schweigen der Waldeseinsamkeit seine Stimme erschallt. Die Singdrossel kehrt schon Anfang März aus dem Winterquartier zurück. Schon bald beginnt sie mit ihren wunderschönen Melodien, die flott und forsch von hohen Baumspitzen herab vorgetragen werden. Von Tag zu Tag wird ihr Repertoire wohltönender und erreicht höchste Intensität, wenn am Anfang einige Motive drei- bis viermal wiederholt werden.

Um aber Zeuge eines allerersten Frühlingsliedes eines Singvogels zu werden, muss man schon im Februar in frühester Morgenstunde vor Finkenschlag und Amselruf, wenn die Welt noch im tiefen Schweigen liegt, in die umliegenden Wälder wandern. Es ist das Lied der Misteldrossel (Turdus viscivorus). Sehnsuchtsvoll weht das kleine Lied aus hohen, noch kahlen Baumwipfeln herunter und strahlt Poesie und Romantik aus.

Im Mai beherrschen die Grasmücken viele Biotope im Lammetal. Da erklingt aus den Hecken an Waldrändern das fröhliche Lied der Mönchsgrasmücke (Sylvia atricapilla) so wohlklingend mit dem bekannten, jubelnd vorgetragenen Überschlag, so dass man sich nur schwer ihrem Bann entziehen kann. Diese Grasmücken halten sich am liebsten in höherem Laubwerk von Bäumen und Sträuchern auf, während die Gartengrasmücke (Sylvia bonin) niedrigeres Buschwerk bevorzugt, aus dem ihr wunderschöner Gesang erklingt, der oft minutenlang in immer gleicher Tonstärke vorgetragen wird. Beide Grasmücken singen von Mai bis August, beginnen in frühester Morgenstunde und beschließen ihre Melodien erst mit Einbruch der Dunkelheit. Da meldet sich aber in der Nähe noch eine Grasmücke – die Zaungrasmücke (Sylvia curruca), die wegen ihres rollenden Gesanges auch Klappergrasmücke oder Müllerchen genannt wird.

Den Takt dazu im Konzert schlägt der Weidenlaubsänger (Phylloscopus collybita). Unermüdlich und flink schlüpft dieses winzige Vögelchen von Blatt zu Blatt, wobei sein im Doppeltakt dargebotenes »zilpzalp« erst in später Abendstunde verstummt. Die Schwarzdrossel oder Amsel (Turdus merula) lebt im ganzen Lammetal, ist weit verbreitet auch auf den Dörfern zu Hause und erfreut mit ihren melancholischen Weisen, die morgens mit dem ersten Sonnenstrahl einsetzen und abends mit einem feinstimmigen Lied ausklingen.

In hohen Bäumen an der Riehe, in den Wäldern der Harplage, im Oheforst, in den Hildesheimer Wäldern, die an das Lammetal grenzen, in den Saubergen und dem Ziegenberg bei Bad Salzdetfurth kennt jeder Vogelfreund den markanten Pfiff des Kleibers (Sitta europaea), der sich mit schönen Trillerreihen unter den Singvögeln Respekt verschafft. Da staunt jeder Erstbeobachter, wenn er diesen stämmigen, blaugrauen Burschen sogar mit dem Kopf nach unten einen Baumstamm hinabrutschen sieht.

Wachholderdrosseln (Turdus pilaris), früher Charaktervögel Skandinaviens, brüten heute in kleinen Kolonien auf hohen Bäumen. Nach der Brutzeit versammeln sie sich mit den aus dem Osten durchziehenden Verwandten und ziehen in großen Schwärmen schackernd durchs Tal. Ebenso sammeln sich Ringeltauben und fliegen zusammen mit Hohltauben zur Nahrungssuche auf Feldern und Wiesen ein. An den Waldrändern und in Feldhecken hört man noch bis in den Spätsommer hinein den sehnsüchtigen Gesang der Goldammer, der sich im Herbst mit dem Tschilpen zahlreicher Feldsperlinge mischt, die in den Apfelbäumen an den Landstraßen zwischen den Dörfern ihre mehrfachen Bruten in Baumlöchern durchgeführt haben.

Oft beschließt ein Rotkehlchen (Erithacus rubecula) im Bachgrund der Riehe mit einem schüchternen Liedchen das Vogelkonzert. Nicht zu überhören ist den ganzen Tag über der Buchfink (Fringilla coelebs), der allerdings nur mit einer einzigen Strophe aufwarten kann. Umso lauter hört man sein kräftiges »pinkpink« und als Wetterprophet sein sanftes »schrüschrü«.
Anheimelnder ruft der Bluthänfling (Carduelis cannabis), und umso kräftiger ertönen die Laute des Grünfinken (Carduelis cloris).

In den Wäldern und Forsten und auf den Dörfern wohnen die Käuze und Eulen. Schon im Herbst spielt der Waldkauz (Strix aluco) auf seiner Okarina seine Balzlieder, die mit ihrem Klang aus den Saubergen selbst noch in Bad Salzdetfurth gehört werden. Von den Dörfern startet die Schleiereule (Tyto alba), wenn sie ihr Tagesversteck in Scheunen oder auf Tennen mit dem Einbruch der Dunkelheit verlässt. Hildesheimer Ornithologen haben schon vor Jahren mit einer Nistkastenaktion dafür gesorgt, dass diese schlanke, hochbeinige, sehr hell in ihrem gelb-orangefarbenen Kleid auftretende Eule wieder in das Lammetal gehört. Vor dem Umbau des ehemaligen Bullenstalls in Bodenburg zum Kunstgebäude wohnte eine Schleiereule unter dem Sattelschwingdach dieses unter Denkmalschutz stehenden Gebäudes, verließ es aber durch das runde Uhlenloch am Giebel, als die Baumaßnahmen zu unruhig wurden. Die Östrumer kennen ihre fauchenden und schnarchenden Laute, wenn sie auf ihren nächtlichen Streifzügen dicht über den Feldern und

08 | FELDSPERLING (PASSER MONTANUS)
09 | ZAUNKÖNIG (TROCLODYTES)
10 | WACHOLDERDROSSEL (TURDUS PILARIS)

08 |

09 |

10 |

11|

12|

13|

14|

Wiesen unhörbaren Fluges durch das Lammetal segelt. Mit ihrem allerfeinsten Gehör kann diese Eule im Winter noch unter einer mehrere Zentimeter dicken Schneedecke das Zirpen von Mäusen hören.

Aus den Wäldern kommen die Spechte zur Nahrungssuche auf die Felder und Wiesen an der Lamme. Es sind die Grau- und Grünspechte, die als Erdspechte auf Ameisen spezialisiert sind. Da hat wohl jeder schon aus dem Ziegenberg das weithin schallende Lachen des Grünspechtes (Picus viridis) gehört oder das klangvolle Flötenspiel des Grauspechtes (Picus canus). Auch der prächtige Schwarzspecht (Dryocopus martius) meldet sich lauthals von dem Tosmerberg. Streuobstwiesen sind beliebte Brutreviere für den Mittelspecht (Dendrocopus medius), den man an seiner krächzenden Stimme erkennen kann, während sich der Buntspecht (Dendrocopus major) mit schärferen Tönen meldet. In den Bäumen an der Riehe hat der Kleinspecht (Dedrocopus minor) seinen Stammplatz. Schon aus weiter Entfernung kann man seine hellen Balzreihen hören, die an die Rufe von Turmfalken erinnern.

Auch der Rotrückige Würger (Lanius culloris) gehört in die Plantagen, wo er mit dem Trauerfliegenfänger (Ficedula hypoleuca) gebrütet hat. Zu seinen Nachbarn zählen die Feldsperlinge, die in Nistkästen ihre Jungen großgezogen haben.
Es lohnt sich, auf einer vogelkundlichen Exkursion durch das Lammetal immer wieder mit dem Fernglas einen Rundblick auf den Griesberg zu werfen, denn hier oben hat der seltene Wanderfalke (Falco peregrinus) schon seit einigen Jahren in einem von Hildesheimer Ornithologen am Fernsehturm angebrachten Nistkasten erfolgreich gebrütet. Längst hat dieser edle Greif sich den gesamten Luftraum über dem Lammetal erobert. Ein erregendes Schauspiel bietet dieser Greif, der seine Beute in der Luft schlägt, wenn er einen Vogelschwarm anvisiert, wie er ihn verfolgt und überholt, um plötzlich mit einem Sturzflug in die wild auseinanderstiebende Gruppe zu stoßen. An seinen länglichen Flügeln, dem kurzen Schwanz, schwarzem Backenbart und weißer Unterseite ist dieser Falke unverwechselbar von einem Sperber (Accipiter nisus), einem Turmfalken (Falco tinnunculus) und einem Habicht (Accipier gentilis), die auf ihren Beutezügen das Lammetal aufsuchen, zu unterscheiden. Zur großen Freude aller Ornithologen gehört der prächtige Wanderfalke wieder zum Ensemble der lammetaler Vogelwelt.
Im Gegensatz zu ihm wendet der Turmfalke beim Jagen eine ganz andere Taktik an. Er ist bekannt im ganzen Lammetal, weil man ihn oft über den Feldern im Rüttelflug beobachten kann. Dabei steht der Falke auf einer Stelle in der Luft, stemmt sich Balance haltend mit flatternden Flügelschlägen und nach unten hängendem, fächerförmig ausgebreitetem Schwanz gegen den Wind, um mit angelegten Flügeln auf ein erspähtes Beutetier zu stürzen. Gut zu beobachten ist dieser wendige Vogel auf dem Schlosshof in Bodenburg, wo er unter der spitzen Turmhabe des mittelalterlichen Bergfrieds seit Jahren nistet.

Bedächtiger geht es beim Mäusebussard (Buteo buteo) zu. Mit langsamen Flügelschlägen kreisen die Bussarde über dem Tal oft bis hoch in den Himmel hinauf, wobei man im Frühling ihre weithin klingenden Balzrufe hören kann. Oft ziehen sie zu dritt ihre weiten Kreise. Jeder kennt diesen in dunklen, grauen und weißen Farben auftretenden

15|

11| GRÜNSPECHT (PICUS VIRIDIS)
12| KLEINSPECHT (DENDROCOPUS MINOR)
13| SCHWARZSPECHT (DRYOCOPUS MARTIUS)
14| NEUNTÖTER / ROTRÜCKIGER WÜRGER
    (LANIUS CULLORIS)
15| WANDERFALKE (FALCO PEREGRINUS)

Greif, weil er auf seinen Rundflügen bis an die Dörfer herankommt. Nach der Erntezeit sieht man ihn auf den Feldern geduldig vor Mauselöchern auf Beute lauern.

Auf ornithologischen Exkursionen an Lamme und Riehe entlang kann mit viel Glück der Schwarzstorch (Ciconia nigra) entdeckt werden, wenn er an einsamen, abgeschiedenen Stellen in den Bachbetten entlangpirscht. Dieser sehr seltene Storch fliegt aus den umliegenden Wäldern kommend weit umher auf der Suche nach Wasserstellen. In abgelegenen Forsten baut er auf hohen Bäumen im höchsten Wipfelgeäst seine Horste. Dieser stolze Vogel in seinem schwarzen Frack hat längst erkannt, dass er im Lammetal in den Gewässern von Lamme und Riehe Fische und Frösche erbeuten kann. Nach jahrzehntelanger Abwesenheit ist er in die Wälder unserer südniedersächsischen Heimat zurückgekehrt.

Wenn in den Oktobertagen die Kraniche laut trompetend das Lammetal kreuzen, dann sind die meisten Zugvögel schon in den Süden unterwegs, um dem Winter zu entrinnen.
Aus dem großen Ensemble der Lammetaler Vögel haben das Hausrotschwänzchen (Phönicurus ochruros) und der Weidenlaubsänger (Philoscopus collybita) noch bis spät in den Oktober hinein unermüdlich ihre Lieder vorgetragen. Wenn aber das schwarzbrüstige Rotschwänzchen seinen Stammplatz auf den Dachfirsten der Häuser in den Dörfern verlässt, was bleibt da dem Weidenlaubsänger anderes übrig, als sich ebenfalls in den Süden aufzumachen. Jedoch die sieben Meisen: Kohl-, Blau-, Schwanz-, Sumpf-, Weiden-, Hauben- und Tannenmeise bleiben zusammen mit dem Wintergoldhähnchen (Regulus regulus) hier und zeigen jedem Naturfreund, dass sich auch im Winter vogelkundliche Exkursionen durch das Lammetal lohnen. |

18 |

16 | WINTERGOLDHÄHNCHEN (REGULUS REGULUS)
17 | MÄUSEBUSSARD (BUTEO BUTEO)
18 | SCHARZSTORCH (CICONIA NIGRA)

Lamspringe

Neuhof

Groß Ilde

Klein Ilde

Bodenburg

Wehrstedt

Bad Salzdetfurth

Detfurth

Wesseln

Kl. Dünger

Heinde

LAMME-DRAMME, ALME-HELME •
NAMENSKUNDLICHE EXKURSIONEN ZU DEN FLIESSGEWÄSSERN IM LAMMETAL

01|

LAMME-DRAMME, ALME-HELME • NAMENSKUNDLICHE EXKURSIONEN ZU DEN FLIESSGEWÄSSERN IM LAMMETAL
THOMAS DAHMS

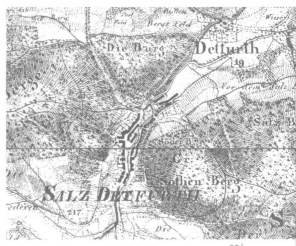

02|

Fluss- und Gewässernamen stellen die Sprachwissenschaftler immer vor Rätsel: Einerseits kann man für sie oft ein sehr hohes Alter recherchieren, andererseits, fragt man sich, wie diese alten Namen über die Abfolge von archäologischen Kulturen und historisch bekannten Stammesnamen hinweg weitergegeben werden konnten. Auch der vorliegende Ausflug in die Namens- geschichte des Flusse Lamme kann dieses Rätsel nicht lösen, aber zumindest herausarbeiten, wie alt die Namenslandschaft der Lamme, ihrer Zuflüsse und Nachbarflüsse ist. 21 Kilometer lang zieht sich der Fluss Lamme von der Quelle am Heber(-berg) bis zur Mündung in die Innerste zwischen Klein Düngen und Hockeln. Er durchfließt dabei die Gemarkungen der Ortschaften Lamspringe, Neuhof (einst: *L(i)ermunde*), Groß und Klein-Ilde, Wehrstedt, (†) Tidexen, Bad Salzdetfurth, Detfurth (Abb 1), (†) Lütgenrode, Wesseln sowie Groß und Klein Düngen. Von allen genannten Orten bewahrt allein die Ortschaft Lamspringe (einst: *Lammspringe*) den Namen des Flusses Lamme.

Der Flussname Lamme ist durch die Gründungslegende des Klosters Lamspringe für das 9. Jahrhundert belegt. Da stellt sich die Frage, ob die Lamme vielleicht ein heiliger Fluss war, dessen Quelle verehrt wurde bzw. ein Heiligtum darstellte. Unweit von Lamspringe liegt die Apenteichquelle unterhalb der Winzenburg, aus der Opfergaben geborgen wurde. Geht das geistliche Zentrum von Lamspringe also auf eine heidnisch-religiöse Tradition zurück?

Man kommt nicht umhin, die Umstände der Gründung eines geist- lichen Zentrum im Flenithigau just an der Stelle der Lammequelle in diese Überlegungen einzubeziehen. War die Quelle der Lamme ein heiliger Ort, der durch Graf Ricdags Klosterstiftung christlich umgedeutet wurde? Brauchte es dazu die christlichen Reliquien des Heiligen St. Adrian aus Rom, die Graf Ricdag und seine Gemahlin um die Mitte des 9. Jahrhunderts in Rom erwarben, um solch eine Umdeu- tung nachhaltig zu bewirken?

Die Klosteranlage in Lamspringe liegt hart an der Wasserscheide des Hebers und des südlichen Sackwalds, genau im Pass zwischen Heberberg (280 m) und Graster Söhrberg, an einer Stelle mit mehreren Quellen und dem früheren ›Meer Teich‹, einem stehenden Gewässer mit Abfluss zur Lamme dort, wo heute die Straßen nach Gandersheim, Freden und Graste am Kreisel zusammenkommen. Das Klostergelände bezog im 9. Jahrhundert in seiner Ummauerung zwei Quellen ein:

01| LANDSCHAFTSTUSCHZEICHNUNG VON 1600 (WESSELN – DETFURTH – SALZDETFURTH) AUS DEM BUCH SOLE, SALZ UND SÖLTER , S. 8

02| AUSSCHNITT AUS: GAUSSSCHE LANDESAUFNAHME, FÜRSTENTUM HILDESHEIM VON 1827

die eigentliche ›Lammequelle‹ sowie nördlich von jener die ›Kreuzbrunnenquelle‹; die ›Wünschelbrunnenquelle‹ südlich der Lammequelle wurde erst im 19. Jahrhundert freigelegt. Alle drei Quellen entspringen am Ausläufer des Heberbergs. Zwei weitere Quellen entspringen am Hang des später ›Hopfenberg‹ genannten Berges (›Hopfenberg‹ ist keine frühmittelalterliche Flurbezeichnung, sondern bezieht sich auf der Braurecht der späteren Fleckenbewohner), und zwar oberhalb und unterhalb (›Pfarrgartenquelle‹) der heutigen evangelischen Sophienkirche, d. h., sie blieben vom Klosterbereich unberührt und speisten den ›Dammteich‹, früher ›Grebenteich‹ genannt. Bevor die Lamme-Zuflüsse am (Lamspringer) Söhrberg (einst Söderberg) in ein Flussbett gezwungen werden, kommt vom ›Schwarzen Holz‹ her ein weiterer, heute als namenlos geltender, auf der Karte von 1803 noch mit ›Sackhude‹ (?) bezeichneter Bach hinzu (der Name wird von Paul Graff, S. 548, auch als Flurname geführt). Vom Mühlenteich an gilt das Quellgebiet als abgeschlossen; die Lamme fließt nun am Lamspringer Stadtteil ›Söhrberg‹ vorbei Richtung Norden nach Neuhof (einst: *L(i)ermunde*).

Kehren wir zur Lammequelle im Klostergarten zurück. Seine offizielle Quelle liegt am Heberberg (280 m), dessen unterer Bereich ›Lappenberg‹ heißt. Hier am ›Lappenberg‹ entstand ein Marktort. Der Name ›Heberberg‹ bezieht sich auf den konkreten Berg wie auch auf den ›Heber‹ als Höhenzug, der sich nach Süden bis zum Fluss Eterna bei Bad Gandersheim hinzieht. Nach der Gründung bemühte sich das Kloster, den Heber-Höhenzug möglichst ganz in den Besitz zu bekommen. Die Schenkung der Berge (Hopfenberg, Lappenberg / Heberberg) an das Stift Lamspringe dürfte bereits bei seiner Gründung Mitte des 9. Jahrhunderts durch den Grafen Ricdag und seiner Frau Imhilde erfolgt sein. Auf diese Weise wurde der Graster Söhrberg geteilt, und zwar in den Graster Anteil (Graster Söhrberg) und in den Lamspringer Anteil (Hopfenberg). Ortschaften wie Söder und Brunshausen hatten offenbar ebenfalls Mitnutzrechte an dem Heber-Höhenzug (siehe Söhrberg = Söderberg und den Brunshäuser Berg). Ein Kloster ›Lam(m)springe‹ am Heberberg zu gründen, bedeutete damit auch, Mitnutzrechte am Heber-Höhenzug zu beanspruchen. Von daher erklärt sich die Einbeziehung gerade jener Quelle am Heberberg als Lammequelle in den Klosterbereich auch als Ausdruck dieses Anspruchs.

Dieser topographische Zusammenhang verstärkt sich noch, wenn man die Gründungssituation von Lamspringe und Gandersheim / Brunshausen in Beziehung setzt. Nach Ende der karolingischen Brüderkriege der Enkel Karls des Großen im Jahre 843 – König Ludwig ›der Deutsche‹ regierte das Ostfrankenreich 843 – 876 – kam es der Überlieferung nach zur Gründung von Stiften durch sächsische Grafen. Dieser Gründungsvorgang zog sich über Jahre hin und beinhaltete den persönlichen Erwerb von Reliquien in

Rom: Graf Ricdag und Imhilde sowie Graf Liudolf und Oda sollen vom Papst Sergius II. (844 – 847) empfangen worden sein und von ihm die notwendige Unterstützung zu beider Gründungsvorhaben erhalten haben.

Wenn auch beide Grafengeschlechter aus dem Flenithigau nicht zeitgleich in Rom waren, die räumliche und zeitliche Nähe beider Gründungen ist auffällig. Fast drängt sich der Anschein auf, dass es sich um eine familien- wie regionalpolitisch gewünschte Doppelgründung handelte. Gegenseitige Zeugenlisten für Schenkungen an das Kloster Corvey aus der Mitte des 9. Jahrhundert unterstützen die These von der Nähe dieser beiden Adelsgeschlechter. Darüber hinaus spielt auch im Falle von Gandersheim der Name des Flusses eine Rolle bei der Benennung der geistlichen Stiftung. Gandersheim heißt nach Alt-Gandersheim, das an der Gande(ra) liegt. Die Gande floss in die Eterna; an den Zusammenfluss von Gande in die Eterna wurde das Kloster von Brunshausen her verlegt und ›Gandersheim‹ genannt – das ursprüngliche Gandersheim wurde zu ›Alt-Gandersheim‹. Die Eterna ›verlor‹ erstaunlicherweise ihren Namen und wurde im unteren Lauf zur Gande, die seitdem in die Leine mündet. Durch die ›Verlängerung‹ der Gande, war für die Stiftsgründer der Hebel gefunden, wie man auf der Eterna abgewandten Seite ein Stift gründen konnte. Fortan konnte man sagen, dass der Flenithigau an der Gande endete und ein Gandersheim genanntes Stift folglich zum Bistum Hildesheim gehören musste (Verweis auf den Gandersheimer Streit um die Zugehörigkeit des Stiftes zum Bistum Hildesheim oder zum Erzbistum Mainz).

Der Bezug auf den Flussnamen ›Gande‹ spiegelt hier wie in Lamspringe den Anspruch der Gründer auf ein bestimmtes Gebiet wider. Hier schuf Machtpolitik im Kleinen Raum. Die Flussnamen Gande und die Lamme erscheinen in Orts- und topographischen Namen der Region: Gandern (Hohengandern, Niedergandern, Kirchgandern) am Oberlauf der Leine, Ortsname *Lamme* bei Braunschweig (780 *Lammari*). Im Vergleich dazu finden wir den Fluss ›Ilse‹ dreimal im näheren Umfeld: sie kommt vom Brocken (Harz) herunter, entspringt am ›Ilsenberg‹ (Vorholz) als ›Ilsenbach‹ oder fließt bei Börry in die Weser. Aus den aufgezeigten Gründungsumständen des Klosters lässt sich demnach trotz seines Namens ›Lam(m)springe‹ kein heidnisch-heiliger Charakter des Flussnamens bzw. seiner Quellsituation erschließen. Vielmehr war wohl die verkehrgünstige Passlage, durch die ein alter Weg führte, der Klostergründung förderlich.

Wenige Kilometer vor der Lamme-Mündung in die Innerste kam ein alter Weg aus dem Innerstetal von Egenstedt über (†) Rhoden nach Detfurth (*Detvorde*) (Abb. 3). Hier wurde die St. Gallus-Kirche gegründet. Von Detfurth aus erfolgte – vor der Gründung des Klosters Lamspringe – die Christianisierung des Lamme-Raumes (Flenithigau). Von Detfurth ging ein uralter Weg – über Bodenburg und Evensen – nach Lamspringe. Zwischen Bodenburg und

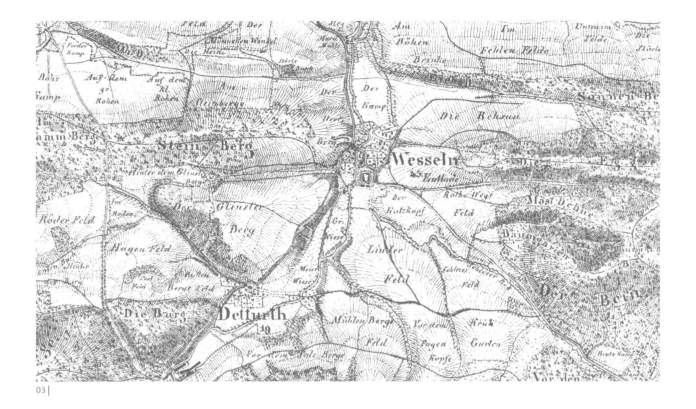

03 |

Evensen auf der einen Seite und der Lamme auf der anderen Seite zog sich das Waldgebiet der ›Ohe‹ (vgl. ›Evenser Ohe‹). Seit Mitte des 9. Jahrhunderts zogen die Kaufleute oder Reisenden am Kloster Lamspringe vorbei, durch die Senke (›Meerteich‹), hinüber ins Tal der Gande (Gandera), die Gande hinunter nach Gandersheim. Wege, die durch die Topographie vorgegeben sind, sind oft hohen Alters: Sie berücksichtigen die Wasser- und Hochwasserverhältnisse der Vergangenheit.

EIN ÄHNLICH HOHES ALTER WIE FÜR DIESEN WEG DÜRFEN WIR FÜR DEN FLUSSNAMEN LAMME ANSETZEN, DENN DIE LAMME LIEGT INMITTEN EINER ALTEN FLUSSNAMEN- UND FLURNAMEN-LANDSCHAFT:

- Heber (*Hevere* UB Hhi 4, nr. 706, 1332)
- Harplage (*Harp-* vgl. Fluss *Harf* und Flur *Harfbreite* am Forst Hardeweg bei Salzgitter-Lichtenberg, vgl. Dahms, S. 57)
- Hartlah (in Lamsspringe und Bodenburg): Bestimmungswort hart-, Grundwort -lah. Das Appelativ -lah/-lage bedeutet ›Gebüsch, lichter Wald‹ und kann auch zum Ortsnamen werden: Haverlah (vgl. *Hevere* für Heber) oder Bilderlahe bei Woldenstein.
- Ohe (bewaldete Höhe zwischen Wehrstedt und Evensen) vgl. *Ohe* als Waldname bei Salzgitter-Flachstöckheim), nach Wolfgang Laur (S. 209) als Benennung für ›feuchtes Wiesenland‹. Tatsächlich kommt Ohe aber auch als Bachname vor: der *Ohebach* in Lengde am Harly; die *Ohe* links zur Haller bei Holtensen (Springe) und die Ohe bei Veltheim am Elm. Nach Kettner (S. 91) soll die *Dinklarer Klunkau* auch *Ohe* geheißen haben. Eine Übertragung von einem Bachnamen auf einen Höhenzug ist nicht undenkbar, wenn man an die Ohe von Bodenburg denkt. Man vergleiche den Bach *Harf* (Salzgitter-Lichtenberg) und den Höhenzug *Harplage* (Groß Ilde) oder den Süntelbach, der aus dem ›Süntel‹ (Höhenzug) fließt.

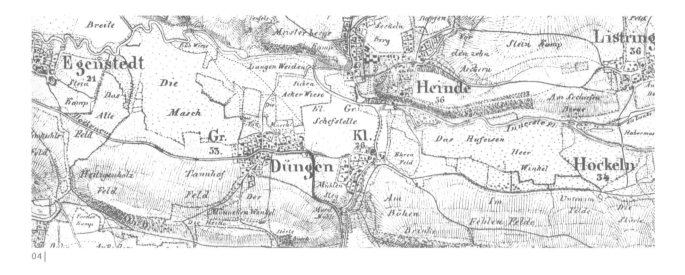

ZUR LAMME FLIESSEN FLUSSABWÄRTS	
LINKS:	**RECHTS:**

LINKS:

- nördlich von Lamspringe findet sich der Ort Neuhof, der ursprünglich *Ler-/Liermunde* hieß. In dem Namen Lermunde steckt die Erinnerung an einen Gewässerlauf (ein Ler-Bach), dessen Namen wir noch einmal bei Osterode (Fluss und Ort Lerbach) oder im *Lehrbach* von Heinde finden. Eventuell floss dieser Bach aber auch von rechts in die Lamme.
- auf Bodenburger Gemarkung: ›Glüsig‹ (auch: Glüsing) genannter Mündungsbereich eines Baches südlich der Bodenburger Ohe; dieser Bachlauf heißt heute nur ›Graben‹ und könnte ›Glüsing‹ genannt worden sein. Auch am Fallstein, bei der Westerburg, findet sich der Name ›Glüsing‹ (Siedlungsname), der allem Anschein nach auf einen Flurnamen bzw. Gewässernamen zu- rückgeht. Die Endung -i (n) g für einen Bachlauf kommt häufiger vor: vgl. Bachname ›Seibig‹ nördlich Reiffen- hausen (Göttingen), einen Spüligbach zur Ilme bei Dassel (1596 die Spoeling), eine Sulbig nördlich Duderstadt einst als Sulbeke.
- der Schellborn (-brunnen) an der Grenze der Bodenburger und Wehrstedter Gemarkung
- die Riehe, vgl. die Riehe bei Mehle; der Lamme-Zufluss ›Riehe‹ hieß 1578 die *Reide*, 1607 die *Rida*. So gibt es eine weitere *Riede* bei Irmenseul (auch: *Hasselborn*), die ihrerseits in die *Riehe* fließt. Eine weitere Riede fließt als *Schwarze Riede* zum Trillkebach bei Neuhof im Hildesheimer Wald.
- aus der Burgquelle auf dem nördlichen Abhang des Berges floss im Bodetal ein Bach in die Lamme
- der Clusbach (Clusberg)
- der Gehlenbach (Detfurth), vgl. der *Gehlenbeek* bei Ammensen oder bei Eldagsen
- der Peeselbach (Detfurth) mit angrenzender Flur ›die Peesel‹

RECHTS:

- der Eschenbach (Wohlenhausen vgl. die Eschebecke bei Bilshausen (Eichsfeld)),
- die Lutter (vgl. die Lutter bei Klein Rhüden, bei Weende / Göttingen, bei Königslutter)
- vermutlich einst eine *Ilde* (bei Groß Ilde)
- der Bruchgraben (zwischen Gr. Ilde und Bültum),
- der Horstbach (aus dem Hainholz)
- der Steinbeek (Wesseln)
- der Büntebach (Wesseln)

05|

06|

07|

Wer sich mit Namensforschung auseinandersetzt, sieht sich schnell mit einer großen Anzahl von Namensbelegen konfrontiert. Gerade über die Querverweise schafft man ein Hintergrundgerüst für die Rekonstruktion eines Flussnamens. Nehmen wir zum Beispiel den Namensstruktur des Flussnamens Lamme. Der Lamme-Name besteht aus der Wurzel lamm- und der weiblichen Endung (Suffix) auf -e (alt: -a: 1065 *Lamma*, UB HHi I Nr. 108). Wir haben es hier mit einer Namensstruktur zu tun, wie wir sie auch für die Flussnamen *Nette*, *Fuhse*, *Gose* wiederfinden: Wurzel plus (grammtische) Endung. Wie *Lamme* im ›Flenithigau‹ bildeten sich: Flussname *Dramme* bei Dramfeld / Göttingen und der Flussname *Hamme* bei Hambergen / Bremen.

Der Ort *Lamme* (*Lammari* 780) bei Braunschweig erinnert vielleicht an einen weiteren Gewässerlauf (vgl. auch Ort *Damme* am Dümmer). Mit einem Suffix auf -ari/-er finden wir folgende Beispiele: Der Fluss *Lammer* (Lammertal) im Salzburger Land; er mündet bei Golling in die Salzach; der Lammerbeck, rechts zum Krummen Wasser, nordöstlich Kohnsen (Einbeck). In Anlehnung daran den Ort *Limmer* (Limmerburg bei Alfeld; vgl. *Dümmer*). Schließlich fließt eine Lummerke zur Ilme (südlich Relliehausen). Zur historisch auch überlieferten Schreibweise mit ›-b/p-‹: ›Lambspringe‹. Das -b/p- ist ein Übergangslaut, der sich gern zwischen m und einem Auslaut (z. B. dental: er kommt, er *kömpt*) drängt oder selbst den Auslaut bildet (vgl. dt. das Lamm, engl. the lamb).

Wir haben also Bachnamen auf -bach/-beek/-ke oder -au, die oft an einen älteren Namen angehängt wurde, um zu verdeutlichen, dass es sich um ein Fließgewässer handelt, dass zu einer bestimmten Gemarkung gehört. Nehmen wir als Beispiel die Schildau, die unterhalb des Schildbergs (Seesen) fließt. Die Wurzel Schild- wird beim Fluss mit dem Suffix -au zur Flussbezeichnung und mit dem Suffix -berg zur Bezeichnung einer Anhöhe. Ursprünglich muss also eine ›Schilda‹ geflossen sein, die dann zur ›Schildau‹ wurde (vgl. die Markau, die Seckau nahebei). Das Suffix -au ist germanisch und sprachgeschichtlich relativ jung.

04| AUSSCHNITT AUS: GAUSSSCHE LANDESAUFNAHME, FÜRSTENTUM HILDESHEIM VON 1827

05| BRÜCKE ÜBER DIE LAMME BEI NEUHOF

06| BRETTSTEG ÜBER DIE LAMME UNTERHALB DER MÜHLE IN NEUHOF

07| LAMMEBRÜCKE SÜDLICH KLEIN ILDE

ES GIBT DARÜBER HINAUS CHARAKTERISTISCHE SUFFIXE, DIE EIN HÖHERES, VORGERMANISCHES ALTER EINES FLUSSNAMENS NAHELEGEN:

• -apa: Der Alpebach, eigentlich die Alpe (Hildesheimer Börde) aus Alapa mit der Wurzel al- und dem Suffix -apa. -apa wird als vorgermanische, aber immer noch indoeuropäische Bezeichnung für ›Fluss, Fließgewässer‹ verstanden: altpreußisch ape ›kleiner Fluss‹. In Nähe zur Lamme fließen die Despe (Sibesse-Gronau/Leine) und die Wispe (Wispenstein), die auch das -apa-Suffix tragen, in die Leine.

• -era/-er: Die Gandera als Gande (siehe: Gandersheim), die Beffer (1326: Bevere), die Beuster (1308: Botestere, 1332: Bodestere), die Haller, die Aller, die Eller, die Oder, die Oker (Ovakira), die Sieber (Severe) sowie die Lutter auch Lauter (Lauterberg/Harz)

• -ena/-en-: die Ilse als Ilsenbach (Ilsenberg im Vorholz), die Warne (Wurzel war-, Suffix -ene) in Alfeld und in Salzgitter-Bad; die Leine (alt: Logana); die Alme (1151 ›Almenstad‹ = Almstedt, vgl. die Almena in Ostwestfalen); die Helme (alt: Helmena) bei Nordhausen; der Katlenbach (Katlenburg); der Ortsname ›Astenbeck‹ erinnert noch an den ursprünglichen Bachnamen; dazu: der Gehlenbach oder der Eschenbach (sofern der Name nichts mit Eschen zu tun hat) – beide zur Lamme.

• -st-: Graste (Ortsname, der vielleicht einen Bachnamen bewahrt), Flur ›An der Graste‹ in Bettrum; Harste (Fluss und Ort bei Göttingen); Innerste (alt: Inderista); der Hengstebach (Groß Elbe/Innerstetal), der Hengstbach (zur Nuthe/Eichsfeld).

• -de: an der Lamme liegt die Doppelgemarkung Ilde (Groß und Klein Ilde; alt: Ilithi). Ein gleichnamiger Bach Ilde fließt durch Ildehausen (Seesen), vgl. dazu der Fluss Ilme (bei Einbeck), der 1322 als ›Ilmede‹ überliefert wurde.

Die Lamme trägt kein Suffix, dass den Flusscharakter des Namens verdeutlicht. Sie heißt nicht Lammebach, Lammau oder Lammer. Sie fließt seit Jahrtausenden durch eine sehr alte Kulturlandschaft, deren ursprüngliche topographischen Namen wie zum Beispiel der Flussname Lamme selbst Zeugnis eben dieser alten Zeit darstellen. Wir wissen nicht, wie alt dieser Flussname ist und auch nicht, wie dieser Flussname überdauern konnte: Wir ahnen aber, dass verschiedene Völker – repräsentiert durch archäologische Kulturen, rekonstruierte Sprachschichten und historisch überlieferte Stammesnamen – an ihr wohnten, lebten und jagten und gerade das lässt unseren Respekt vor dem hohen Alter des Flussnamens Lamme nur wachsen. |

08 | LUFTAUFNAHME DER MÄANDRIERENDEN LAMME ÖSTLICH DER OHE MIT BLICK NACH NORDEN. VERGL. HIERZU AUCH DEN MARKIERTEN AUSSCHNITT AUF ABB. 09

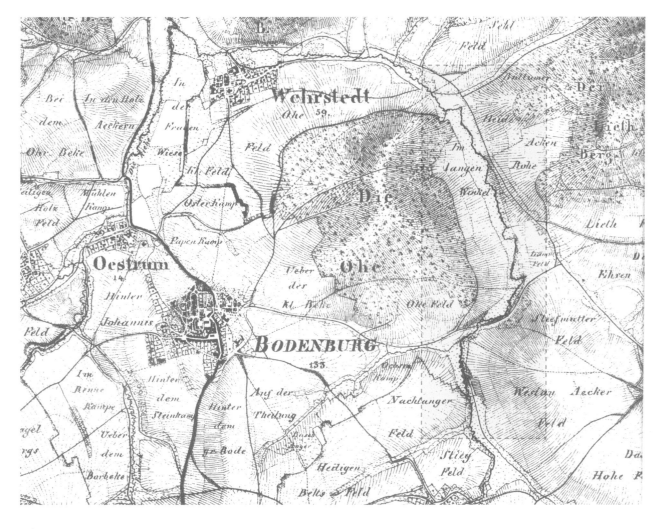

09| AUSSCHNITT AUS: GAUSSSCHE LANDESAUFNAHME,
FÜRSTENTUM HILDESHEIM VON 1827

LITERATUR

• BAHLOW, HANS: DEUTSCHLANDS GEOGRAPHISCHE NAMENSWELT.
FRANKFURT / MAIN, 1985

• DAHMS, THOMAS: DIE HAGEN VON SALZGITTER-GEBHARDSHAGEN,
BRAUNSCHWEIG, GANDERSHEIM UND DES KLÜTZER ORTES. EINE
REGIONALE VERGLEICHSSTUDIE ZUR MITTELALTERLICHEN WALD- UND
SIEDLUNGSGESCHICHTE IN NIEDERSACHSEN UND MECKLENBURG.
(SALZGITTER-FORSCHUNGEN BAND 4) SALZGITTER, 2003

• ›DIE NAMEN DRAMME, DRAMFELD, DRANSFELD‹.
IN: GÜNTER NAUMANN: NAMENSTUDIEN ZUM ALTGERMANISCHEN.
BERLIN, NEW YORK, 2008, S. 99 – 106

• GRAFF, PAUL: GESCHICHTE DES KREISES ALFELD. ALFELD, 1928

• HOFMANN, HEINZ U. A.: DIE GESCHICHTE WEHRSTEDTS VON DEN
ANFÄNGEN BIS ZUR GEGENWART.

• KABUS, FRIEDRICH: VON SOLE, SALZ UND SÖLTERN.
BAD SALZDETFURTH, 1961

• KAYSER, KARL: CHRONIK DES IM FÜRSTENTUM HILDESHEIM
BELEGENEN SOL- UND FICHTENNADEL-BADEORTS SALZDETFURTH.
HANNOVER, 1884

• KETTNER, BERND-ULRICH: DIE LEINE UND IHRE NEBENFLÜSSE BIS
UNTERHALB DER EINMÜNDUNG DER INNERSTE. WIESBADEN, 1973

• KÖNEKE, SYLVIA: BODENBURG UND OESTRUM – ›DIE GUTE, ALTE ZEIT
FAND NICHT STATT!‹, EINE SOZIALGESCHICHTE DER EINWOHNER
BODENBURGS UND OESTRUMS. SELBSTVERLAG, 1991

• KRONENBERG, AXEL: KLOSTER LAMSPRINGE. ALFELD, 2006

• LANGANKI, ERNST: CHRONIK DES ORTES WESSELN. SELBSTVERLAG, 1985

• LAUR, WOLFGANG: DIE HERKUNFT DES GERMANISCHEN IM SPIEGEL
DER ORTS- UND GEWÄSSERNAMEN. IN: ASTRID VAN NAHL U. A. (HG.):
NAMENSWELTEN. ORTS- UND PERSONENNAMEN IN HISTORISCHER
SICHT. BERLIN, NEW YORK, 2004, S. 201 – 212

• WISWE, MECHTHILD: DIE FLURNAMEN DES SALZGITTER-GEBIETES.
RINTELN, 1970

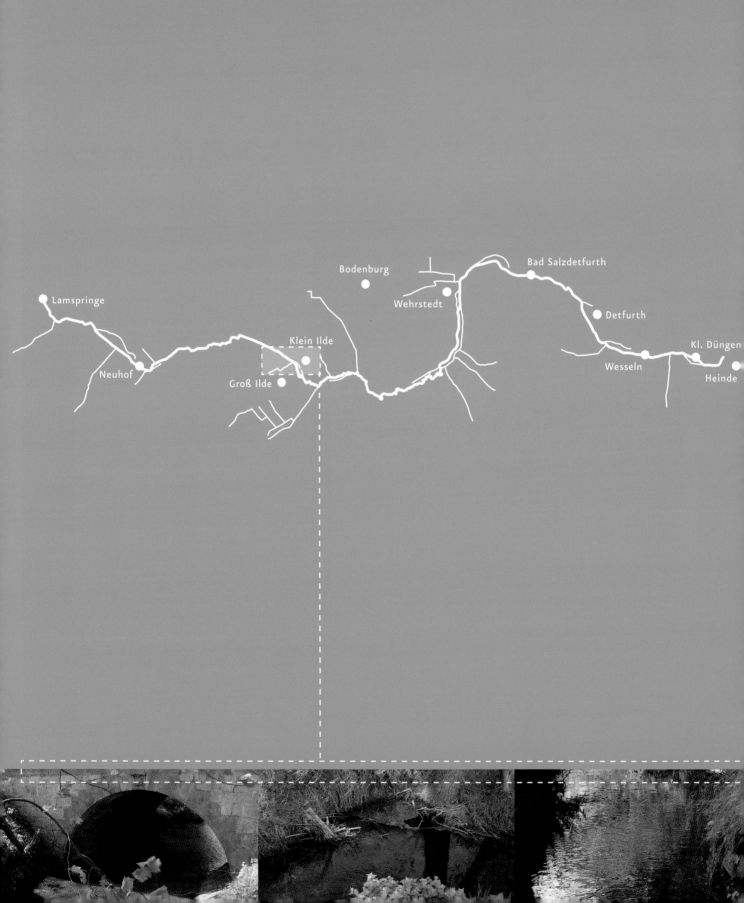

Lamspringe

Neuhof

Groß Ilde

Klein Ilde

Bodenburg

Wehrstedt

Bad Salzdetfurth

Detfurth

Wesseln

Kl. Düngen

Heinde

KIRCHEN UND KAPELLEN IM LAMMETAL
CLAUDIA GÜNTHER

Über die Kirchen und Kapellen im Lammetal zu schreiben, das ist aus kunsthistorischer Sicht ein interessantes Thema, da es sich um ein klar abgegrenztes Gebiet handelt. Die geographische Grenzlinie hätte jedoch noch durch eine zeitliche eingeschränkt werden können, die mit dem Kriegsende 1945 definiert ist. Es wurde jedoch darauf verzichtet, da die beiden Kirchenneubauten nach dem 2. Weltkrieg die Folge einer Flüchtlingsbewegung sind die große Folgen für das Tal der Lamme hatte.

BESIEDLUNG

Das Tal der Lamme, ausgehend von der Quelle in Lamspringe bis zu ihrer Einmündung in die Innerste nahe Klein Düngen, gehört – wie viele im Niedersächsischen Raum – wohl zu den schon seit langem besiedelten Gebieten. Auch wenn es keine Befunde für dieses spezielle Gebiet gibt, so kann davon ausgegangen werden, dass einige Bereiche dieser fruchtbaren Region schon im Neolithium (Jungsteinzeit, ab ca. 5700 v. Chr.) bewohnt waren.

Für die Zeit nach Christi Geburt und seitdem die Siedlungen durch ihre Namen fassbar sind gibt es unter anderem durch die Ortsnamenforschung genauere Hinweise auf ihr Alter. So deuten die Endungen -lar, -mar und -ithi, die auf -de und -te abgeschwächt auf (Groß) Ilde hin, die zu der Gruppe der ältesten Siedlungen gehören, die bis 300 nach Chr. entstanden sind. Auch die -heim und -stedt-Orte (neben dem wichtigen Hildesheim also auch Wehrstedt), die besonders häufig in der Hildesheimer Börde auftreten, ebenso wie diejenigen, die auf -um (Östrum) enden, in die Zeit vor 500. Die Entstehung einer Siedlung, deren Namensendung -furt (Detfurth) ist, wird in die Zeit zwischen 300 und 800 eingeordnet und es gibt weitere Hinweise dafür, dass der Ort, gelegen an einer Furt der Lamme und einem Abzweig der Frankfurter Heerstraße, tatsächlich so früh besiedelt worden ist. Das letzte Drittel des ersten Jahrtausends ist durch eine gewaltige Siedlungsexpansion gekennzeichnet, die durch äußere Umstände hervorgerufen wurde. Siedlungstechnisch gesehen steht in dieser Hinsicht die Neugründung kleiner Siedlungen im Vordergrund. Dabei wurden Tochtersiedlungen von älteren Kernsiedlungen u. a. mit ›Groß‹ und ›Klein‹ bezeichnet, wodurch zumindest die Gründung der kleineren Orte der beiden

01| LINKS| ST. LAURENTIUS AM RANDE DES
SCHLOSSPARKS VON SÜDWESTEN HER BETRACHTET

Düngen etwas genauer eingegrenzt werden kann.[1] Als letzte blieben in diesem Zusammenhang die -hof-Siedlungen (Neuhof) zu nennen, für die eine Entstehungszeit zwischen 800 uns 1200 angenommen wird.[2]

Neben Lamspringe, dessen Klostergründung im Jahr 847 durch eine überlieferte Urkunde dokumentiert ist, findet sich für (Groß) Düngen eine erste urkundliche Nennung unter der Bezeichnung ›Dungon‹ im 9. Jahrhundert.[3] Die anderen Orte tauchen erstmals zwischen dem 11. und 14. Jahrhundert in den Urkunden auf. Dabei muss darauf hingewiesen werden, dass es sich bei diesen Nennungen lediglich um Zufälle und nicht um Gründungen handelt.

VORGESCHICHTE UND MISSION DER KIRCHEN UND KAPELLEN

Die Bevölkerung des Lammetals zur Zeit der Christianisierung gehörte dem Stamm der Sachsen an, einem westgermanischer Stammesverband, der sich vermutlich im 3. Jahrhundert bildete und in den darauffolgenden Jahrhunderten weite Teile Niederdeutschlands (heute umfasst dieses Gebiet Nordwestdeutschland und die östlichen Niederlande) eroberte. Die dort lebenden germanischen Stämme, die heidnischen Glauben anhingen, wurden dem Stammesverband eingegliedert.

Im Laufe des 8. Jahrhunderts kam es im Zuge der unter den Pippiniden (zum Stamme der Franken gehörende Vorfahren der Karolinger) ausgerufenen Christianisierung immer wieder zu kriegerischen Auseinandersetzungen mit fränkischen Truppen auf dem Stammesgebiet der Sachsen. 738 fand ein erster Versuch der festeren Unterwerfung unter die fränkische Krone durch Pippin den Jüngeren (714–768) statt. Im letzten Viertel des 8. Jahrhunderts führte der Versuch der Einführung des Christentums in die größtenteils von den Franken abhängigen sächsischen Gebiete zu den mehr als dreißig Jahre dauernden Sachsenkriegen Karls des Großen (747–814). Die Kämpfe zwischen Franken und Sachsen hatten schon seit Pippin de Jüngeren (714–768) und Karlmann (751–761) eine religiöse Seite: nach fränkischen Siegen wurden die Überwundenen zum Empfang der Taufe gezwungen,[4] außerdem erließ Karl ein absolutes Verbot des Heidentums, heidnischer Gebräuche usw.[5]

Im Jahr 775, während des zweiten Feldzugs, eroberten die Franken die strategisch wichtige sächsische Sigiburg hoch über der Ruhr, zwei Jahre später berief Karl der Große eine erste fränkische Reichsversammlung in Paderborn, mitten im Land der inzwischen vermeintlich besiegten Sachsen, ein. Doch ein gescheitertes Engagement Karls in Spanien

ließ die Sachsen ihren Unabhängigkeitskampf unter der Führung Herzog Widukinds wiederaufnehmen. Nach weiteren Auseinandersetzungen mit Siegen und Niederlagen auf beiden Seiten führten Verhandlungen Weihnachten 785 zur Taufe Widukinds, womit die Christianisierung der Sachsen eingeleitet wurde. 799 fand erneut eine Reichsversammlung in Paderborn als Machtdemonstration statt. Die Sachsen waren endgültig besiegt und wurden 804 in das Reich Karls des Großen eingegliedert.

Diese Geschehnisse können als Grundlage der Christianisierung des Lammetals betrachtet werden.

Zur Zeit Karls des Großen (747–814) wurde in Elze, einem wichtigen Handelsplatz für den Schiffsverkehr auf der Leine, eine Aula Caesaris (›Kaiserhof‹) errichtet und es war seit etwa 800 der Sitz eines von Karl dem Großen gegründeten Bistums für Ostfalen. Das Bistum Hildesheim wurde 815 von seinem Sohn und Nachfolger Ludwig dem Frommen (778–840) gegründet. Sein Gebiet umfasste die siebzehn sächsischen Gaue, von denen Astfala, Ambergau, Flenithgau und Scotelingau zu dem Gebiet des Lammetals gehörten. Bischofssitze und Klöster blieben im 9. Jahrhundert Vorposten kirchlicher Organisation. Obwohl in den Capitulatio de partibus Saxoniae[6] von 785 angeordnet war, ein lückenloses System von Pfarrkirchen zu errichten, hat sich das nur mit erheblichen Verzögerungen umsetzen lassen.[7] Trotzdem war vorgesehen, auch die geistliche Versorgung der Bevölkerung mit Taufkirchen und Pfarreien stattfinden zu lassen, Eigenkirchen adliger Familien dienten als Ergänzung.[8]

König Ludwig der Fromme begründete im Jahr der Bistumsgründung Hildesheims, 815, auf Veranlassung seines Vaters Karls des Großen auch das erste Kloster im Land der Sachsen. Es wurde von Benediktinern aus Corbie an der Somme bezogen und Nova Corbeia, neues Corbie, genannt. Die Mönche verlegten den Sitz im Jahre 822 an die Stelle des heutigen Corvey, wo es sich im 9. und 10. Jahrhundert zu einem der bedeutendsten Zentren der christlichen Kultur Nordwesteuropas entwickelte. Das ehemalige Benediktinerkloster Corvey war im Mittelalter eines der einflussreichsten und bedeutendsten Klöster Europas. Von dort aus wurde die Christianisierung Deutschlands Norden und Nordwesten betrieben. Verbindungen zwischen Corvey und dem Salzdetfurther Gebiet lassen sich seit 890 durch Besitzwechsel von Grundeingetum nachweisen.[9] Erst die Gründung des Klosters St. Michael in Hildesheim im Jahre 1010 drängte den Corveyer Einfluss zurück.

---

1   Ur- und Frühgeschichte in Niedersachsen, S. 328f.
2   Ortsnamen und Siedlungsgang im mittleren Ostfalen, S. 391.
3   Ortsnamen und Siedlungsgang im mittleren Ostfalen, S. 402.
4   Hauck, Kirchengeschichte: S. 375.
5   Hauck, Kirchengeschichte, S. 397f.

---

6   Die Capitulatio de partibus Saxoniae ist ein 785 von Karl dem Großen erlassener Gesetzestext. Er diente der Zwangschristianisierung der soeben unterworfenen Sachsen und damit der Festigung der fränkischen Macht. Die hierfür erlassenen Bestimmungen zeichneten sich durch äußerste Härte aus
7   Ur- und Frühgeschichte in Niedersachsen, S. 328f.
8   Krumwiede, Kirchengeschichte, S. 32.
9   Kayser, Chronik. S. 28.

02 | BLICK AUS DEM KLOSTER VON SÜDWESTEN AUF
ST. HADRIAN UND DIONYSIUS

EINZELDARSTELLUNGEN

Es kann nicht davon ausgegangen werden, dass Überreste
der Kirchenbauten aus der Zeit der Christianisierung im
Lammetal zu finden sind. Sicher waren die ersten Gottes-
häuser nach der Besiedlung, bzw. der Christianisierung des
Gebiets, Holzbauten, die von Natur aus eine relativ kurze
Lebensdauer haben. Es kann aber die Aussage getroffen
werden, dass Kirchen fast immer auf dem – geweihten –
Boden ihrer Vorgängerbauten errichtet wurden, oft dabei
die Grundmauern oder Teile – wie häufig den Turm – des
Vorgängerbaus in ihren einschließen.
Eine Ausnahme bildet wiederum die Klosterkirche in
Lamspringe. Auch sie ist nicht aus der Zeit der Chris-
tianisierung erhalten. Jedoch gibt es hier das Jahr der
Gründung des Klosters (847), die nur wenige Jahrzehnte
nach der Christianisierung erfolgt ist.
In den folgenden Einzeldarstellungen der Kirchen
und Kapellen des Lammetals wird – soweit fundierte
Informationen darüber vorhanden sind – darauf einge-
gangen werden

LAMSPRINGE

DIE KLOSTERKIRCHE ST. HADRIAN UND ST. DIONYSIUS

Die Gründungslegende des Klosters Lamspringe sagt aus,
dass im Jahr 847 durch Graf Ricdag, einem sächsischem
oder karolingischem Adeligen, und seiner Frau Imhild
ein Kanonissenstift gegründet wurde. Das Stift wurde
unter den Schutz des heiligen Märtyrers Hadrian gestellt,
später kam das Patrozinium des hl. Dionysius hinzu. Die
Siedlung Lamspringe bestand wahrscheinlich bereits vor
der Gründung des Stiftes, da sie an einem Pass der Heeres-
straße, die vom Mittelmeer zur Nordsee führte, lag. Nach
der Gründung des Stiftes wurde ihre Erweiterung vorangetrieben. Lamspringe wurde im Verlauf der Stiftsfehde
(1519–1523) eingeäschert. Das zum Hildesheimer Großen
Stift gehörende Kloster kam unter die Herrschaft der Her-
zöge des Fürstentums Wolfenbüttel. Im 30-jährigen Krieg
litt der Flecken Lamspringe durch lange Einquartierungen,
das Kloster war infolge der Wirren der Kriegszeit vakant

03 |

04 |

geworden und konnte aber jetzt, da nach dem Urteil des Reichskammergerichts auch das sogenannte Große Stift[10] wieder hergestellt war, wieder besiedelt werden.

Als das Kloster Lamspringe 1643 durch die englischen Mönche in Besitz genommen wurde, befand sich die Klosterkirche in einem beklagenswerten Zustand. Eine Visitationsurkunde von 1649 beschreibt sie als dem Einsturz nahe. Zunächst fanden die Gottesdienste in einer kleinen Hauskapelle statt. Die zu Beginn aus zwei Gläubigen bestehende Gemeinde wuchs bis 1692 auf 300 Personen an. Inzwischen war erkannt worden, dass eine Ausbesserung der alten Kirche nicht dauerhaft möglich war und es wurde eine neue Kirche mit dem Raum für tausend Gläubige geplant. Der erste Abt des Klosters war 1651 gestorben, sein Nachfolger Placidus Gascoigne (1653 – 1681) wurde der Bauherr der neuen Klosterkirche. Der Grundstein der neuen Kirche wurde am 26. Mai 1670, dem Fest des hl. Augustinus von Canterbury gelegt. Als Architekten sind Jobst Scherk aus Hörde in Westfalen und der Laienbruder Everhard Lambers aus der Benediktinerabtei Abdinghof zu Paderborn zu nennen. Die neue Kirche wurde am 26. Mai 1691 durch den Hildesheimer Fürstbischof Jobst Edmund von Brabeck (1619 – 1702) geweiht. Errichtet wurde eine dreischiffige Hallenkirche mit vier Gewölbejochen. Als Baumaterial wurde Sandstein aus dem nahegelegenen Höhenzug Heber, roter Sandbruchstein sowie vereinzelte Kalksteine verwendet. Der langgestreckte, um 1,75 m erhöhte Chorraum hat die Breite des Mittelschiffs und endet in einem dreiseitigen Polygon über der Krypta, die heutzutage als Winterkirche genutzt wird. Er ist mit einem Tonnengewölbe gedeckt. Das Langhaus ist eine Halle, deren Kreuzgratgewölbe in Haupt- und Seitenschiffen die gleiche Scheitelhöhe aufweisen. Die Gewölbe ruhen auf oktogonalen Pfeilern.

Der Außenbau der Klosterkirche ist schlicht und blockartig, sein Dach über alle drei Schiffe und dem Chor einheitlich. Es ist mit Goslarer Schiefer gedeckt und mit vierzehn Erkern auf jeder Dachseite versehen. An beiden Längsseiten flankieren Strebepfeiler jeweils zwei langgestreckte Rundbogenfenster. Der Chor wird auf der Nordseite durch fünf und an der südlichen Seite durch zwei Fenster beleuchtet. An der westlichen Giebelwand ist risalitartig ein Treppenhaus für die Wendeltreppe zur Orgelempore und zum Dachraum angefügt. Der auf dem westlichen Mittelschiffjoch geplante Westturm, auf den Pfeiler- und Mauerverstärkungen hinweisen, wurde wegen des sumpfigen Baugrunds nicht ausgeführt. Stattdessen erhebt sich vor dem Ostgiebel des Langhauses ein verschieferter oktogonaler Dachreiter mit Laternenbekrönung. In der Südostecke von Langhaus und Chor befindet sich auf rechteckigem Grundriss die doppelgeschossige Sakristei. Die Gesamtlänge der Kirche beträgt innen 59,86 m, das Langhaus ist innen 29,35 m

----

10 Das Hochstift Hildesheim bzw. das Fürstbistum Hildesheim oder auch das Fürstentum Hildesheim war der weltliche Besitz des Bistums Hildesheim. Zu Beginn des 16. Jahrhunderts geriet das Hochstift in Konflikte mit Teilen des Hildesheimer Stiftsadels sowie dem Herzogtum Braunschweig-Lüneburg. Dies führte 1519 zu einer kriegerischen Auseinandersetzung, zur sogenannten Hildesheimer Stiftsfehde (1519–1523). Sie endete mit dem Quedlinburger Rezess vom 13. Mai 1523. Dieser Vertrag schrieb die militärischen Erfolge der Welfen auf hildesheimischem Territorium fest. Für das Hochstift Hildesheim bedeutete der Vertrag den bitteren Verlust des Großen Stifts und die künftige Bescheidung auf das sogenannte Kleine Stift. 1643 wurde die Streitigkeiten zwischen dem Stift Hildesheim und den Herzögen zu Braunschweig und Lüneburg beigelegt. Das Große Stift fiel zurück ans Fürstbistum Hildesheim.

breit und 16,7 m hoch. St. Hadrian und St. Dionysius ist damit eine der größten Kirchen Niedersachsens und in ihrer Grundfläche größer als der Hildesheimer Dom. Ihre Innenausstattung ist – für den norddeutschen Raum sehr ungewöhnlich – in ausgeprägt barockem Stil ausgeführt worden. Natürlich kann an dieser Stelle nur exemplarisch auf einzelne Details hingewiesen werden, weil sich sonst ein vollkommenes Ungleichgewicht in dem Verhältnis zu den anderen Kirchen und Kapellen ergeben würde. Das große, lichtdurchflutete Gebäude beherbergt sieben Altäre. Der Hochaltar gehört zu den Werken des westfälischen Bildhauers Johann Mauritz Gröninger (1652–1707)[11], der Hofbildhauer des Fürstbischofs Christoph Bernhard von Galen in Münster war und gemeinsam mit Heinrich Lessen d. Ä. aus Goslar in Lamspringe gearbeitet hat. Das Altarbild des Hochaltars ist eine Darstellung der Anbetung der Könige. Neben den anderen hochwertigen Altären ist in der Klosterkirche in Lamspringe besonders das Chorgestühl hervorzuheben, das in großen Teilen von Jobst Heinrich Lessen aus Goslar geschaffen wurde. Detailreichtum und Plastizität zeichnen es aus, der Schnitzer konnte hier seine Virtuosität der Gestaltungskraft umsetzen. Auch die Deckenmalerei des Kirchenschiffs mit Blumen, Sternen und farbig hervorgehobenen Gewölberippen, die nach den Vorbildern aus der Erbauungszeit wieder restauriert worden ist, verdient besondere Beachtung.[12]

DIE SOPHIEN-KIRCHE

Die evangelische Sophien-Kirche ist nach einem katastrophalen Brand, der 1690 den ganzen Flecken Lamspringe vernichtet hatte, entstanden und konnte 1692 eingeweiht werden. Ihr Name weist auf die Stifterin Sophia Catharina von Steinberg, geborene von Münchhausen, hin. Die Kirche wurde ohne Turm geweiht, weil es während der Erbauungszeit vom Kloster noch keine Erlaubnis für seine Errichtung gab. Dafür nahm ein Gerüst, das sich in dem an diesem Ort befindlichen Brauhaus befand, die Stelle des Turmes ein und beherbergte lange Zeit die Glocken. Der Turm wurde erst 1819–1820 gebaut. Er hat durch rote Lisenen markant hervorgehobene Ecken und wurde 1909 renoviert und mit einem Erker für die Stundenglocke ergänzt.
Die Sophien-Kirche hat einen trapezförmigen Grundriss mit polygonalem Chorabschluss. Ihr ursprünglicher Eingang (er läge heute direkt an der Hauptstraße) ist 1841 vermauert und in den Turm verlegt worden.
In Inneren fällt der Blick des Besuchers auf den prächtigen Kanzelaltar aus der Erbauungszeit, an dem ein Bildschnitzer sein Können zeigen konnte. Möglicherweise kam dieser, wie der Schnitzer in der Klosterkirche, aus der

Familie Lessen in Goslar.[13] Es gibt an ihm keine bildlichen Darstellungen, nur Schmuckornamente und natürlich das Wappen der Familie von Steinberg, der Patronatsherrschaft. Ein bedeutend älteres Ausstattungsstück ist das Taufbecken. Als Mitte des vergangenen Jahrhunderts eine neue Taufmöglichkeit angeschafft werden sollte, die zinnerne Schale sollte endlich ersetzt werden, wurde über Umwegen bekannt, dass im Pfarrgarten im naheliegenden Ort Hary ein mittelalterliches Taufbecken wiederentdeckt worden war. Dieses Becken war 1566 für die Kapelle in Störy angefertigt worden und zu Beginn des 18. Jahrhunderts dort durch einen Taufengel ersetzt worden. Der Lamspringer Kirchenvorstand ließ einen passenden Sockel und ein Schale aus Messing anfertigen, um das Becken zu ergänzen. In der Kirche wurde dieses einmalige Stück aufgestellt. Eine schöne Geschichte mit glücklichem Ausgang.[14] In das barocke Umfeld der Kirche wurde im Jahr 2007 ein Bilderzyklus des Lamspringer Malers Micha Kloth (geb. 1952) eingefügt. Aus Dankbarkeit für die Genesung seiner Mutter von einer Krankheit fertigte und stiftete er einen Zyklus aus zwölf Bildern, die an der Empore angebracht sind.
Dass es die schöne Sophien-Kirche in Lamspringe noch gibt ist nicht selbstverständlich. Als 1966 die Ortsdurchfahrt erneuert wurde, gab es den Gedanken, die Kirche abzureißen und an anderer Stelle durch eine Neubau zu ersetzen um die Straßenführung einfacher gestalten zu können.

NEUHOF

AUFERSTEHUNGSKIRCHE

Die heutige evangelisch-lutherische Auferstehungskirche in Neuhof ersetzt seit 1757 den dortigen Vorgängerbau. Das kleine Gebäude, das auf einer kleinen Erhebung innerhalb des Dorfes liegt, hat heute verputzte und geweißte Außenwände. Zu seinem charakteristischen Erscheinungsbild tragen die Ecksteine und die Fenstereinrahmungen aus rotem Sandstein bei. Ein sechsseitiger, verschieferter Dachreiter birgt die Glocken und trägt die Uhr. Die Kirche besitzt noch den größten Teil seiner ursprünglichen Inneneinrichtung aus der Erbauungszeit. Neben festen Bankeinbauten mit hölzernen Abtrennungen und einer Empore für die Orgel gehört dazu der Kanzelaltar mit seinen seitlichen Wänden, wodurch eine dahinterliegende, vom Kirchenschiff abgetrennte, Sakristei gebildet wurde, die sich in den Dreiachtel-Apsis schmiegt. Der Kanzelaltar ist eine protestantische Besonderheit, die im 18. Jahrhundert geschaffen wurde, um die Gleichwertigkeit von Predigt und Abendmahl zu dokumentieren, häufig aber auch um

---

11 Bleibaum, Bildschnitzerfamilien, S. 220–224.
12 Günther, Claudia: Kunstinventar (sog. »Kleines Inventar«) der Pfarrkirche St. Hadrian und St. Dionysius in Lamspringe.

13 Bleibaum: Bildschnitzerfamilien, S. 218f.
14 Festschrift 300 Jahre Sophien-Kirche zu Lamspringe.

immer drängendere Raumprobleme zu lösen[15]. Das hiesige Beispiel mit seinen klaren Formen steht auf einem hohen Sockel, in das das Altarbild eingelassen ist. Es handelt sich dabei um eine ausdrucksstarke Darstellung des letzten Abendmahls Christi. Das Hauptgeschoss mit dem Kanzelkorb wird beidseitig von jeweils drei Säulen flankiert und von einem Sprenggiebel überfangen, der wiederum auf die Darstellung des Auge Gottes überleitet. Bekrönt wird der Kanzelaltar von einer Figur des Auferstandenen Christus und nimmt damit fast die gesamte Raumhöhe der Kirche ein. Besonders schön zeigt sich in der Auferstehungskirche der kleine Kunstgriff, dass sich hinter dem Altarkorb das Mittelfenster des Chores befindet, so dass ein weiterer Durchblick möglich ist.

GROSS ILDE

ST. LAMBERTI

An der Kirche in Groß Ilde zeichnet sich der Wandel der Nutzung von Gebäuden im Laufe der Jahrhunderte ab. Wenn der Schlussstein über ihrem Eingang die Jahreszahl ›1755‹ trägt, so ist damit lediglich das Jahr des Umbaus benannt. Der Kirchturm stammt nämlich aus der Zeit des Mittelalters und gehört zu den Wehrtürmen, in die und in deren zugehörige Kirche sich die Dorfbewohner bei einer Bedrohung flüchteten. Details (inzwischen entfernte Rundsäulen in den Turmfenstern) legen eine Erbauungszeit im 12. Jahrhundert nahe. Auch an den starken Eckbefestigungen und innerhalb der Kirche an der Turmwand ist das Alter des Gemäuers zu erkennen, nämlich an dem heute vermauerten, breit angelegten Rundbogen, der hinter der Orgelempore zu sehen ist. Das Kirchenschiff, das 1755 errichtet worden ist, besteht aus Bruchsteinen mit Hausteinen als Eckbefestigungen und Konsolsteinen aus Sandstein an den Fensterrahmungen. Der Schlussstein der Eingangstür gibt das Erbauungsjahr und den Namen des ›Bauherrn‹, den damals amtierenden Pastor, wieder: ›JOH[ANN] DIETER / WIESEN / P. T. PASTOR / ANNO 1755‹. 1796 befand sich die Kirche bereits wieder in so schlechtem Zustand, dass sie erneut repariert werden musste. Diese Maßnahmen fanden 1801 ihren Abschluss.

Die Inneneinrichtung der Kirche ist noch weitgehend aus der Erbauungszeit erhalten, bzw. aus der Vorgängerkirche übernommen worden. Augenfällig ist natürlich der Kanzelaltar, der mit seinen seitlichen Anbauten die dahinterliegende Sakristei abschließt. Der Altar selbst – errichtet in einer schlichten Ausformung des Empirestils des beginnenden 19. Jahrhunderts – stellt eine Portalsituation eines Tempels dar. Der Kanzelkorb mit Schalldeckel – beide mit schuppenartig verlaufenden

Kränzen von geschnitzten Blättern belegt – wird von einem Rundbogen überfangen, der seinerseits von zwei Säulen eingefasst ist. Gemäß der antiken sogenannten ›dorischen Ordnung‹[16] sind vorgezogene Ecken zu sehen und es befindet sich oberhalb der Säulen ein Gesims mit verschiedenen vorgegebenen Details. Anders als in der Antike möglich wird diese Situation nicht mit Giebel und Dach abgeschlossen, sondern trägt lediglich einen Aufsatz mit einer Darstellung des Auge Gottes. Auch die seitlichen geschnitzten Verzierungen sind eine Zutat, die darauf hinweisen, dass es sich hier um einen eklektischen Stil handelt. Nicht übersehen werden sollte der kleine, vor der Empore hängende, Kronleuchter verdient beachtet zu werden. Er trägt die Inschrift ›HANS SANDTVOS / ILSEMARIE KNACKSTEDT IN KLEIN ILDE 1709‹ und ist offenbar aus dem Nachbardorf gestiftet. Die Familie Sandvoss tritt als Stifter noch ein weiteres Mal in Erscheinung.

BODENBURG

ST. JOHANNIS

Die Hauptkirche Bodenburgs, St. Johannis, soll an der Stelle eines Vorgängerbau aus dem 9. Jahrhunderts errichtet worden sein, 1282 wird er in einer Urkunde erwähnt. Ihr heutiges Aussehen erhielt die Kirche in den Jahren 1861 / 62, in denen der Bau aus der 2. Hälfte des 17. Jahrhunderts durch eine umfangreiche Renovierung den damaligen Verhältnissen angepasst worden ist. Eine weitere umfangreiche Renovierung fand Ende des 20. Jahrhunderts statt.

Seit 1626 hatte die Familie von Steinberg die Patronatsrechte der Kirche inne. Beeindruckend sowohl wegen seiner Ausmaße wie auch der Kunst des Bildschnitzers ist der Hochaltar. Er wurde Ende des 17. Jahrhunderts von Daniel Bartels erbaut. Bartels stammte aus einer Bildschnitzerfamilie, die im 17. und 18. Jahrhundert in Hildesheim und Hannover tätig war. Sein Geburts- und sein Sterbedatum ist jedoch unbekannt.[17]

Der Altar: Die querovale Predella zeigt in einem Flachrelief das letzte Abendmahl Christi, detailreich in Gestik und Schmuck. Das Hauptbild mit Rundbogenabschluss, ist eine Darstellung der Kreuzigung Christi, ausgeführt in vollplastischen Figuren vor dem gemalten Hintergrund des himmlischen Jerusalems. Hervorzuheben sind hier vor allem die individuell gestalteten, ausdrucksstarken Gesichter und die Kleidung der Figuren aus der frühen Neuzeit. Das Hauptbild wird von gedrehten Säulen flankiert, neben denen nahezu lebensgroße Figuren zu finden sind. Links sieht man Johannes den Täufer mit seinem Kreuzstock und dem Lamm zu seinen Füßen, rechts Johannes den

---

15   de Cuveland, Der Taufengel, S. 18.

16   Das ist eine der antiken Säulenordnungen.

17   Bleibaum, Bildschnitzerfamilien, S. 47 f.

05| BLICK VON SÜDOSTEN
AUF DIE SÜDSEITE
ST. LAMBERTI

06| DIE ST. JOHANNIS-
KIRCHE VON
SÜD-OSTEN

05|

06|

07 | ST. LAURENTIUS

08 | DIE BRUCHSTEINKAPELLE VON SÜD-OSTEN

Evangelisten mit seinem Attribut, dem Adler und dem Kelch in seiner Hand. Oberhalb des Hauptbilds findet sich das Wappen der Patronatsherrschaft, der Familie von Steinberg, getragen von zwei geflügelten Engeln. Darüber, im Obergeschoss ist ein weiteres Bild zu sehen. Es ist wiederum freiplastisch gestaltet, hier vor einem Flachrelief, hat ein nahezu quadratisches Format und zeigt die Kreuzabnahme Christi. Kleine Engelfiguren auf dieser und der darüberliegenden Ebene tragen die Marterwerkzeuge Christi, wie die Säule, an der er gegeißelt wurde und Nägel, mit denen er ans Kreuz geschlagen wurde. Bekrönt wird der Altar von der Figur des Auferstandenen. Der Gläubige, der die Bilder von unten nach oben »liest«, kann daraus erkennen, dass es ein Leben nach dem Tod gibt.

Neben dem Altar ist die Kanzel, der Ort der Verkündigung, eines der wichtigen Ausstattungsstücke der Kirche, in diesem Fall auch wegen ihres prachtvollen Aussehens. Getragen von einer freistehenden Moses-Figur mit den Gesetzes-Tafeln in der Hand, ist der Kanzelkorb an der nördlichen Kirchenwand befestigt. Außen um ihn sind freiplastische Figuren, die von gedrehten Säulen getrennt werden, auf Konsolen gestellt. Neben den Evangelisten, dargestellt mit ihren Attributen (Johannes mit dem Adler, Markus mit dem Löwen, Matthäus mit dem Engel und Lukas mit dem Stier) sind außerdem Christus als Salvator (Erlöser der Menschheit) und der Apostel Paulus dargestellt. Alle Figuren sind durch ein Namenschild benannt. Wie der Altar ist auch die Kanzel über und über mit geschnitztem Schmuck (geflügelte Engelköpfe, Blätter, Voluten) belegt. Nach unten hin schließt ein Zapfen und weitere Blätter den Kanzelkorb ab. Der Schalldeckel ist wie eine Turmspitze konstruiert und in drei Etagen gegliedert. Neben vielen schmückenden Details sind hier sieben Engel zu finden, die jeweils eines der Marterinstrumente Christi halten. Die bekrönende Figur ist Christus mir der Dornenkrone auf seinem Haupt und einem großen Kreuz in seiner Linken.

Weitere bedeutsame Ausstattungsstücke könnten hier erläutert werden, müssen aber mit Rücksicht auf Gesamtkonzept unterbleiben. Deshalb sei nur kurz auf die Epitaphien einiger Mitglieder der Familie von Steinberg und auf das große Kruzifix unterhalb des Mannhauses, sowie auf den auf Holz gemalten Bilderzyklus, der Themen des Alten und des Neuen Testaments sowie Szenen aus dem Leben Christi zeigt, hingewiesen.

ST. LAURENTIUS

Die kleine Kirche St. Laurentius muss im Umfeld der Geschichte, die in Bodenburg geschrieben wurde, betrachtet werden. Vor ca. 1000 Jahren wurde in Bodenburg die erste Burg errichtet, in der auch nicht die Kapelle fehlen durfte, wo die Bewohner ihre Andachten und Messen halten ließen. Um 1500 wurde ein separates Gotteshaus außerhalb des Schlosses auf dem Grund des heutigen Pfarrgartens erbaut. Nachdem der Hauptpatron der Burg- oder Schlosskapelle die Gottesmutter Maria gewesen war, wurde die neue Kirche dem heiligen Laurentius geweiht.[18] 1826 wurde eine neue Kirche von Ernst August Philip von Steinberg an der jetzigen Stelle neu errichtet. Das Gebäude wurde als evangelische Kirche gebaut und blieb es bis sie 1974 sie von der katholischen Kirche übernommen wurde.

Das Gotteshaus ist querrechteckig angelegt und mit einem Portikus versehen. Auf seinem Walmdach befindet sich ein Dachreiter, in dem die Glocken hängen. So wie das Äußere der Kirche ist auch seine sparsame Ausstattung im Stil der Zeit zu sehen – klassizistisch. Der Altar ist aufgebaut wie eine antike Portalanlage. Zwei Säulen, im Aussehen angelehnt an den Aufbau korinthischer Säulen, tragen den Architrav, der mit verschiedenen Friesen versehen ist. In einer darin liegenden Rundbogennische, deren Bogen mit einem Band umlegt ist, ist ein großes Kruzifix angebracht. Das Auge Gottes mit einem Strahlenkranz bekrönt den Altar. Taufbecken, Türeinfassungen und Wandleuchter sind ebenso wie die Ornamentik der Empore im klassizistischen Stil gearbeitet und erhalten.

ÖSTRUM

BRUCHSTEINKAPELLE

Die kleine Bruchsteinkapelle in Östrum befindet sich auf dem dortigen Friedhof. Das rechteckige Gebäude aus überputzten Bruchsteinen mit der kleinen runden Chornische ist möglicherweise schon vor der ersten Jahrtausendwende entstanden und war ursprünglich der heiligen Maria Magdalena geweiht.

2005 bei Restaurierungsarbeiten entdeckte Fresken werden auf das 12. oder 13. Jahrhundert datiert. Die Figurendarstellungen mit Vorhangmalerei im Hintergrund konnten an der Nordwand, der Ostwand und dem Übergang von Ost- auf Südwand freigelegt werden. Da es keine Möglichkeit der Finanzierung gab, um diese Fresken, die unter einem Kalkanstrich aus der Zeit um 1700 verborgen waren, so herzurichten, dass sie die Kapelle wieder schmücken, wurden sie mit Japanpapier überklebt und die Wände wurden wieder übermalt.[19]

Auch die drei Nischen in den Wänden der Kapelle weisen auf eine lange Geschichte des Gebäudes hin. Möglicherweise dienten sie Pilgern auf dem Fußweg von Hildesheim nach Gandersheim als Übernachtungsmöglichkeit.

Der Altar kann auf die Zeit Ende des 17. Jahrhunderts datiert werden. Er besteht aus einer Mensa aus Stein, die den geschnitzten Altaraufsatz trägt. Das auf Holz gemalte Altarbild ist inschriftlich im Jahr 1677 entstanden und zeigt eine traditionelle Darstellung Christi Geburt. Folgende Inschriften sind über und unter das Altarbild gesetzt: »Ich lebe und ihr sollt auch leben« (Johannes 14,19) und »Euch ist heute der Heiland geboren, welcher ist Christus der Herr in der Stadt Davids.« (Lukas 2,11). Der Altar ist mit einfachem Schnitzwerk aus Früchten, Blättern und geflügelten Engelköpfen verziert. An seiner Rückseite befinden sich zwei Wappen – möglicherweise die der Stifter. Es handelt sich dabei um Johann Conrad Hantelmann aus Braunschweig, der in Östrum Gutsverwalter war und um Catharina Elisabeth Kindelinges, deren Wappen mit dem Jahr 1676 ausgewiesen ist.

Das Portal mit der roten Sandsteinrahmung stammt inschriftlich aus dem Jahr 1511.

Die Kapelle hat möglicherweise als Wehrkapelle gedient, worauf vorhandene Schießscharten hinweisen.

WEHRSTEDT

ST. ANDREAS

Die heutige Kirche St. Andreas in Wehrstedt ist einer der Nachfolgebauten der Holzkirche, die 1207 errichtet worden war. Johann Friedrich Leopold von Stopler, der als Grundherr das Patronatsrecht der Wehrstedter Kirche innehatte, ließ die Kirche 1716 erbauen. Sein Wappen, ein sogenanntes Allianzwappen, das die Familienwappen des Erbauers Johann Friedrich Leopold von Stopler und seiner Gattin Anna Ilsa von Guldenfeld beinhaltet sowie das Jahr der Kirchweihe 1716 nennt, befindet sich an der Außenwand des Chores. Dort gab es in früheren Zeiten eine Treppe und die Tür zur Gutspriesche, das war eine nahe am Altar vom übrigen Raum abgeteilte Sitzgelegenheit für die Patronatsinhaber.

Der Kirchturm von St. Andreas wurde beim Neubau der Kirche unter Veränderungen (möglicherweise der Abtragung eines Geschosses) aus der Vorgängerkirche übernommen. Sein Portal trägt einen Schlussstein mit der Jahreszahl 1566 und das Wappen des damaligen Patrons Christoph von Steinberg. Das Innere der Kirche überrascht den Besucher mit einer weitgehend original erhaltenen und sehr einheitlichen Ausstattung. Da die Kanzel inschriftlich auf das Jahr 1665 datiert ist, wurde das feste Inventar wohl bereits für die Vorgängerkirche angefertigt und in den Neubau übernommen, bzw. es wurden die wichtigen Ausstattungsstücke übernommen und möglicherweise die Bänke – passend für den Kirchenraum – neu angefertigt. Der Altar ist eine ausgewogene Komposition

---

18   Die mittelalterlichen Kirchen- und Altarpatrozinien, S. 82f.
19   Restaurierungsbericht 2005.

09| ST. GEORGSKIRCHE AN DER LAMME
10| ST. ANDREAS VON SÜDEN HER GESEHEN
11| RELIEF VON ST. GEORG ÜBER DER SÜDLICHEN
      SEITENTÜR DER ST. GEORGSKIRCHE

aus Malerei und Bildhauerkunst. Sein Zentrum ziert ein hochformatiges Bildnis der Kreuzigung Christi vor dem Hintergrund des himmlischen Jerusalem. Diese Kreuzigung wird flankiert von jeweils zwei gestaffelt aufgestellten Säulen, die mit geschnitzten Girlanden versehen sind. Links und rechts der Säulen befinden sich gemalte Figuren, links Moses mit des Gesetzestafeln und rechts Johannes der Evangelist mit dem Abendmahlskelch, beide wie Statuen auf Sockel gestellt. Moses und Johannes vertreten damit das Alte und das Neue Testament. Im Untergeschoss des Altars, der Predella, befindet sich ein weiteres Ölbild, das letzte Abendmahl Christi darstellend. Oberhalb des Hauptbildes sieht man in der Form eines Tondos eine Darstellung der Kreuzabnahme Christi. Der Altar wird bekrönt von einer Figur des Auferstandenen Christus, der die Siegesfahne in seiner linken Hand hält und mit der rechten segnet. So kann von unten nach oben der Gläubige daraus »ablesen«, dass der Glaube den Tod überwindet. Der Altar ist über und über mit geschnitzten Details versehen. Neben zahlreichen geflügelten Engelköpfen, Blüten und Muscheln sitzen auf dem Gebälk zwei Engel, die auf den Auferstandenen weisen.

Die Kanzel ist in der Tradition der Verkündigung auf eine freistehende Figur des die zehn Gebote Gottes tragenden Mose gesetzt. Der Kanzelkorb ist an der Kirchenwand befestigt und über eine kleine Treppe zu erreichen. Seine Schauseite zeigt vor den Korb auf Konsolen gesetzte Figuren der vier Evangelisten sowie Christus, die jeweils vor einen Rundbogen platziert sind. Der Kanzelkorb ist mit zahlreichen geschnitzten Schmuckelementen wie geflügelten Engelköpfen, Säulchen und Ornamenten versehen. Unter den ebenfalls detailreichen Schalldeckel ist außerdem die Taube des Heiligen Geistes gehängt.

Neben diesen herausragenden Arbeiten der Schnitzkunst und der Malerei sei auch auf die außergewöhnlichen Fenster der Kirche hingewiesen. Sie wurden während der Erbauungszeit von der Patronatsherrschaft gestiftet und zeigen in einer heute nicht mehr üblichen Technik gefertigte, in ovale Kränze gefasste Wappen, Namen und Zeichnungen.

Nicht unterschlagen werden soll der Taufengel der Kirche, eine Errungenschaft evangelischer Kirchen Norddeutschlands aus dem 18. Jahrhundert. Die Freifigur von 1706 hing bis in die 1970er Jahre über dem Mittelgang der Kirche. Sein ursprünglicher Platz war aber sicherlich nahe dem Altar, wo der Mensch symbolisch in die Glaubensgemeinschaft aufgenommen wurde. Zu einer Kindstaufe wurde der Engel herunter gelassen und auf ihrer mit ausgestreckten Armen getragenen muschelförmigen Schale eine Wasserschale gestellt, um ihr das Wasser zur Taufe zu entnehmen. Taufengel gab es im 18. und 19. Jahrhundert in vielen evangelischen Kirchen Norddeutschlands, unter anderen war damit versucht worden, dem immer größer werdenden Problem der Platznot in den Kirchen Herr zu werden.[20]

Ebenfalls mit dem Sakrament der Taufe verbunden ist der alte Taufstein, der möglicherweise aus der ersten Kirche Wehrstedts stammt und romanischen Ursprungs ist und der seit einigen Jahren seinen Dienst wieder aufgenommen hat. Er hatte bis dahin – wahrscheinlich seitdem der Taufengel zu Beginn des 18. Jahrhunderts angeschafft worden war – im Pfarrgarten das Hühnerfutter beherbergt.[21]

11|

BAD SALZDETFURTH

ST. GEORG

An der Stelle der heutigen St.-Georgs-Kirche ist 1430 die erste Kapelle in Salzdetfurth errichtet worden. Ihr Patron war schon damals der heilige Georg.

Die Kapelle war aber wohl hauptsächlich als Privatkapelle der Stifterfamilie von Steinberg gedacht, während die Gemeinde weiter die Gottesdienste in Detfurth besuchte, von dem Salzdetfurth kirchenrechtlich bis zur Erhebung zu einer eigenen Pfarrei 1528 abhängig war.[22]

In Salzdetfurth wurde seit der Mitte des 12. Jahrhunderts das dort gewonnene Salz gesiedet. Dieser Umstand war sowohl ein Quelle des Wohlstands wie auch eine Gefahrenquelle, denn die Salzsieder wohnten in ihren Siedekoten, die über den ganzen Ort verstreut waren und mussten ständig die Feuer unterhalten, um ihrem Siedegeschäft nachzugehen. Dadurch sind häufig Brände im Ort entstanden, die sich wegen der eng aneinander stehenden Fachwerkhäuser und den unzureichenden Löschvorrichtungen schnell ausbreiten konnten. Regelmäßige Brandkatastrophen waren damit vorprogrammiert. So geschah es zu Beginn und zum Ende des 17. Jahrhunderts. 1605 vernichteten die Flammen bis auf wenige Gebäude den ganzen Flecken, wobei neben der Mühle auch das drei Jahre zuvor errichtete Rathaus und alle Salzkoten mit ihren Nebengebäuden zerstört wurden. Der Brand von 1695 zerstörte auch die damalige Kapelle, von der nur die Umfassungsmauern des Turms stehen blieben. Lediglich das Pfarrwitwenhaus und die Mühle des Ortes waren verschont worden. Fünf Jahre später, im Jahr 1700, war die Kirche, die sich seitdem bis heute erhalten hat, wieder aufgebaut. 1717 wurde der von Jobst Heinrich Lessen dem Jüngeren angefertigte Altar aufgestellt. Der aus einer bedeutenden Goslarer Künstlerfamilie stammende Lessen hat

20   de Cuveland, Der Taufengel, S.9f, 26f.
21   800 Jahre Kirche in Wehrstedt.

22   Kayser, Chronik, S. 29.

mit dem Altar ein Meisterwerk geschaffen. Das Hauptbild – die Kreuzigung Christi – ist dabei als Komposition aus frei stehenden Figuren ausgeführt worden, während das Bildnis des Obergeschosses – die Taufe Christi im Jordan – ein Relief ist. Das Relief wird flankiert von Figuren des Mose und des Zacharias. Der Altar wird bekrönt von einer Figur des Auferstandenen.

Außergewöhnlich ist die deckenfüllende Malerei, mit der St. Georg versehen ist. Die Decke des Langschiffs ist mit hölzernen Tafeln ausgekleidet, die flächig bemalt wurden. Themen des Alten und Neuen Testaments sind dargestellt und sollten den Gottesdienstbesucher mit ihrem Inhalt erbauen. Zusätzlich zu diesen Deckenbildern sind in St. Georg weitere Bilder an der Empore angebracht worden. Diese Bilder, gestiftet in den Jahren 1700 bis 1723 von Salzdetfurther Familien, stellen wie in dieser Zeit häufig, Themen des Alten und des Neuen Testaments einander gegenüber. Auch unter den Emporen und über den Türen an der Nord- und an der Südseite der Kirche sind Bilder zu finden.

St. Georg besitzt noch Teile einer sehr alten Orgel. Die erste Orgel der Kirche wurde 1590 von Meister Henning Henke für die Lambertikirche in Hildesheim gebaut und 1715 nach Salzdetfurth gebracht.[23] Einige der aus der ursprünglichen Orgel stammenden Prospektpfeifen konnten bei den vergangenen Restaurierungen erhalten werden. Auch am Orgelprospekt sind Bilder angebracht worden, die thematisch an diesen Ort angepasst sind. So ist hier König David mit der Harfe zu sehen und versinnbildlicht die Bedeutung der Musik für das Gotteslob.

MARTIN LUTHER

Auf dem Dörenberg, einer Felsnase, die oberhalb Salzdetfurths an einem Hang liegt, wurde 1952 der Grundstein für die Martin-Luther-Kirche gelegt. Um den zahlreichen Vertriebenen Wohnmöglichkeiten zu schaffen, sollte in diesem Gebiet ein neuer Stadtteil entstehen, das durch eine Kirche mit Gemeindezentrum komplettiert wurde.

Die an eine Festungskapelle aus alter Zeit erinnernde Kirche, die weithin sichtbar ist, konte im März 1954 eingeweiht werden. Ihr Kirchenschiff ist ein großer, heller Saal, der lediglich durch die Deckenkonstruktion in Haupt- und Seitenschiffe gegliedert wird. Da der Architekt sehr sparsam mit Raumschmuck umgegangen ist, wirken die künstlerischen Objekte umso stärker. Der erste Blick fällt auf den fast raumhohen Altarteppich im Chor, den die Textilkünstlerin Else Mögelin[24] (1886 – 1982) gestaltet hat. In dieser Webarbeit wird gleichzeitig der gekreuzigte und der auferstandene Christus dargestellt und zeigt sich dabei sowohl der Tradition historischer Hochaltäre in der Darstellung der Überwindung des Todes wie auch den Möglichkeiten der modernen Kirchenkunst treu.

----

23   Die Ev.-luth. St. Georgskirche Bad Salzdetfurth, S 35f.

24   Else Mögelin studierte von 1919 bis 1923 am Staatlichen Bauhaus in Weimar, ab 1927 hatte sie die Leitung der Abteilung Textillehre an der Kunstgewerbeschule Stettin inne.

12 | UNTEN | BLICK VOM HANG DES GLINSTERBERGS AUF ST. GALLUS (LINKS DER HANG DES BURGBERGS)

13 | BLICK VOM SÜDEN AUF DIE ÜBER DEM LAMMETAL THRONENDE MARTIN LUTHER KIRCHE

14 | BLICK AUF DEN GIEBEL DER PFARRKIRCHE ›ZUR HEILIGEN FAMILIE‹, VON DER ELSA-BRAND-STRÖM-STRASSE AUS

13|

14|

Die Taufplastik, die 1967 an die Wand hinter dem Taufbecken angebracht worden ist, wurde Bildhauerin Eva Limberg (geb. 1919) aus Bielefeld gestaltet. Sie hat als Thema des Reliefs Moses mit der Taube und dem Ölzweig gewählt. Der Turm der Martin-Luther-Kirche, der ihr weithin sichtbares »Aushängeschild« ist, beherbergt neben der über eine Treppe zugänglichen Glockenstube einen weiteren Raum, in dem in früheren Zeiten z. B. der Konfirmandenunterricht stattfinden konnte.

HEILIGE FAMILIE

Salzdetfurth gehört zu den Gemeinden, in denen lange Zeit nur ein kleiner Prozentsatz der Christen dem katholischen Glauben angehörte. Wie in vielen anderen Ortschaften auch änderten die Flüchtlingsströme, die durch die Geschehnisse des Zweiten Weltkriegs verursacht worden waren, diese Situation. Durch die Baulanderschließung für neue Wohngebiete und das Arbeitsangebot des Ortes wurden ein Zuwachs der Bevölkerung erreicht, der sich auch auf das Verhältnis der Konfessionen auswirkte. So kam es, dass die Gemeindemitglieder der katholischen St.-Gallus-Kirche in Detfurth schließlich zu 60 % in Bad Salzdetfurth beheimatet waren. Das wurde zum Anlass genommen 1961 die Kirche ›Zur heiligen Familie‹ im Neubaugebiet Salzdetfurths unterhalb des Ziegenberges zu erbauen. Die Errichtung wurde von der Salzdetfurther Kali AG wegen bestehender Kaliverträge[25] mit finanziert. Das in modernem Stil errichtete Gebäude mit asymmetrischem

Dach hat auf seiner Schauseite einen Giebel mit spitzwinkligem Vorbau, der ein großes Kreuz trägt. Die Kirche wird durch moderne Buntglasfenster belichtet.

DETFURTH

ST. GALLUS

Weithin ist der charakteristische Turm der St.-Gallus-Kirche in Detfurth zu sehen. Der 1899 errichtete Turm vervollständigte erst nach mehr als einhundert Jahren die 1772 – 1779 erbaute Kirche. Ein erstes Gotteshaus, aus Holz bestehend, soll es bereits am Ende des 8. Jahrhunderts – noch zu Zeiten Kaiser Karls des Großen – in Detfurth gegeben haben, das als Mutterkirche vielen Gründungen vorstand.[26]

St. Gallus zeigt sich dem Besucher heute als Gotteshaus mit klaren Formen und einer noch recht einheitlichen Ausstattung im Empirestil aus der Zeit um 1800 (mit einzelnen Ergänzungen), die nicht sehr häufig in hiesigen Kirchen anzutreffen ist. Der Innenraum wird bestimmt durch den Hochaltar, der die Chornische in Breite und Höhe fast vollkommen einnimmt. In der Fläche konstruiert, sind auf der Altarwand Elemente der Antike aufgesetzt. So rahmen Dreiergruppen von gestaffelt aufgestellten Säulen, die kanneliert sind und eingelegte Pfeifen haben, ein großes Kruzifix, das Zentrum des Altars. Ein ausladendes, mehrfach gestaffeltes Gesims mit antiken Elementen wie einem Architrav oder einem Zahnschnittfries schließt dieses Geschoss ab. Der Hochaltar wurde – ebenso wie die

---

25   Im Allgemeinen sahen diese Kaliverträge vor, dass die Unternehmer der Schachtanlagen die durch den Zuzug von Beamten und Arbeitern den Gemeinden erwachsenen Kosten für Vergrößerungen von Kirchen und Schulen anteilmäßig zu tragen haben. Ferner ist vereinbart worden, dass die Kaliwerke für jedes Kind eines seiner Beamten und Arbeiter, das die örtlichen Schulen besucht, bestimmte Beträge in die Gemeinde-, Schul- und Kirchenkasse zahlen.

26   Kayser, Chronik, S. 29.

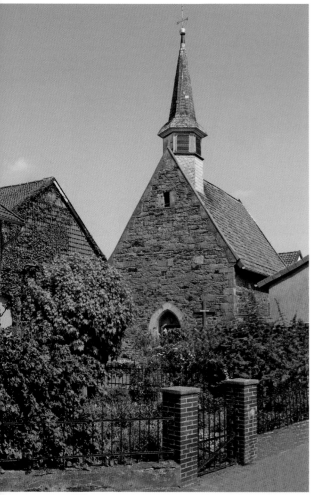

15|

16|

15| ST. BERNWARD VON NORDEN AUS GESEHEN

16| ST. JOHANNES BAPTIST VON SÜDEN

17| BLICK AUF DIE CHRISTUSKIRCHE VON SÜDEN HER

Seitenaltäre – 1806 von dem Tischlermeister Leise aus Salzdetfurth unter Mithilfe des Malers und Vergolders Pöttinger aus Hildesheim erbaut. Neben der Ausstattung aus der Zeit kurz nach der Erbauung soll auf ergänzende Objekte hingewiesen werden. Da sind zum einen die Fenster, die zu Beginn des 20. Jahrhunderts von der Glasmalereianstalt Hertel und Lersch aus Düsseldorf angefertigt worden sind. Vier der Fenster sind mit historischen, bzw. christlichen Figuren versehen. In einer Ornamentfassung vor einem architektonisch ausgeführten Hintergrund sind Karl der Große (unter dem die Sachsenmission stattgefunden hat), der Erzengel Michael, Johannes der Täufer und der heilige Joseph prächtig und in leuchtenden Farben dargestellt. Die Fensterlaibungen sind mit stilisierten Blättern und Ornamenten im gleichen Stil wie die Fenster ausgemalt, auch am Übergang zur Voutendecke finden sich Malerei in im gleichen Stil.

WESSELN

ST. JOHANNES BAPTIST

An der Stelle einer älteren Kapelle ist 1856 / 57 das heutige Gotteshaus St. Johannes Baptist erbaut worden. Die kleine Kapelle mit den stark abgestützten Ecken und einem 3/8 -Chor trägt Bauschmuck lediglich an seiner Portalrahmung. Auf das Dach ist ein zierlicher Dachreiter gesetzt. Eine Restaurierung mit grundlegender Umgestaltung im Jahr 1985 hat das Gotteshaus in einen Zustand der Klarheit versetzt, in dem die Vorstellung des ursprünglich zugrundeliegenden Baustils – die Neoromanik ist ja lediglich eine Wiederaufnahme der Romanik – voll zur Geltung kommt. So konnten auch die in dieser Zeit hinzugekommenen -modernen – Ausstattungsstücke wie der Volksaltar und der Ambo – entworfen von dem Unnaer Künstler Josef Baron (geb. 1920) – mit eingegliedert werden. Als ergänzende Details müssen außerdem die Fenster genannt werden, die seit dem 19. Jahrhundert die Kapelle erhellen und schmücken. Die vier Fenster, die flächig mit Ornamenten belegt sind, stehen der Kunst mittelalterlicher Glasmalerei in keiner Weise nach. Sowohl Farbgebung wie Malerei strahlen hier eine derartige Kunst aus, wie sie nur sehr selten zu finden ist.

KLEIN DÜNGEN

ST. BERNWARD

Während sich ein Gotteshauses in Klein Düngen im Mittelalter urkundlich nicht nachweisen lässt, weist das Fundament der heutigen Kapelle auf einen Bau aus der Zeit des 13. Jahrhunderts hin. Das kleine Kirchlein ist, für norddeutsche Verhältnisse äußerst ungewöhnlich, eingebaut zwischen den Nachbarhäusern. Über einem rechteckigen Grundriss besitzt die Kapelle kaum Wohnhausgröße. Sie ist aus Feldsteinen errichtet, die an den Ecken und am Portal durch Hausteine ergänzt werden. Ihr sechseckiger Dachreiter ist verschiefert. Der Innenraum ist nicht strukturiert, der Altarraum lediglich eine Stufe höher als der Kirchenraum. Die Kreuzigungsgruppe an der Altarwand schuf 1955 der Bildhauer Ludwig Nolde (1888 – 1958) aus Osnabrück.

EVENSEN

CHRISTUSKIRCHE

Der Name Evensen ist eine Abschleifung von ›Evenhausen‹, als Haus
des Even. Enge Verbindung hatte der Ort mit dem Kloster Lamspringe.
Schon 1149 besaß das Kloster Ländereien in Evensen. Außerdem waren
die Herren von Steinberg hier begütert. Nach dem Winzenburger Erb-
register von 1578 gehörte das Dorf zum Amt Winzenburg, die Bewohner
aber waren dem Kloster Lamspringe zehntpflichtig.

Die im Jahre 1600 gebaute Kirche wurde auf den Grundmauern der
alten Kirche errichtet. Die Familie Burchtorf war Inhaber des Kirchen-
patronats. Über dem Kircheneingang befindet sich ein Wappen mit der
Inschrift ›Johann Burchtorf‹ und an der Ostseite ist in Stein gehauen
die Jahreszahl 1600 zu erkennen.

Eine Schule gab es schon im 17. Jahrhundert. Das letzte Schulhaus
wurde 1892 gebaut. Nach Schließung der Schule 1964 wurde das
Gebäude verkauft und dient heute als Wohnhaus. Die früheren kleinen
Handwerksbetriebe existieren nicht mehr. Das Dorfgemeinschafts- und
Feuerwehrhaus ist zum Mittelpunkt des dörflichen Lebens geworden.
Hier finden auch die Feiern, wie Hochzeiten, Jubiläen und das
Dorfgemeinschaftsfest statt.

Die abgeschiedene Lage mit seiner ländlichen Idylle hat allerdings auch
einen Nachteil – der Ort hat keine Verbindung an den öffentlichen
Personenverkehr. |

17 |

VERWENDETE LITERATUR

· DIE BAU- UND KUNSTDENKMÄLER DES KREISES GANDERSHEIM.
BEARB. VON KARL STEINACKER. WOLFENBÜTTEL 1910.

· BLEIBAUM, FRIEDRICH: BILDSCHNITZERFAMILIEN DES
HANNOVERSCHEN UND HILDESHEIMER BAROCK. STRASSBURG 1924.

· DE CUVELAND, HELGA: DER TAUFENGEL. HAMBURG 1991.

· EVANGELISCH-LUTHERISCHE KIRCHENGEMEINDE LAMSPRINGE
(HG.): FESTSCHRIFT 300 JAHRE SOPHIEN-KIRCHE ZU LAMSPRINGE.
LAMSPRINGE 1992.

· EVERS, WILHELM: ORTSNAMEN UND SIEDLUNGSGANG IN MITTLEREN
OSTFALEN. SONDERDRUCK AUS BERICHTE ZUR DEUTSCHEN
LANDESKUNDE; 9,2, 1951.

· GÜNTHER, CLAUDIA: KUNSTINVENTAR (SOG. ›KLEINES INVENTAR‹)
DER PFARRKIRCHE ST. HADRIAN UND ST. DIONYSIUS IN LAMSPRINGE.
IM AUFTRAG DER KIRCHLICHEN DENKMALPFLEGE IM BISTUM
HILDESHEIM. 2007.

· HÄSSLER, H.-J.: UR- UND FRÜHGESCHICHTE IN NIEDERSACHSEN.
STUTTGART 1991.

· HAUCK, ALBERT: KIRCHENGESCHICHTE DEUTSCHLANDS.
BD. 2, 3. UND 4. AUFL., LEIPZIG 1912.

· HENKEL, HANDBUCH DER DIÖZESE HILDESHEIM.
HILDESHEIM 1917.

· KAYSER, KARL: CHRONIK DES IM FÜRSTENTHUM HILDESHEIM
BELEGENEN SOL- UND FICHTENNADEL-BADEORTS SALZDETFURTH.
HANNOVER 1884.

· KIRCHENVORSTAND (HG.): FESTSCHRIFT ZUR 200-JAHRFEIER DER
KIRCH ZU GROSS ILDE. BOCKENEM 1955.

· KIRCHENVORSTAND DER EV.-LUTH. ANDREASGEMEINDE ZU
WEHRSTEDT (HG.): FESTSCHRIFT 800 JAHRE KIRCHE IN WEHRSTEDT.
WEHRSTEDT 2007.

· KIRCHENVORSTAND DER EV.-LUTH. KIRCHENGEMEINDE MARTIN-
LUTHER. (HG.): 50 JAHRE MARTIN-LUTHER-KIRCHE BAD SALZ-
DETFURTH. BOCKENEM 2004.

· KIRCHENVORSTAND DER EV.-LUTH. ST. GEORGSGEMEINDE (HG.):
DIE EV.-LUTH. ST. GEORGSKIRCHE BAD SALZDETFURTH.
BAD SALZDETFURTH 2000.

· KIRCHENVORSTAND DER KIRCHENGEMEINDE BODENBURG (HG.): ST.
JOHANNIS ZU BODENBURG. BODENBURG 2005.

· KIRCHENVORSTAND DER PFARRGEMEINDE ST. COSMAS UND DAMIAN
(HG.): ST. COSMAS UND DAMIAN. BAD SALZDETFURTH 1998.

· KRUMWIEDE, H.-J.: KIRCHENGESCHICHTE NIEDERSACHSENS.
GÖTTINGEN 1996.

· KRUMWIEDE, HANS-WALTER: DIE MITTELALTERLICHEN KIRCHEN- UND
ALTARPATROZINIEN NIEDERSACHSENS. GÖTTINGEN 1960.

· DIE KUNSTDENKMALE DES KREISES ALFELD 1 OHNE DEN EHEMALIGEN
KREIS GRONAU. NEUDR. D. AUSG. HANNOVER 1929.
OSNABRÜCK 1979.

· DIE KUNSTDENKMÄLER DER PROVINZ HANNOVER. II. REG.-BEZIRK
HILDESHEIM, 3. DER KREIS MARIENBURG. HG. VON DER PROVINZIAL-
KOMMISSION ZUR ERFORSCHUNG UND ERHALTUNG DER DENKMÄLER
IN DER PROVINZ HANNOVER. HANNOVER 1910.

· STUTTMANN, FERDINAND, V. D. OSTEN, GERT: NIEDERSÄCHSISCHE
BILDSCHNITZEREI IM SPÄTEN MITTELALTER. BERLIN 1940.

Lamspringe

Neuhof

Groß Ilde

Klein Ilde

Bodenburg

Wehrstedt

Bad Salzdetfurth

Detfurth

Wesseln

Kl. Dünger

Heinde

DIE LAMME VON DER QUELLE
BIS ZUR MÜNDUNG • EIN FLUSS DURCH
MENSCHENHAND BEEINFLUSST
STEPHAN BELLIN, NLWKN

Die Lamme entspringt in Lamspringe und hat eine Lauflänge von ca. 22,5 km. Von der Quelle in Lamspringe fließt die Lamme nordwärts über Bad Salzdetfurth bis sie schließlich unterhalb von Klein Düngen in die Innerste mündet.

Bereits auf dem ersten Kilometer ist die Lamme durch den Menschen beeinflusst. Verrohrungen und Stauregelungen in ihrem Gewässerlauf dienen der Versorgung von Teichen und einer Mühle.

Im weiteren Verlauf der Lamme fließt die Riehe hinzu, mit einem Einzugsgebiet von ca. 77 km² ihr größter Nebenfluss. Das Einzugsgebiet der Lamme oberhalb der Riehe ist mit ca. 39 km² kleiner als das der Riehe, so dass ab dem Zusammenfluss beider Gewässer eine wesentliche Querschnittsvergrößerung zu verzeichnen ist. Die Größe des gesamten Einzugsgebietes der Lamme von der Quelle bis zur Mündung beträgt laut dem ›Flächenverzeichnis zur Hydrographischen Karte Niedersachsens‹ rund 154 km².

Der Fluss überwindet bei einer Sohlhöhe von ca. 81,00 m+NN im Mündungsbereich und 185,70 m+NN im Oberlauf einen Höhenunterschied von rund 105 m. Daraus ergibt sich ein durchschnittliches Gefälle von 4,9 ‰, wobei jedoch die untersten 2,5 km der Lamme lediglich ein Gefälle von rund 3,0 ‰ aufweisen und auf den obersten 2,5 km das Sohlgefälle mit 7,4 ‰ mehr als doppelt so groß ist.

HOCHWASSER

Schon in der Vergangenheit zählte die Lamme zu den hochwassergefährdeten Gewässern. Hochwässer sind natürliche Ereignisse, die oft unerwartet kommen und nicht zu verhindern sind. Immer wieder haben Hochwässer die Anwohner an der Lamme in Angst und Schrecken versetzt.

Historische Hochwässer, wie die Hochwasserflut 1738, wurden durch Hochwassermarken, wie z. B. an der St. Georg-Kirche in Bad Salzdetfurth dokumentiert. Heute hat moderne Technik diese Aufzeichnungsmethode ersetzt. An der Lamme erhebt der Niedersächsische Landesbetrieb für Wasserwirtschaft, Küsten- und Naturschutz (NLWKN) beispielsweise an der Messstelle Bad Salzdetfurth kontinuierlich die Wasserstände mittels modernster Pegeltechnik und führt Abflussmessungen durch. Aus diesen Werten lassen sich gewässerspezifische Daten für die Lamme ermitteln.

02 |

03 |

01 | LINKS | FISCHTREPPE AM LAMMEWEHR /
WEHRSTEDTER STRASSE

02 | HOCHWASSERMARKE ST. GEORG-KIRCHE

03 | BRÜCKE GROSS ILDE – KLEIN ILDE

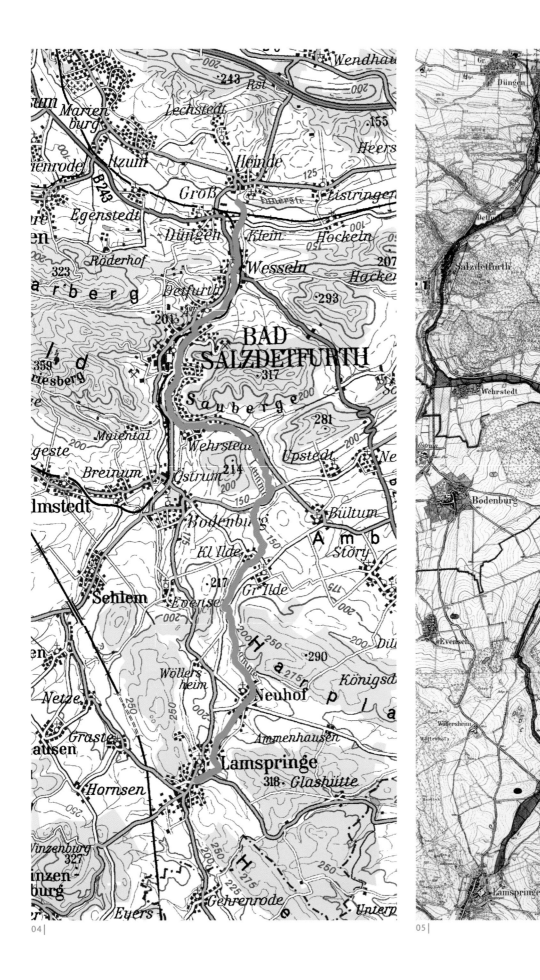

06|

07|

08|

09|

Aufgrund der Hochwassergefahr haben schon die Preußen anhand natürlicher Hochwasserereignisse Überschwemmungsgebiete an der Lamme ermittelt und 1905 festgestellt. Durch den Ausbau der Gewässer und Veränderungen in der Landschaft haben sich die Hochwasser-verhältnisse an der Lamme inzwischen jedoch stark verändert. Das Überschwemmungsgebiet der Lamme wurde daher 2005 unterhalb der Ortslage Lamspringe bis zur Mündung in die Innerste auf einer Länge von etwa 21 Kilometern mit modernen Abflussmodellen berechnet und neu festgesetzt, um den neuen Veränderungen gerecht zu werden. Die Fläche des Überschwemmungsgebietes in der Neufestsetzung für ein hundertjähriges Hochwasser (HQ 100) umfasst insgesamt ca. 152 Hektar.

Auch heute noch wird auch der überwiegende Auenbereich der Lamme landwirtschaftlich als Ackerbaufläche genutzt; im oberen Teil des Einzugsgebietes gibt es einige Grünlandflächen. Neben der landwirtschaftlichen Nutzung der Lammeaue sind auch die Ein-richtungen der Verkehrsinfrastruktur zu erwähnen. Mehrere Bundes-, Land- und Kreisstraßen sowie Bahntrassen verlaufen parallel zur Lamme oder queren sie.

04| ÜBERSICHTSKARTE LAMME HEUTE
QUELLE: AUSZUG AUS DEN GEOBASISDATEN
DER NIEDERSÄCHSISCHEN VERMESSUNGS- UND
KATASTERVERWALTUNG

05| ÜBERSCHWEMMUNGSGEBIET DER LAMME 1905

06| BRÜCKE L 496 BODENBURG – UPSTEDT MIT
TAFEL NR 15 ›ÖKOLOGISCHER WASSERLEHRPFAD
BODENBURG‹

07| PEGELLATTE MESSSTELLE BAD SALZDETFURTH

08| BRÜCKE IN NEUHOF – AMMENHAUSER STRASSE

09| PEGELMESSSTATION BAD SALZDETFURTH

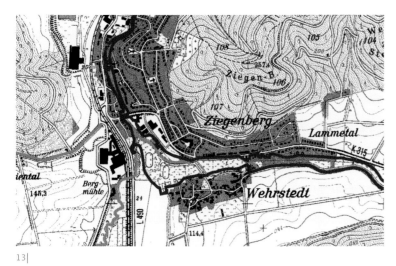

13|

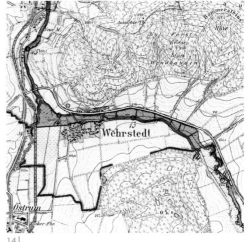

14|

Zudem gibt es einige besondere Sondernutzungen in der Talaue, wie z. B. Kläranlagen, die sich auf die Wasserqualität der Lamme auswirken. Das Überschwemmungsgebiet der Lamme wird ferner durch Wohnbebauung bzw. Gewerbe- oder Industrieflächen in bedeutsamen Maße in den Ortslagen von Neuhof, Wehrstedt, Bad Salzdetfurth, Wesseln und Klein Düngen beeinträchtigt und hat sich in den vergangenen Jahrzehnten erheblich verändert. Ein Vergleich der Karte von Wehrstedt um 1905 mit der Karte von Wehrstedt um 2005 macht dies deutlich. Die Wohnbebauung hat sich immer mehr in die Lammeauen ausgedehnt und diese überprägt.

GEWÄSSERSTRUKTUR

Der Mensch hat in vielen Bereichen die Lamme bis heute vielfältig verändert. So ist der natürliche Verlauf die Lamme in manchen Gewässerabschnitten zwar noch vorhanden, in anderen Abschnitten jedoch durch Verbauungen eingezwängt und erheblich verändert. Dies hat Auswirkungen auf die Gewässerstruktur und die Gewässergüte, wie die folgende Betrachtung zeigt.
Die Lamme entspringt im Klosterpark von Lamspringe und fließt von hier weiter nach Norden durch die Ortschaften Neuhof, Klein Ilde, Bad Salzdetfurth, Wehrstedt, Wesseln und Klein Düngen. Der Oberlauf der Lamme ist also bereits unmittelbar unterhalb der Quelle aus ökologischer Sicht in vielfacher Weise negativ verändert. Unterhalb von Lamspringe fließt die Lamme dann in ihrem begradigten, stark eingetieften Bett weiter nach Norden. Im weiteren Verlauf verbessert sich die Gewässerstruktur der Lamme auffallend. Von Klein Ilde bis Wehrstedt fließt der Bach in Mäandern nach Bad Salzdetfurth. Allerdings ist auch auf dieser unbegradigten Strecke die Lamme vielfach örtlich verändert worden.

Die Sohle der Lamme ist hier steinig-kiesig und relativ gut strukturiert. Vereinzelt wurde sie aber mit Wasserbausteinen befestigt und die natürliche Struktur vernichtet. Ein sehr hoher Sohlabsturz am südlichen Ortseingang von Bad Salzdetfurth stellte bisher für Fische und Wirbellose ein unüberwindbares Aufstiegshindernis dar. Jetzt bietet eine relativ naturnah gestaltete Umgehungsstrecke Fischen und auch Kleintieren die Möglichkeit, den Stau zu überwinden.

10| QUELLFASSUNG DER LAMME IM KLOSTERPARK
LAMSPRINGE

11| VON DER LAMME GESPEISTE TEICHE IN LAMSPRINGE

12| VON DER LAMME GESPEISTE KLOSTERMÜHLE

13| AUSSCHNITT AUS KARTE DER ÜBERSCHWEMMUNGS-
GEBIETSVERORDNUNG VON 2005

14| KARTE ÜBERSCHWEMMUNGSGEBIET 1905

In Bad Salzdetfurth ist der Lauf der Lamme begradigt. Ihre Ufer sind zunächst durch Steinwurf befestigt. Im Ortskern selbst ist der Bach dann zwischen Mauern eingezwängt. Nördlich von Bad Salzdetfurth besteht die Uferbefestigung wieder aus Steinwurf. Anschließend ist das Ufer der Lamme auf weiten Strecken mit Schatten spendenden Bäumen bepflanzt, deren in das Wasser ragende Wurzeln vielfach zur Strukturbildung beitragen. Im Mündungsbereich zur Innerste hat die Lamme wieder ein durch Menschenhand geprägtes Bild

Die Lamme stellt somit ein in der heutigen Kulturlandschaft typisches Gewässer dar, das durch die unterschiedlichsten menschlichen Einflüsse geprägt ist. Vom naturnahen Gewässerlauf bis hin zum verbauten Gerinne sind alle Facetten vertreten. Die Lamme ist als ein schützenswertes wertvolles Gewässer einzustufen, in dem auch bedrohte Arten der Roten Liste vorkommen.

Bezüglich der Gewässerstrukturgüte ist die Lamme in mehrere Abschnitte zu gliedern. Auffällig ist hierbei insbesondere der Abschnitt innerhalb von Bad Salzdetfurth, wo die Lamme im Bereich des Stadtkerns durch Ufermauern befestigt, einen kanalartigen Charakter annimmt. Dem entgegen steht der Bereich oberhalb von Wehrstedt bis unterhalb der Ortschaft Klein Ilde. In diesem Gewässerabschnitt zeigt sich ein sehr natürlicher Verlauf mit starker Mäandrierung sowie ausgeprägten Varianzen im Querprofil, welche durch die ausreichenden Uferrandstreifen begünstigt werden. In allen übrigen Bereichen ist der Verlauf gestreckt und die Landnutzung reicht teilweise direkt bis an das Ufer der Lamme heran.

Im Verlauf der Lamme befinden sich mehrere kleine Abstürze oder Wehre mit Höhen von bis zu 1,60 m, wie z.B. in Neuhof, Klein Ilde, Wehrstedt und unterhalb von Detfurth. Zudem existiert ein großes Wehr mit Fischaufstiegshilfe in Wehrstedt mit einem Höhenunterschied von ca. 2,40 m. Begünstigt durch die geringe Breite der Lamme, insbesondere oberhalb der Riehemündung, existiert eine hohe Anzahl an Stegen, die bei Hochwasser zu Abflusshindernissen werden.

So dominieren an der Lamme nach der aktuellen Gewässerstrukturgütekarte (Stand: 2008) insgesamt »deutlich bis vollständig veränderte« Gewässerabschnitte.

16|

17|

18|

19|

20|

15| BEGRADIGTE LAMME BEI NEUHOF

16| STRASSENQUERUNG, WESSELN

17| SOHLABSTURZ BAD SALZDETFURTH

18| STRASSENQUERUNG MIT REGENWASSEREINLAUF,
NEUHOF

19| LAMME IN BAD SALZDETFURTH

20| MÜNDUNG IN DIE INNERSTE

21 | PROBENAHMESTELLE WESSELN, WASSERPFLANZEN

22 | PROBENAHMESTELLE WESSELN, SOHLSUBSTRAT

GEWÄSSERGÜTE

Heute noch dient die Lamme zwei kommunalen Kläranlagen als Vorfluter. Unmittelbar unterhalb von Lamspringe
fließt das gereinigte Abwasser aus der Kläranlage des Ortes
in den Bach. Das gereinigte Abwasser aus der Kläranlage
Bad Salzdetfurth wird ebenfalls in die Lamme geleitet.
Schließlich wird noch salzhaltiges Abwasser aus dem
Solebad von Bad Salzdetfurth über die Lamme entsorgt.
Die Lamme wird biologisch und chemisch an verschiedenen Probenahmestellen vom NLWKN beprobt,
um mit diesen gewonnenen Daten die Gewässergüte zu
ermitteln und zu überwachen.

Vor 1995 war die Gewässerbelastung offenbar noch gerin-
ger, so dass der Oberlauf der Lamme damals als mäßig
belastet (Güteklasse II) bewertet wurde. Die zunehmenden
Belastungen wurden zum Teil durch Einleitungen aus
Kläranlagen sowie durch die Abwässer von Groß Ilde
und Klein Ilde verursacht. Ab dem Zusammenfluss mit
der Riehe war die Lamme 1988 durch die Abwässer der
Kläranlage Östrum stark verschmutzt (Gewässergüte-
klasse III). Durch den Umbau der Kläranlage und durch die
Umstellung eines Molkereibetriebes auf Indirekteinleitung
verringerte sich die Belastung der Lamme, so dass der Bach
seit Mitte der neunziger Jahre wieder in die Güteklasse II
eingestuft werden konnte.

Obwohl mittlerweile die Kanalisation und die Kläranlagen
weitgehend ausgebaut sind und damit die punktuellen
Einleitungen nur unzureichend geklärter oder gar
ungeklärter Abwässer überwiegend der Vergangenheit
angehören, hat die Lamme daher nach den neuen Bewer-
tungsmaßstäben der Wasserrahmenrichtlinie sowohl im
feinmaterialreichen, karbonatischen Oberlauf als auch im

karbonatischenfein- bis grobmaterialreichen Unterlauf
noch keinen guten ökologischen Zustand bzw. noch kein
gutes ökologisches Potenzial erreicht.
So ist es erwartungsgemäß nicht die Saprobie[1] als Maß
der organischen Belastung (diese erzielt durchweg eine
gute Bewertung), sondern die Degradation[2] des Gewässers
in Verbindung mit zahlreichen Querbauwerken und
bestimmten chemischen Parametern (Chlorid, pH-Wert)
sowie diffusen Einleitungen, die Flora und Fauna negativ
beeinflussen und offensichtlich eine bessere Einstufung
verhindern.

Die Europäische Wasserrahmenrichtlinie sieht neben un-
terstützenden hydrologischen, chemisch-/physikalischen
Komponenten sowie spezifischen Schadstoffen als Bewer-
tungskriterien verschiedene biologische Qualitätskompo-
nenten als Grundlage für die Einstufung des ökologischen
Zustandes eines Oberflächengewässers vor. Dies sind die
Zusammensetzung der benthischen[3] Wirbellosenfauna, der
Gewässerflora sowie die Zusammensetzung der Fischfauna.

Als Folge der geschilderten Beeinflussung der Lamme
befinden sich die Biozönosen[4] der Fische, die Wirbellosen,
der Wasserpflanzen wie auch der Kieselalgen zurzeit noch
in beiden Wasserkörpern in einem gestörten Zustand und
entsprechen nicht den Lebensgemeinschaften, die in den
beiden jeweils ungestörten Fließgewässertypen zu erwar-
ten wären. |

- - - - - - - - - - - - - - - - - - - -

1   Lebewesen in oder auf faulenden Stoffen
2   Herabsetzung
3   Region des Gewässergrundes
4   Lebensgemeinschaft von Tieren und Pflanzen in einem Biotop

23 | PROBENAHMESTELLE WESSELN

- -

QUELLEN

• NLWKN: ERLÄUTERUNGSBERICHT ZUR
  HYDRAULISCHEN BERECHNUNG ZUR AUSWEISUNG
  DES ÜBERSCHWEMMUNGSGEBIETES DER LAMME,
  BEZIRKSREGIERUNG HANNOVER DEZ 502,
  ING BÜRO PABSCH & PARTNER 2004
• NLWKN: GEWÄSSERGÜTE 1986 – 2000 IN
  SÜDNIEDERSACHSEN, NLWK BETRIEBSSTELLE.
  SÜD 2000
• NLWKN: NLWK – SCHRIFTENREIHE BAND 2
  NIEDERSÄCHSISCHER LANDESBETRIEB FÜR
  WASSERWIRTSCHAFT UND KÜSTENSCHUTZ –
  BETRIEBSSTELLE SÜD. GEWÄSSERGÜTEBERICHT
  DER INNERSTE 2000
• NLWKN: [NLÖ 2003] NIEDERSÄCHSISCHES
  LANDESAMT FÜR ÖKOLOGIE: HOCHWASSER-
  BEMESSUNGSWERTE FÜR DIE FLIESSGEWÄSSER
  IN NIEDERSACHSEN; OBERIRDISCHE GEWÄSSER
  18 / 2003

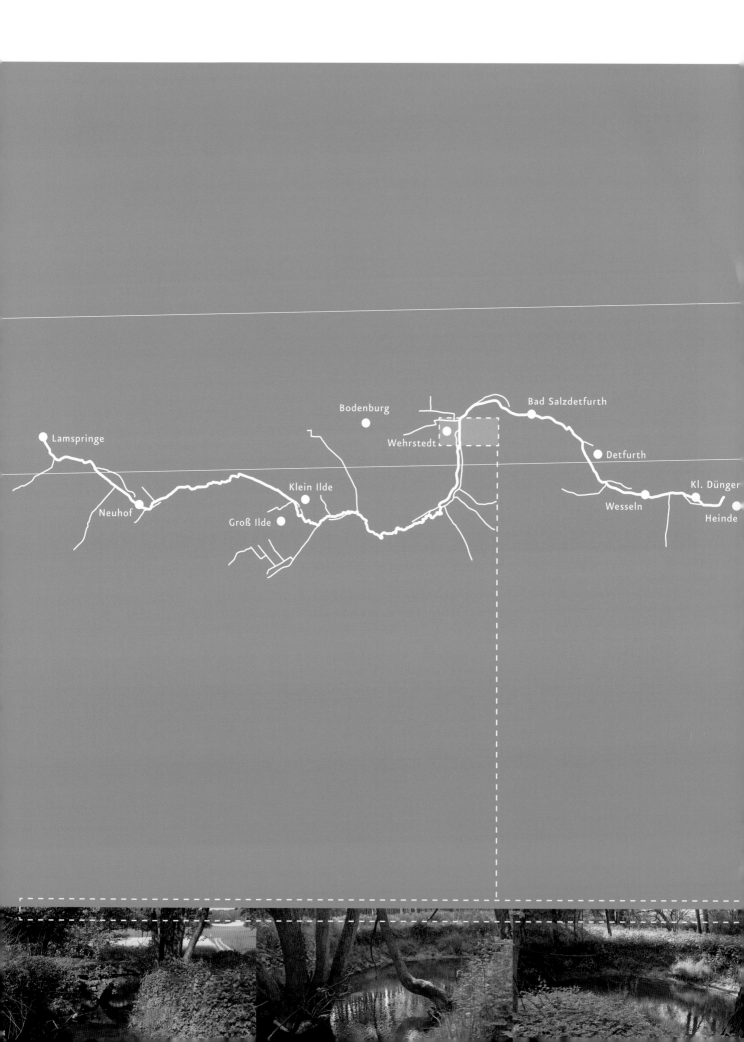

Lamspringe

Neuhof

Klein Ilde

Groß Ilde

Bodenburg

Wehrstedt

Bad Salzdetfurth

Detfurth

Wesseln

Kl. Dünger

Heinde

KAPITEL 7

DAS KLOSTER AN DER LAMME • KLOSTER LAMSPRINGE 847–1803

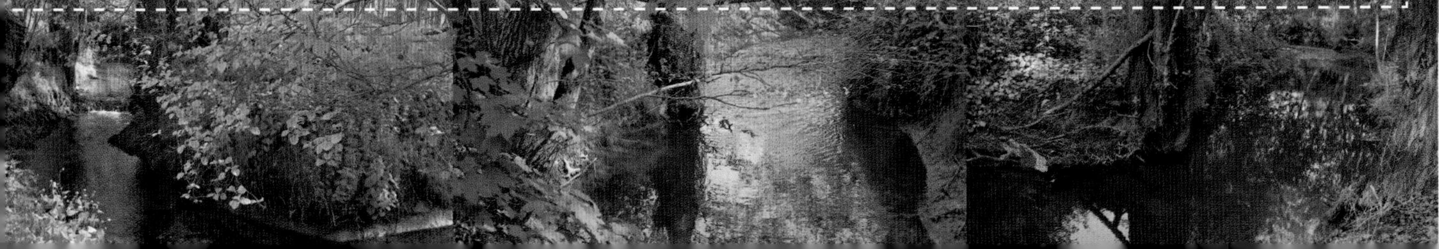

02|

D er Chronist Johann Georg Leuckfeld schrieb
in seiner Chronik ›Antiquitates Bursfeldenses‹ (1713) über Lamspringe: »Eine feine
Abtey Benedictiner-Ordens / mit lauter Engelländischen Herren besetzet; sie lieget
in dem Stifte Hildesheim in dem Amte Wintzenburg / eine Meilweges von Gandersheim / wobei auch ein kleiner Flecke gleichen Namens erbauet ist ...«

DIE LAGE

Der Flecken Lamspringe liegt, eingebettet westlich des Harzes zwischen
den schützenden Bergen Heber, Harplage und Hartlah, an dem im
Klosterpark entspringenden Flüsschen Lamme. Die Lage zwischen den
geschichtlich bedeutenden Orten, der Bischofsstadt Hildesheim und
dem Reichsstift Gandersheim, gleichsam an der Schnittstelle beider In-
teressenbereiche, bestimmte seine Entwicklung. Lamspringe hatte mit
seinem einst wohlhabenden und bedeutenden Kloster eine historische
Bedeutung, die ihm einen vorderen Platz im mittelalterlichen kirchlichen Machtgefüge gab. Als südlichstes Kloster im Bistum Hildesheim
war das Kloster Lamspringe für den Bischof ein stabiler Eckpfeiler
gegenüber dem Herzogtum Braunschweig. Es war über Jahrhunderte
auch der bestimmende Faktor für den sich um die geistliche Einrichtung entwickelnden Marktflecken Lamspringe. Dieser Lage verdankte
das Kloster seine Gründung, seinen Wohlstand und seinen bedeutenden
Platz in der Geschichte. Die zahlreichen gut gepflegten Fachwerkhäuser beiderseits der Hauptstraße geben dem Flecken seinen heutigen
unverwechselbaren Reiz und sein schönes Gesicht.
Es besaß die für eine Klostergründung unentbehrlichen ausgiebigen
Wasser- und Steinvorkommen und lag an einem Pass, durch den die
bedeutende Handels- und Heerstraße führte. Diese Lage brachte dem
Flecken aber nicht nur wirtschaftliche Vorteile, sondern zog in Kriegs-
zeiten Heere und herumstreifende Kriegsvölker an. Auch wurde es
aufgrund seiner Lage und seines, wenn auch bescheidenen Reichtums
in der Vergangenheit, zum Zankapfel zwischen den regionalen Macht-
habern, dem Bistum Hildesheim und dem Herzogtum Braunschweig.
Das machen besonders die Schrecken der Hildesheimer Stiftsfehde
(1519 – 1523), des 30 jährigen Krieges (1618 – 1648) und der Siebenjährige
Krieg (1756 – 1763) deutlich. Diese Kriege brachten den Bürgern und dem
Kloster großes Leid, hohe Abgabenlasten und die Brände und Plünde-
rungen verursachten immer wieder Schäden an den Gebäuden, am
Besitz und an den Kunstschätzen. Ohne den Schutz von Mauern und

01| KLOSTERANLAGE MIT
BACKHAUSTEICH

02| KLOSTERANLAGE,
VOM WESTERBERG
AUS GESEHEN

03|

03| DIE STIFTERFAMILIE: GRAF RICDAG MIT SEINER
FRAU IMHILDIS UND SEINER TOCHTER RICKBURGA
(IV. VIERTEL 13. JAHRH. ›LAMSPRINGER PSALTER‹,
SAMMLUNG RENATE KÖNIG V, KOLUMBA, KÖLN)

04 – 05| EHEMALIGE MÜHLE IM KLOSTERPARK
UND OBERBECKS MÜHLE

Truppen lag der Ort und die große und bedeutende Klosteranlage im
Laufe der Geschichte oft schutzlos auf dem Weg von plündernden oder
zur Zerstörung gesandten Truppen der Konfliktparteien.

DIE GRÜNDUNG DES KLOSTERS

Das Kloster Lamspringe gehört zu den frühen Klöstern und Kanonis-
senstiften, die zwischen dem 9. und 11. Jahrhundert im Gebiet zwischen
Niederrhein und Elbe gegründet wurden, das kurz vor 800 in den
Sachsenkriegen von den fränkischen Königen erobert worden war.
Neben den damals gegründeten zahlreichen Männerklöstern entstanden ca. 60 Frauenklöster, zu denen in hiesiger Gegend so langlebige
Einrichtungen wie Gandersheim (852), Quedlinburg (936) und Lamspringe (847) gehören. Für Lamspringe ist bemerkenswert, dass es vom
4. Hildesheimer Bischof Altfried († 874) stark gefördert wurde. Die bei
der Aachener Reichssynode unter Kaiser Ludwig dem Frommen 1816
verfügte verbindliche Einführung der Benediktregel für Männerklöster
galt für die frühen Frauenklöster im Frankenreich zunächst nicht, für
diese wurde die Institutio sanctimonialium[1] beschlossen. Wegen der
schlechten Überlieferungssituation für das frühe Lamspringe ist wohl
davon auszugehen, dass die ersten Frauenkonvente Lamspringes nach
letzterer Ordensregel lebten.

Das Kloster Lamspringe wurde im Jahre 847 von dem sächsischen Grafen Ricdag und seiner Frau Imhildis mit Unterstützung Bischof Altfrids
von Hildesheim als Kanonissenstift gegründet. Die flächendeckende
Ausbreitung des Christentums im südlichen Bereich des 815 gegründeten Bistums Hildesheim konnte auf Dauer erst Bestand haben, als der
fast 30jährige Eroberungskrieg der Franken unter Karl dem Großen
durch die Kapitulation des sächsischen Herzog Widukinds (785) im Jahre 804 offiziell zum Abschluss gekommen war. In hiesiger Umgebung
war neben der Familie der benachbarten Ludolfinger, die Gandersheim
gründeten, die sächsische Ricdag Familie einflussreich und begütert.
Laut der Gründungssage aus dem 16.Jahrhundert erhielt das Stifterehe-
paar bei seiner Wallfahrt nach Rom von Papst Sergius II. (Pontifikalzeit
844 – 847) im Jahre 845(?) die Gebeine des römischen Hauptmanns und
Märtyrers St. Hadrian ausgehändigt, des zunächst einzigen Patrons der
neuen Stiftung. Später kam das Patrozinium des fränkischen Bischofs
und Märtyrers St. Dionysius hinzu, das 1187 erstmalig erwähnt wurde.
Die Wallfahrt des Stifterpaares Ricdag und Imhildis diente auch dem
Wunsch nach einem leiblichen Erben. Dieser Kinderwunsch wurde
erfüllt, denn ihnen wurde die einzige Tochter Rickburga geboren, die
die erste Äbtissin des Kanonissenstiftes Lamspringe wurde.

DIE GRÜNDUNGSSAGE

Die aus den Urkunden ersichtlichen Umstände der Gründung Lamspringes sind durch Legenden[2] ergänzt worden. Diese sagenhaften
Erzählungen sind erstmalig im Kopialbuch des Klosters Lamspringe
von 1573 veröffentlicht worden. Hier soll nur die Sage vom Auffinden

----

1 Werner Rösener, Haushalt und Gebet, Frauenklöster des Mittelalters als Wirt-
   schaftsorganismen, in Ausstellungskatalog Krone und Schleier, Essen und Bonn
   2005, Seite 79f
2 Dombibliothek Hildesheim (HS 530)

04|

05|

der Lammequelle im ehemaligen Klostergarten in dem
Stil wiedergegeben werden, wie sie vom Chronisten Pater
Johannes Townson im Jahre 1696 nacherzählt ist:

*»Indem das Werk des angefangenen Baus hurtig der Vollendung zu
schritt, kam vor der Einweihung der Kirche der fromme Stifter, Graf
Riddag mit seiner frommen Gemahlin Himhilde und seiner einzigen
Tochter Rickburga nach seiner Gewohnheit von der Burg Winzenburg, um das Werk und die Bauleute zu besuchen. Und siehe! in der
Nähe neuerbauten Klosters erblickt man einen Schäfer und eine
Herde Schafe mit ihren Lämmchen, welche auf der grünen Weide hin
und herspielen. Über dieses Schauspiel erfreut, erhielt die Jungfrau
von dem Schäfer leicht ein Schäfchen, mit welchem sie sich selbst
spielend ergötzte und es so an sich gewöhnte, daß ihr das Lämmchen
freiwillig folgte, wohin sie nur ging. Als nun die Jungfrau Rickburga
ein anderes Mal sich in der Nähe des Klosters mit eben diesem
Lämmchen erfreute, dasselbe auf dem Schoß hatte, trug es sich zu,
daß es unversehens fortsprang, mit dem rechten Fuß scharrend ein
Loch machte, aus welchem bald Wasser in Mengen hervorzusprudeln
begann, das in einen Bach abgeleitete, durch viele Talkrümmungen
endlich nach dem Flecken Salzdetfurth und von da nach dem Amt
Marienburg in die Innerste fließt. Dieser Bach hat seinen Namen von
dem Lamm und heißt die Lamme, und von ihm ist auch dies Kloster
Lammspringe genannt.*

Es ist offenkundig, dass die ansprechende Sage auf den
Ursprung des Ortes und Klosters Lamspringe zielt, als
das legendäre Lamm des Kindes Rickburga die Quelle der
›Lamme‹ findet und freilegt. Die weitere Sage schildert das
Auffinden der nahen wasserreichen Kreuzquelle, die die
Lamme speist.

DIE HISTORISCHE ENTWICKLUNG DES KLOSTERS

Die geschichtlichen Grundlagen der Gründung stützen sich
auf die älteste Urkunde vom 1. November 872 (Weihetag des
Hildesheimer Doms) in der Bischof Altfrid von Hildesheim
dem Kanonissenstift Lamspringe u.a. den Zehnten im

Tausch mit Grundstücken abtritt und das Recht der Äbtis-
sinnenwahl gewährt. Ferner ist ein von König Ludwig dem
Deutschen (805–876) in Aachen ausgestellter Schutzbrief
vom 13. Juni 873 überliefert. Beide Urkunden[3] sind nur in
verfälschten ›verunechteten‹ Abschriften aus dem 11. oder
frühen 12. Jahrhundert, nicht im Original erhalten. Graf
Ricdag war wohl der erste Sachse, der nachweisbar eine
Schenkung von Königsgut aus der Hand König Ludwig des
Frommen am Hellweg, dem Anmarsch- und Handelsweg
der Franken in Westfalen, erhalten hat. Frühere Vermu-
tungen, dass er seinen Sitz auf der nahen Hohen Schanze
bei Winzenburg gehabt hat, und von hier aus die Gründung
des Stiftes veranlasst hat, sind nach neueren Erkenntnissen sehr unwahrscheinlich. Die dort ausgegrabenen
Siedlungsspuren sind wahrscheinlich älter und deuten
mehr auf eine frühmittelalterliche Fliehburg hin.

In der ersten Hälfte des 12. Jahrhunderts erfuhr das Kanonissenstift Lamspringe unter dem Reformbischof Bertold
(1119–1130) durch die Einführung der Benediktregel eine
Reform und die Umwandlung in ein Benediktinerinnenkloster, die sich für den Frauenkonvent durch die Ver-
pflichtung zu strengerer Regeln auswirkte. Die Urkunde[4]
von Papst Innozenz II. vom 14. November 1138 besagt dazu,
dass der Papst das Kloster in seinen Schutz nahm, den
Besitz und die freie Propstwahl bestätigte, sowie dass der
Bischof die Benediktinerregel bestätigte[5].
Nach einer Urkunde vom 10.Oktober 1149 besaß das Kloster
mit Grundbesitz in 45 Dörfern und Zehntrecht in 16 Orten
umfangreiche Einnahmequellen. Bereits 1178 gehörten zum
Kloster 278 Hufen Land (800 Morgen), 17 abgabepflichtige

- -

3   Es sind noch 260 Urkunden des Klosters Lamspringe erhalten, die
    von 872 bis in das 16. Jahrhundert reichen. Sie befinden sich im
    Hauptstaatsarchiv Hannover und sind größtenteils abgedruckt bei
    Janicke 1896
4   (Hauptstaatsarchiv Hannover Hild. UB I, 215)
5   C. Römer, Germania Benedictina XI, St. Ottilien 1984, Seite 331ff.

Dörfer, vier Kirchen und zehn Mühlen. Umfangreiche Schenkungen begüterter Adelsfamilien vermehrten den Besitz auch weiterhin. Der Konvent umfasste in den Blütezeiten bis zu 180 Nonnen. 1259 erhielt das Kloster die Vogteirechte und besaß die meisten Siedlungen der Umgebung. Aber langsam begann der unaufhaltsame Niedergang des Klosters. Große Not suchte das Kloster im 14. Jahrhundert heim, als unter der fehdereichen Herrschaft des Bischofs Gerhard von Hildesheim (1365–1398) das Land verwüstet wurde und Zehntabgaben und andere Einkünfte nicht mehr einkamen. 1410 musste man sich mit einer Bittschrift an König Ruprecht wenden und mit der Verpfändung von Gütern beginnen, um die Nonnen ernähren zu können. Besonders groß war die Not trotz des Verkaufs von Klosterbesitz Anfang des 16. Jahrhunderts. Das Kloster besaß im Jahre 1690 noch fünf Wassermühlen, die es entweder selbst betrieb oder verpachtet hatte. Sie wurden alle durch das Wasser der Lamme angetrieben. Das sicherte dem Kloster nicht nur eine Sicherstellung der eigenen Versorgung mit Mehl, sondern garantierte Einnahmen und einen starken Einfluss auf die Ernährung der Fleckenbewohner und der vom Kloster abhängigen Dörfer. Die letzte dieser Mühlen, die Oberbeck-Mühle am Söhrberg, mahlte noch bis 1964 stetig und zuverlässig Getreide.

DIE ZEIT DER REFORMATION UND DAS ENDE DES KLOSTERS

In der blutigen und verlustreichen Hildesheimer Stiftsfehde wurde auch Lamspringe schwer heimgesucht. Das Kloster wurde Weihnachten 1521 von den Braunschweigern angezündet und 1522 der gesamte Flecken auf herzoglichen Befehl eingeäschert. Lamspringe kam am 13. Mai 1523 durch den Rezess von Quedlinburg mit dem *Großen Stift Hildesheim* in den Besitz des siegreichen welfischen Fürstentums Braunschweig-Wolfenbüttel unter Herzog Heinrich dem Jüngeren. Der Herzog belastete das Kloster schwer, erzwang hohe Abgaben und ließ es 1524 und 1528 erhebliche ›Anleihen‹ zahlen. Während der Schmalkaldischen Besetzung des Herzogtums Braunschweig von 1542 bis 1547 durch hessische und sächsische Truppen wurde versucht den protestantischen Glauben durchzusetzen. Eine Visitation durch eine Kommission der protestantischen Schmalkaldischen Regierung unter der Leitung von Johannes Bugenhagen erfolgte am 30. Oktober 1542 auch im Kloster Lamspringe. Diese sollte das protestantische Bekenntnis einführen und das Kloster reformieren. Wegen des hinhaltenden Widerstandes der Nonnen unter ihrem Propst Johann Warnecke wurden jedoch keine wirklichen Veränderungen durchgesetzt, da nach der Rückkehr Herzog Heinrich des Jüngeren im Jahre 1547 alle Veränderungen rückgängig gemacht wurden. Alle protestantischen Maßnahmen wurden für ungültig erklärt und der alte katholische Zustand wieder hergestellt. Durch die Einflussnahme des regionalen Adels, z. B. der Familie von Steinberg, wurden allerdings die Auswirkungen der

angeordneten Veränderungen gemildert. Das Benediktinerinnenkloster blieb katholisch und konnte zunächst sein gewohntes Leben fortführen.

Wenig später suchten schwere Jahre das Kloster heim. 1552/1553 überfiel der protestantische Söldnerführer Volrad von Mansfeld das schutzlose Kloster und ließ die noch dem katholischen Glauben anhängenden Nonnen von seinen Soldaten misshandeln. Erst mit dem Regierungsantritt von Herzog Julius im Jahre 1568 wurde der protestantische Glauben für das Herzogtum verbindlich und die Reformation energisch durchgesetzt. Er ließ das Kloster nicht aufheben, sondern versuchte, die Nonnen zu bekehren, um es als funktionierende ertragabwerfende Wirtschaftseinrichtung zu erhalten. So wurde aus dem Benediktinerinnenkloster ein protestantisches Stift mit einer Erziehungsstätte für junge Mädchen. Dadurch sicherte sich das Kloster seine Existenz bis 1643. Die Güterverwaltung blieb in den Händen landesherrlicher Beamter, die als ›Pröpste‹ der klösterlichen Grundherrschaft vorstanden. Die geistliche Leitung des Konvents lag bei einer Domina. Das Stift arbeitete in den Folgejahren wirtschaftlich erfolgreich, so dass es dem Herzog hohe Abgaben leisten musste.

DIE KLOSTERANLAGE

Die ergiebigste Quelle zur Geschichte des alten Klosters ist die in Latein geschriebene Chronik von Pater Johannes Townson[6] über die Geschichte des Klosters Lamspringe aus dem Jahre 1692 (1696). Außer einer oben erwähnten ›sagenhaften‹ Erzählung von der Gründung gibt es keine gesicherten Überlieferungen über die Bau- und Kunstgeschichte des alten Klosters und seiner Kirche. Lediglich der Kupferstich von Matthäus Merian (1654) und der farbig aquarellierte Plan der Klosteranlage in der Chronik von Pater Dr. Johannes Townson geben einen ungefähren Anhalt, wie die Anlage wohl ausgesehen haben mag. Die beiden Zeichnungen sind die einzige verlässliche Grundlage, denn sie zeigen die Gebäude der alten Klosteranlage vor dem Neubau der Gebäude ab 1731.

Der Kupferstich von Matthäus Merian (1654) ergänzt den Grundriss von Townson sehr anschaulich, weil er die alten Gebäuden in der Seitenansicht wiedergibt.

Den katastrophalen Zustand und die Art der Gebäude im Jahre 1649, wie sie auch auf dem Merianstich von 1654, also vor dem Abriss der Neubauten, zu sehen sind, beschrieb der erste Abt Clemens Reyner (1643–1651) in seinem Visita-

---

6 Das Original wurde von Pater Dr. Johannes Townson in lateinischer Sprache geschrieben. Es umfasst den Zeitraum von der Gründung bis zum Jahre 1696. Es wurde anschließend von 1696 bis zur Auflösung des Klosters Lamspringe im Jahre 1803 fortgeschrieben. Das handgeschriebene Manuskript wurde durch A. Schünemann aus Lamspringe im Jahre 1890 in Deutsche übersetzt. Das Werk befindet sich in der Dombibliothek Hildesheim unter der Signatur HS 532a. Die deutsche Abschrift befindet heute sich im katholischen Pfarramt Lamspringe.

tionsbericht von 1649. Der Kupferstich von Matthäus Merian (1654) ist die einzige Bildquelle, die die alten Klostergebäude vor ihrem Abriss und die Neubauten ab 1731 zeigt.

06| PLAN DER KLOSTERANLAGE VON TOWNSON, 1695

DIE KIRCHE

Das Kloster Lamspringe hat im Laufe der Jahrhunderte nach seiner Gründung im Jahre 847 vor dem jetzigen barocken Bau (1670–1691) verschiedenen Kirchen gehabt, über die nur sehr wenige Informationen vorliegen. Die Vorgängerkirche der heutigen Kirche, wie sie durch den Kupferstich von Matthäus Merian im Jahre 1654 mit der Gesamtansicht von Lamspringe überliefert ist, war eine dreischiffige (?) gotische Hallenkirche mit einem Querschiff und einer kleinen Apsis im Osten des Chores. Sie hatte einen hohen Turm. Es ist davon auszugehen, dass sie eine romanische Vorgängerkirche gehabt hat, denn es sind noch einige in das barocke Mauerwerk eingemauerte Steinreste mit romanischen Stilelementen (12. Jahrhundert?) erhalten.

Da die aufgehenden Fundamente der gotischen Kirche mit großer Wahrscheinlichkeit beim Neubau der barocken Kirche ab 1670 genutzt wurden, kann man davon ausgehen, dass die alte Vorgängerkirche ähnliche Ausmaße hatte. Dafür spricht auch der Grundriss der, wenn auch im Stil der westfälischen Nachgotik, erbauten heutigen Hallenkirche. Die wenigen überlieferten Details geben einen interessanten Einblick in den verwahrlosten Zustand der gotischen Kirche. In dem vom Abt Clemens Reyner verfassten Augenzeugenbericht der Visitation von 1649 heißt es auszugsweise:

»Die Kirche ist leider! (Orig: Ecclesia, proh. dolor! est plane ruinosa …) völlig dem Einsturze nahe, hat allenthalben Risse und hält sich nur so eben aufrecht durch die Stütze der angrenzenden Gebäude, die alle dem Falle so nahe sind, daß sie nicht ausgebessert werden können. Der Herr Abt hat nicht geringe Kosten für

08 | HOCHALTAR DER KLOSTERKIRCHE

die Ausbesserung des Daches, woher das geringe Übel wegen Nachlässigkeit der Vorgänger gekommen ist, verwandt und durch diese seine Sorgfalt bewirkt, daß die Wände und Hölzer von dieser Seite nicht weiter verderben, aber das Übel hatte vor seiner Ankunft schon eine solche Größe erreicht, daß es sich durchaus nicht ausbessern lässt oder nur mit großen Kosten. Die Wand des südlichen Armes oder Kreuzes ist ganz von der Spitze des …gels bis auf den Grund zusammengestürzt, und ebenso viele Bögen auf jener Seite. Dasselbe findet statt mit dem Gewölbe der Kugel (…) an der nördlichen Seite der Kirche. Mit einem Worte, der Anblick der Kirche ist sehr traurig …«

DAS SKRIPTORIUM

Im Benediktinerinnenkloster Lamspringe ist bereits in der 2. Hälfte des 12. Jahrhunderts eine Schreibwerkstatt (Skriptorium) nachweisbar, in der Nonnen für den eigenen Gebrauch, oder auch als Auftragsarbeiten für andere Klöster Handschriften[7] herstellten, indem sie liturgische oder geistliche Texte auf Pergament schrieben und mit farbigen Miniaturen kunstvoll ausschmückten. Durch diese Eigenarbeiten und durch Stiftungen entstand in Lamspringe eine reich ausgestattete Bibliothek, die über Jahrhunderte den Nonnen als Basis für die Gottesdienste, liturgische Feiern und zum persönlichen Studium diente. Die Codices wurden wie ein Schatz in der Bibliothek gehütet, oft durch Ketten gegen Diebstahl gesichert. Bis zur Reformation blieb die Bibliothek wohl unangetastet, dann schlug auch ihr die Stunde. Der Landesherr Herzog Julius von Braunschweig ließ am 10. April

- -

7 Helmar Härtel hat erstmalig eine wissenschaftliche Arbeit über die Lamspringer Handschriften vorgelegt

07 | LAMSPRINGE – KUPFERSTICH VON MATTHÄUS
     MERIAN 1654

1572 22 der wertvollsten Handschriften abholen und nach Wolfenbüttel bringen. Aus dem einst reichen Besitz des alten Klosters an hochmittelalterlichen Handschriften blieben nur 22 bemerkenswerte mittelalterliche Handschriften erhalten, von denen wohl 16 vor dem 13. Jahrhundert geschrieben wurden. Bei diesen auf Pergament geschriebenen so genannten Codices handelt es sich überwiegend um bebilderte Psalter und Evangeliare. Mehrere dieser Codices sind mit Sicherheit im Lamspringer Kloster-Skriptorium während der Amtszeit des Propstes Gerhard zwischen 1178 und 1205 von der Nonne Ermengard[8] geschrieben und teilweise auch von ihr mit farbigen Miniaturen geschmückt worden.

Durch den landesherrlich gegen den Widerstand des Konvents verfügten Abtransport blieben die Handschriften erhalten, und kamen in den Besitz der dortigen Herzog-August-Bibliothek in Wolfenbüttel. Neben diesen Handschriften gibt es noch einen weiteren, sich auf die Lamspringe Geschichte beziehenden, mit zahlreichen Miniaturen ausgestatteten lateinischen Psalter (1275–1300), der für das Kloster Lamspringe angefertigt wurde (siehe Bild Nr. 3). In dieser wohl in Hildesheim entstandenen Handschrift gibt es die einzige bekannte Miniatur mit dem Abbild der Stifterfamilie.

WIEDERBELEBUNG UND NEUAUFBAU DES KLOSTERS

Im 30jährigen Krieg litt der Flecken und das Stift große Not und Verheerung. Am 23. September 1627 brannte der gesamte Flecken ab und 1629 wurden die Klostergebäude durch kaiserliche Truppen ausgeraubt. Es brannte später in Lamspringe noch mehrfach, am schlimmsten am 8. November 1690, als fast alle Häuser des Fleckens, einschließlich der kurz zuvor neu erbauten Kirche der evangelischen Gemeinde abbrannten. Wie durch eine Wunder wurde der gerade fertige Neubau der Klosterkirche von den Flammen verschont.

Mit dem von Kaiser Ferdinand II. erlassenen Restitutionsedikt vom 6. März 1629 und dem Urteil des Reichskammergerichtes vom 7./17. Dezember 1629 und der Rückgabe an das Bistum Hildesheim nach dem Rezess von Hildesheim am 17./27. April 1643 wurde das mehr als 75 Jahre protestantisch gewesene Stift Lamspringe wieder katholisch. Es wurde mit der Restitution des Großen Stiftes Hildesheim wieder Bestandteil des Fürstbistums. Die protestantische Kirchengemeinde musste die Klostergebäude einschließlich der Kirche räumen, die allerdings, bedingt durch die schlimmen Kriegsjahre, in baufälligem

Zustand war. Der nun zuständige Landesherr Bischof von Hildesheim gestand den protestantischen Bewohnern Lamspringes das Recht für 40 Jahre und dem Adel auf 70 Jahre die freie Religionsfreiheit zu, was faktisch zu einer dauernden Regelung wurde.

Nach der Rückgabe wurde das Stift Lamspringe an Benediktinermönche der englischen Kongregation übergeben, die am 19. Oktober 1643 in Lamspringe einzogen. Sie belebten das Kloster neu und ersetzten die Kirche ab 1670 und ab 1730 die ehemaligen Klostergebäude durch Neubauten. Bereits am 26. Mai 1691 konnte die im Stil der westfälischen Nachgotik neu erbaute Klosterkirche mit ihrer Barockausstattung geweiht werden, wie sie heute noch völlig unverändert erhalten ist.

Zuvor war bereits der Hohe Chor im Jahre 1688 mit dem vom Münsteraner Hofbildhauer Mauritz Gröninger erbauten prächtigen Hochaltar in Gebrauch genommen worden. Durch Rückgewinnung seines Besitzes und seiner Rechte konnte sich das Kloster mit seinem umfangreichen Grundbesitz zum reichsten im Hochstift Hildesheim entwickeln. Erst im Jahre 1683 schloss sich der Konvent – wohl wegen seiner Zugehörigkeit zur Englischen Benediktinerkongregation – als eines der letzten Klöster der benediktinischen Reformbewegung der Bursfelder Kongregation an, die in Nordwestdeutschland seit 1435 bereits ca. 180 Klöster erfasst hatte. Dem Kloster war ein Bildungsinstitut angegliedert, das ausschließlich englische Schüler durch Theologie- und Philosophiestudien für den Priesterberuf vorbereitete. Zahlreiche Grabplatten in der Kirche mit englischen Namen legen davon Zeugnis ab, dass einige von ihnen jung starben.

Während der 160 Jahre der englischen Benediktiner in Lamspringe standen von der Neugründung im Jahre 1643 bis zur Auflösung des Klosters im Jahre 1803 acht Äbte von Clemens Reyner bis Maurus Heatley[9] an der Spitze des Konvents. Von ihnen hatten, Clemens Reyner mit 8 Jahren und Joseph Sherwood mit 9 Jahren nur kurze Amtszeiten, während Maurus Corker 27 Jahre und Maurus Heatley 41 Jahre lange im Amt waren. Sie bewährten sich alle darin, dass sie als Engländer mit den Rechtsverhältnissen und Gegebenheiten in Deutschland zurecht kamen, ohne die durch die englische Kongregation verlangten Regeln zu verletzen. Die Äbte mussten oft schwierige Zeiten durchstehen und in ihrem verantwortungsvollen Amt meistern, aber alle achteten dabei auf Wahrung ihrer Würde und das Wohl ihrer Mitbrüder. Es gelang ihnen, die wirtschaftlichen Verhältnisse des Klosters wieder zu stabilisieren,

---

8   In den ›Predigten des heiligen Augustinus‹ (Herzog August Bibliothek Wolfenbüttel, Cod. Guelf. 204 Helmst. fol 1r) befindet sich der eigenhändige Eintrag: »Buch des hl. Märtyrers Adrian in Lamesprigge, geschrieben von Frau Ermengarde in den Tagen der Priorin Judith und des Propstes Gerhard.«

9   Der 80jährige Abt zog sich bei einem Sprung über die Lamme einen Leistenbruch zu, an dessen Folgen er am 15. August 1802 starb

09|

10|

11|

verlorene Rechte zurückzuholen und den Besitz zusammen zuhalten. Mit Staunen steht der heutige Besucher vor dem sichtbaren Werk der englischen Mönche: der großartigen Klosterkirche und der beeindruckenden Anlage der Klostergebäude.

DIE ABTEIGEBÄUDE

Nachdem der Kirchenbau 1708 weitgehend abgeschlossen war, konnte mit dem Neubau der anderen Klostergebäude begonnen werden. Die alten Gebäude des Klosterhofes, sowie die bisherigen Abtei-, Konvent- und Klausurgebäude mussten wegen ihres baufälligen Zustandes abgerissen und durch Neubauten ersetzt werden. Die Grundmauern konnten nur teilweise für die neuen Gebäude genutzt werden, denn Abt Joseph Rokeby hatte andere Vorstellungen von der Größe der neuen Bauten, als seine Vorgänger. Alle sollte im barocken Lebensgefühl größer und schöner gebaut werden und sich der bereits fertigen prächtigen neuen Klosterkirche anpassen. Die neuen Hauptgebäude wurden zweiflüglig um den nach Westen offenen Hof – heute Pfarrgarten – erbaut, der im Süden an die Klosterkirche anschließt.

Das Abteigebäude wurde als repräsentativer schlossartiger Neubau mit 90 m Länge gebaut, mit prächtiger geschwungener Freitreppe im Jahre 1731 vollendet, wie die Inschrift über dem Eingang erzählt: »Anglia Germanas Josephum mittit ad oras. Huius ut auspiciis surgeret ista domus, MDCCXXXI.« (Übersetzung: England schickt Joseph in die deutschen Lande, damit unter seiner Fürsorge dieses Haus sich erhebe, 1731).
Die prächtige geschwungene Freitreppe des Abteigebäudes wurde fünf Jahre später im Jahre 1736 aus Mehler- und Seltersandstein angebaut. Die Steine der aufgehenden Mauern der anderen Gebäude wurden aus den nahen Steinbrüchen des Hebers und des Söhrberges gewonnen. Der Mittelbau enthielt die Fest-, Gäste- und Arbeitsräume des Abtes, deren Schönheit zum großen Teil mit der Erdteilhalle (Eingangshalle), dem Refektorium im Erdgeschoß (heute Raatsaal) und dem so genannten Zwölfmonatszimmer mit seinen wundervollen bemalten Wandbespannungen und dem großzügigen Abtsaal im ersten Stockwerk noch erhalten ist. Der Abtsaal diente als großer Festraum für repräsentative Veranstaltungen. Die reichen Stuckarbeiten verzieren den festlichen Raum in barocker Leichtigkeit. Die einst mit der Himmelfahrt der Maria bemalte Decke wurde im Jahre 1896 entfernt, weil sie im schlechten Zustand war. Die gut restaurierten Festräume im Abteigebäude bieten heute mit ihrem barockem Charme beste Räumlichkeiten für die kulturelle Veranstaltungen des Fleckens, wie z.B. des jährlich seit 20 Jahren stattfindenden ›Lamspringer September‹.
Das im Süden an das Abteigebäude angrenzende ca. 75 m lange Konventgebäude wurde zwischen 1730 und 1750 rechtwinklig angebaut. Es diente den Mönchen als Wohn- und Schlafhaus. Die Sonnenuhr an der Südseite trägt mit 1733 die Zeit der Fertigstellung dieses Flügels. Heute befinden sich in den Gebäuden die Diensträume der Samtgemeindeverwaltung Lamspringe, die Bücherei, das Heimatmuseum, sowie Wohnungen.

DAS ENDE DES KLOSTERS

Am 3. Januar 1803 schlug dem Kloster nach mehr als 950 Jahren seines Bestehens die Stunde. Auf Weisung der preußischen Regierung wurde das Kloster Lamspringe als erstes der Männerklöster im Stift Hildesheim, aufgelöst. Zuletzt gehörten 17 Mönche englischer Abstammung dem Kloster an, Die Mönche wurden mit einer Pension von je 600 Gulden entschädigt und gingen größtenteils zu Missionsaufgaben nach England. Einige blieben in Lamspringe. Das Klostergut wurde in ein königliches Domänenamt umgewandelt und die Gebäude, Ländereien und Waldungen ab 13. Juni 1804 verpachtet. Seit 1818 ist das Lamspringer Klostergut im Besitz der Klosterkammer Hannover. Die Kirche verblieb der katholischen Pfarrgemeinde für ihre Gottesdienste.

ORT DER VEREHRUNG DES HEILIGEN OLIVER PLUNKETT

Seit der Überführung seiner Gebeine im Jahre 1685 in das Kloster Lamspringe wird der am 1. Juli 1681 in London hingerichtete irische Erzbischof Oliver Plunkett hier verehrt. Diese Gebeine ruhten bis 1881 in einem Steinsarkophag in einem Wandgrab in der Krypta hinter einer lateinisch beschrifteten Grabtafel (von 1693) neben dem Grab des Klostergründers Graf Ricdag. Heute befinden sich die Reliquien des 1975 heiliggesprochenen Märtyrers im Kloster Downside in England nahe Baath und in Drogheda in Irland. Die in Lamspringe verbliebenen Gebeine des Heiligen befinden sich im 1975 in Kaevelaer angefertigten Heiligsprechungsschrein unter dem Oliver Plunkett Altar. Der Schrein wurde von Bischof Heinrich Maria Janssen von Hildesheim gestiftet. Seit der Seligsprechung Oliver Plunketts im Jahre 1920 gibt es in Lamspringe jährlich Reliquienprozessionen zu Ehren von Oliver Plunkett, bei denen der Reliquienschrein durch den Flecken und den Klosterpark getragen wird. Häufig feierten die Bischöfe von Hildesheim die Festgottesdienste und führten die Prozessionen an, zu denen zahlreiche Gläubige aus Lamspringe und nahen und fernen Orten im südlichen Niedersachsen kamen. Oft reisten dazu auch Äbte und Mönche aus Klöstern in England und Irland an.

Die Klosterkirche Lamspringe ist nach den vielen Jahrhunderten ihres Bestehens mit Höhepunkten und Schicksalsschlägen auch heute noch der Mittelpunkt des Fleckens Lamspringe und der spirituelle Ort für Gottesdienste und Andachten vieler Gläubigen. Für Besucher aus Nah und Fern ist sie eine besonders attraktive Schönheit geblieben, von der man sich gern anziehen lässt. |

LITERATUR

- GERMANIA BENEDICTINA, BAND VI, NORDDEUTSCH-LAND, EOS-VERLAG ERZABTEI ST. OTTILIEN 1979
- GERMANIA BENEDICTINA, BAND XI, NORD-DEUTSCHLAND, DIE FRAUENKLÖSTER IN NIEDER-SACHSEN, SCHLESWIG-HOLSTEIN UND BREMEN, EOS-VERLAG ERZABTEI ST. OTTILIEN 1984.
- HÄRTEL, HELMAR, GESCHRIEBEN UND GEMALT. GELEHRTE BÜCHER AUS FRAUENHAND. EINE KLOSTERBIBLIOTHEK SÄCHSISCHER BENEDIK-TINERINNEN DES 12. JAHRHUNDERTS, HERZOG AUGUST BIBLIOTHEK, WOLFENBÜTTEL 2006
- JANICKE, K. URKUNDENBUCH DES HOCHSTIFTES STIFTES HILDESHEIM I., LEIPZIG 1896.
- KRONENBERG, AXEL CHRISTOPH, KLOSTER LAMSPRINGE, 2006
- DIE KUNSTDENKMÄLER DER PROVINZ HANNOVER, LANDKREIS ALFELD, BEARBEITET VON OSKAR KIEKER UND PAUL GRAFF, 6. KREIS ALFELD, HANNOVER 1929
- TOWNSON, JOHANNES, HISTORIA MONASTERII SANCTORUM MARTYRUM ADRIANI ET DIONYSII VOLGO LAMBSPRING IN DIOCESI HILDESIENSI IN INFERIORE SAXONIA SITI, IUSSU RMI DNI D. JOSEPH, EIEUSDEM MONIASTRII ABBATIS TERTII, EX VARIIS ORIGINALIBUS LITTERIS ALIISQUE MONUMENTIS COLLI, COEPTA ANNO 1688, FINITA 1692. (DOMBIBLIOTHEK HILDESHEIM HS 532).

09 | KLOSTERKIRCHE VOM PARK AUS GESEHEN
10 | KONVENTGEBÄUDE, HEUTE SAMTGEMEINDEVERWALTUNG
11 | RELIQUIENPROZESSION IM AUGUST 2006 MIT DEM OLIVER PLUNKETT SCHREIN MIT BISCHOF NORBERT TRELLE IM KLOSTERPARK LAMSPRINGE

Lamspringe

Neuhof

Groß Ilde

Klein Ilde

Bodenburg

Wehrstedt

Bad Salzdetfurth

Detfurth

Wesseln

Kl. Dünger

Heinde

KAPITEL 8

VON DEN SALZQUELLEN ZUR INDUSTRIELLEN SALZGEWINNUNG UNTER TAGE

VON DEN SALZQUELLEN ZUR INDUSTRIELLEN SALZGEWINNUNG UNTER TAGE
GUSTAV VON STRUENSEE

Im Mittelalter führte die alte Frankfurter Heerstraße von Frankfurt am Main über Hildesheim nach Bremen. Sie querte den Hildesheimer Wald im Lammetal. Auf dieser Straße wurde natürlich bis weit in das 19. Jahrhundert hinein, auch das ›weiße Gold‹, das heißt Stein-, genauer gesagt Speisesalz transportiert.

Wann und von wem der Salzdetfurther Salzflecken gegründet wurde, darüber fehlt bis jetzt ein urkundlicher Hinweis. KAYSER (1884) berichtet von einer Sage, in der ein Ritter von Steinberg, dem das Land umher gehörte, in seinen weiten Wäldern beim Jagen eines flüchtigen Hirsches am Fuße des Sothenberges, östlich und unweit der Lamme und mitten im heutigen Bad Salzdetfurth gelegen, eine Salzquelle fand. Er ließ Salzsieder kommen, die Koten mit Salzpfannen erbauten. So entstand das kleine Dorf Salzdetfurth, das anfangs ein Teil der etwas weiter nördlich gelegenen Ortschaft Detfurth war und darum auch ›dat Solt to Detforde‹ genannt wurde. Das für norddeutsche Verhältnisse enge Lamme-Tal ließ sicher keinen großen Ackerbau zu, so daß anzunehmen ist, dass der Ort von den Salzsiedern (Abb. 1), den Sälzern, geprägt wurde und seine Entstehung allein der zu Tage tretenden Sole und deren Verarbeitung zu Kochsalz verdankt.

Erstmals urkundlich belegt ist, daß Bischof Hartbert von Hildesheim bezeugt, daß ein Ministeriale Konrad von Steinberg im Jahre 1194 dem im Süden des Hildesheimer Waldes gelegenen Benediktinerkloster Lamspringe vier Pfannen nebst dem dazu gehörigen Wald beim Dorf Thietforde verkauft habe. Im Jahre 1282 stritt sich, in einer anderen Urkunde belegt, das Michaeliskloster in Hildesheim mit Ritter Aschwin von Steinberg um seine ›Panstadel‹ (Pfännerhütten) in Salzdetfurth. Dies könnte der Beginn der Saline Salzdetfurth sein.

Vom Ende des 14. Jahrhunderts an gelang es den Sälzern zunehmend, sich aus der Leibeigenschaft der Herren von Steinberg zu befreien. Sie wurden Pfänner und bildeten so die Salzpfännergilde Salzdetfurth, die dann maßgeblich an der Gemeindevertretung beteiligt war. Erst die Städteordnung von 1858 hat dieses Vorrecht aufgehoben.

Das kleine Salzpfännerdorf wurde nach KAYSER (1887) und KABUS (1961) zunehmend größer. In der Mitte des 15. Jahrhunderts war es ein bedeutender Salzflecken. Die Zahl der Salzkoten stieg von 15 bis

02|

01| LINKS| EINSTIGER SALZSIEDER MIT
SIEDEPFANNE UND SALZKÖRBEN

02| DRÜSENARTIGE SPALTENFÜLLUNG MIT
VERSCHIEDENEN SALZKRISTALLEN

03 | DIE GRADIERWERKE IM KURPARK MIT BURGBERG IM HINTERGRUND

20 auf 33 Stück (Abb. 2). Der Ort Salzdetfurth hatte zwei
Wehrtürme und war durch Knicks und Mauern gesichert.
Im Flußbett der Lamme verlief zum Teil die erwähnte
Heerstraße. Die Religionswirren im Zuge der Reformation,
des Dreißigjährigen Krieges, die nur durch die Napoleoni-
schen Kriege unterbrochene Kleinstaaterei, Großbrände
und durch die Lamme bedingte Überschwemmungskatas-
trophen erschwerten die Salzsiederei und den Salzhandel.
Trotzdem wurden im Jahre 1746 die ersten Schritte zum
Bau eines Leckewerkes unternommen. Doch im Jahre 1868
waren nur noch 12 Siedepfannen in Betrieb. Im Jahre
1873 versuchte man dann mit einer 1300 rheinischen Fuß
(= 377,7 m) tiefen Bohrung eine nachhaltige Salzquelle
zu erschließen, stieß aber nur bei einer Teufe von 500
rheinischen Fuß auf wenig ergiebige Sole und verblieb
danach nur im Sandstein.

Durch die bergbaulichen Aktivitäten des Kaliwerkes
Salzdetfurth nutzte die Salzpfännergilde nicht nur die
Sole der übertägigen Brunnen. Nach KABUS (1961) wurde
bergmännisch gewonnenes Abraumsalz durch Berieselung
der damaligen Abteufhalde am Schacht I aufgelöst, diese
Salzlösung durch Röhren zur Saline geführt und so ein
›vorzügliches Steinsalz‹ erzielt. Die alten Pfannen in den
einzelnen Koten wurden dann abgerissen. Dafür entstand
im Jahre 1910 ein großes Siedehaus mit Pfanne, Darre,
Mühle und Kohlebefeuerung. U. a. durch Probleme mit
einem zu grobkörnigen Speisesalz und steigenden Energie-
preisen mußte im Jahre 1948 die Saline stillgelegt werden.

Die Salzpfännergilde besteht aber als eingetragener Verein
bis zum heutigen Tage. Im Kurpark von Salzdetfurth bietet
das von Salzquellen gespeiste Gradierwerk (Abb. 3) den
Kurgästen Linderung ihrer Krankheiten und Erholung,
erinnert aber auch an die übertägige Salzgewinnung
vergangener Jahrhunderte.

DIE ENTDECKUNG DER MINERALDÜNGUNG UND DER KALILAGERSTÄTTE IN BAD SALZDETFURTH

Im Jahre 1840 veröffentlichte der berühmte Chemiker
Justus von Liebig, daß durch landwirtschaftliche Nutzung
dem Ackerboden wichtige Minerale beim Wachsen von
Nutzpflanzen entzogen würden. Zur Erhaltung und
Steigerung der landwirtschaftlichen Produktion schlug er
vor, durch den Einsatz u. a. von mineralischem Kalidünger
auf den Ackerböden Abhilfe zu schaffen.

Im Jahre 1861 entdeckte man an einer Abraumhalde bei
einem Staßfurter Steinsalzbergwerk durch Zufall interessante Mengen an Kalisalzen. Bald begann eine hektische
Suche nach Kali. Im Gebiet des damaligen Deutschen
Reiches wurde man oft fündig, sodaß Deutschland weltweit
bis zum I. Weltkrieg eine Monopolstellung beim Verkauf
von Kalidünger hatte.

Nach GRUPE et al. (1930) hatte man um das Jahr 1880 in
der Mutterlauge des Salinenbetriebes Salzdetfurth auch
4,68 % Sylvin (KCl) entdeckt. Daraufhin vermutete der gut

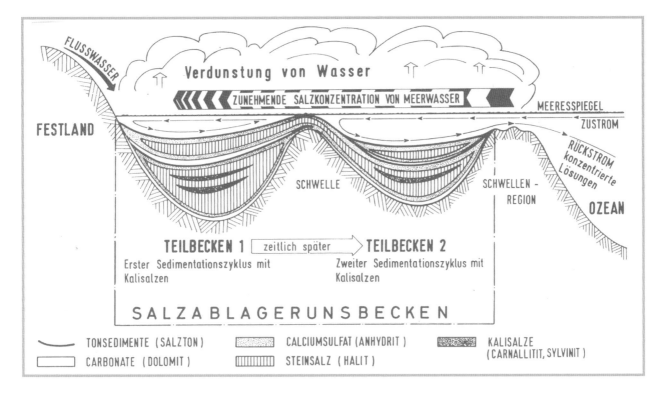

04| SCHEMATISCHE DARSTELLUNG DER EVAPORITBILDUNG AUS
MEERWASSER IN EINEM WEITGEHEND VOM OFFENEN OZEAN
ABGESCHNÜRTEN SALZABLAGERUNGSBECKEN
AUS HERRMANN (1981)

IHRER HÄUFIGKEIT NACH GEORDNETE **SALZMINERALE** IM GRUBENGEBÄUDE DES KALIWERKES SALZDETFURTH:

NAME	CHEMISCHE FORMEL	KRISTALLFORM
Steinsalz	$NaCl$	kubisch-ühexagonal
Anhydrit	$CaSO_4$	rhombisch
Carnallit	$KCl \cdot MgCl_2 \cdot 6\,H_2O$	rhombisch
Sylvin	KCl	kubisch-hexagonal
Kieserit	$MgSO_4 \cdot H_2O$	monoklin-prismatisch
Langbeinit	$K_2Mg_2(SO_4)_3$	kubisch-tetraedrisch
Sellait	MgF_2	tetragonal
Kainit	$KMgClSO_4$	monoklin-prismatisch
Polyhalit	$K_2MgCa_2(SO_4)_4 \cdot 2\,H_2O$	triklin
Rinneit	$K_3NaFeCl_6$	ditrigonal-skalenoedrisch
Rokühnit	$FeCl_2 \cdot 2\,H_2O$	monoklin

NAME	HAUPTGEMENTEILE	NEBENGEMENTEILE	AKZESSORIEN
Halit	Steinsalz, Anhydrit		Polyhalit, Kainit, Langbeinit
Carnallitit	Carnallit, Steinsalz, Kieserit		Rinneit, Rokühnit
Sylvinit Steinsalz. Sylvin		Carnallit, Kieserit	Anhydrit, Rinneit
Hartsalz	Steinsalz, Sylvin, Kieserit	Anhydrit	Langbeinit, Kainit, Polyhalit

informierte, einflußreiche Vortragende Ministerialrat H. W. Karsten, zuständig für alle preußischen Hütten und Salinen, dass »im Untergrund von Salzdetfurth auch Kalisalzlager vorhanden sein müßten«.

Auf diese Anregung hin wurde am 3. Oktober 1889 in Goslar durch Generaldirektor a. D. Oskar Schrader, dem Gutsbesitzer Otto Lüttich, dem Grafen Henckell von Donnersmarck und anderen die ›Aktiengesellschaft für Bergbau und Tiefbohrungen‹ gegründet. Das neu gegründete Unternehmen wollte an verschiedenen Stellen meist westlich des Harzes Kalisalze erbohren, bergmännisch gewinnen und bestmöglich verwerten. Schrader schloss in den Jahren 1890 bis 93 mit den verschiedenen Grundeigentümern in Salzdetfurth Salzgewinnungsverträge ab und begann anschließend mit Tiefbohrungen. Während des Abteufens des ersten Schachtes wurde das Unternehmen in die ›Kaliwerke Salzdetfurth Aktiengesellschaft‹ umgewandelt. Ab Februar 1900 begann die eigentliche Förderung. Das Kaliwerk Salzdetfurth war anschließend bis weit nach dem II. Weltkrieg eines der großen Kalibergwerke Westeuropas. Mit seiner Ertragskraft war es nicht nur von großer Bedeutung für die Entwicklung der ehemaligen SALZDETFURTH AG und der KALI UND SALZ AG, sondern auch für die des Großraums Hildesheim und besonders der Stadt Bad Salzdetfurth.

DAS KALIWERK SALZDETFURTH – EINE KURZBESCHREIBUNG (DIE GEOLOGISCHE SCHICHTENFOLGE UNTER TAGE)

Der *präsalinare Untergrund* ist in dieser Gegend nicht aufgeschlossen. Die im Jahre Jahre 1957 von dem Konsortium WINTERSHALL AG, PREUSSAG und DEA niedergebrachte Bohrung Bockenem Z1 gibt einen Einblick in den präsalinaren Untergund. Sie wurde knapp 10 km ESE von Bad Salzdetfurth in der Gemarkung Volkersheim bei einer Ansatzhöhe von 110 m über NN angesetzt. Es stehen von 2360 m bis zur Endteufe bei 2395 m dichte, dunkle Grauwacken des *Kulms (Unterkarbon)*. Darüber folgen violettgraue fein- bis grobkörnige Sandsteine des *Namur (Oberkarbon)*. Es sind vorwiegend klastische Sedimente der variszischen

Orogenese. Von 1897,5 bis 2035 m stehen dann, diskordant über dem Oberkarbon, Gesteine des *Oberrotliegenden* und ab 1280 m die des *Zechsteins* an.

Das *Perm* wird in diesem Raum in Rotliegend und Zechstein unterteilt. Sowohl der Begriff des Rotliegenden als auch der des Zechsteins stammen aus der Bergmannssprache im schon Jahrhunderte alten Mansfelder Kupferschieferbergbau. Der Kupferschiefer steht dabei an der Basis des Zechsteins an. Beide Begriffe erscheinen erstmals in der diesen Bergbau beschreibenden Literatur des 18. Jahrhunderts.

Der nachfolgend beschriebene *Zechstein* ist in den Grubengebäuden der Werke Salzdetfurth und Hildesia-Mathildenhall durch zahlreiche Strecken, sowie durch untertägige Kern- und übertägige Tiefbohrungen aufgeschlossen.

Die Gesteine des Zechsteins sind überwiegend chemische Sedimente, die vor 258 bis 251 Millionen Jahren (MENNING 1995) abgelagert wurden. Sie sind bei wüstenhaften Klimata und Windbewegungen beim Verdunsten von Meerwasser in einem durch eine Barre oder einem System von Schwellen vom offenen Meer getrennten Becken, nach OCHSENIUS (1877) und u. a. nach A. G. HERRMANN (1981) entstanden.

Mit zunehmender Verdunstung bei gleichzeitiger Abschnürung vom offenen Ozean kristallisierten die im Meerwasser gelösten Salze in der Reihenfolge ihrer Löslichkeit. Es kam nacheinander zur Entstehung von Karbonatgesteinen (Kalkstein, Dolomit, Magnesit), Sulfatgesteinen (Gips, Anhydrit), Steinsalz (NaCl) und Kalisalzen (K-, Mg-Chloride und Sulfate). Durch mehrfaches Vordringen von Meerwasser in das Zechstein-Becken entstanden Ablagerungszyklen, die immer mit der Sedimentation klastischen Materials – meist vom südlichen Festland zugeführt – beginnen.

Auf der Grundlage der Veröffentlichungen u. a. von BISCHOF (1864, 1873), EVERDING (1907), RENNER (1914), HARTWIG (1992, 1924, 1926), SCHÖNDORF (1925), FULDA (1935, 1938) gliederte RICHTER-BERNBURG (1955) den Zechstein in vier salinare Folgen, die von unten nach oben mit Werra-, Staßfurt-, Leine- und Aller-Folge (Zechstein 1 – 4) bezeichnet werden.

Nach REICHENBACH (1970), KÄDING (1977, 1978, 2002), BEST (1989) und der SUBKOM-MISSION PERM-TRIAS (1993) sind vier weitere Folgen vorhanden, die Ohre- (Zechstein 5), Friesland- (Zechstein 6) und Mölln-Folge (Zechstein 7), sowie des Bröckelschiefers (zB).

Im Bereich des Hildesheimer Wald-Sattels tritt der Zechstein nur mit seinen jüngsten Gesteinen im Ostteil von Bad Salzdetfurth zu Tage. Die Werra-Folge und der untere Teil der Staßfurt-Folge wurde nur durch die Bohrung BOCKENEM Z1 erbohrt. Der anschließende Zechstein, vom Staßfurt-Steinsalz (Na 2) bis zum Tonbrockensalz der Aller-Serie (Na 4 delta) ist durch das insgesamt viele hundert km lange Streckensystem, zahlreiche untertägige Bohrungen und einige Tiefbohrungen von über Tage im Bereich des ehemaligen Kaliwerkes Salzdetfurth erschlossen worden.

Die Tiefbohrung BOCKENEM Z1 durchteufte die ältesten Zechstein-Folgen, d. h. die der *Werra-Folge (Zechstein 1)* und der unteren Staßfurt-Folge. Im WIAG-Bohrbericht wird von 1888,00 m bis 1897,50 m dunkelgrauer *Zechsteinkalk (Ca1)* und darüber bis 1842 m grauer bis dunkelgrauer *Werra-Anhydrit (A1)* beschrieben.Es folgt bis 1827,5 m das *Staßfurt-Karbonat (Ca2)* als dunkelgrauer Dolomit mit Stinkschieferlagen. Darüber liegt bis 1826,30 m der meist hellgraue, schlierige bis gebänderte *Basal- bzw. Staßfurt-Anhydrit (A2)*. Es folgt bis 1342 m das größtenteils hellgraue *Staßfurt-Steinsalz (Na2)*.

Das *Staßfurt-Steinsalz (Na2)* wird auch als ›Älteres Steinsalz‹ bezeichnet. Es stellt im Grubengebäude Salzdetfurth die von den Aufschlußflächen her die mit Abstand verbreiteste Zechstein-Schichtenfolge dar. ENGEL(1913) und besonders SIMON (1958) und SIEMEISTER (1961, 1969) haben das Staßfurt-Steinsalz im Salzdetfurther Grubengebäude detailliert beschrieben. Nach LOTZE (1938), MARTINI (1947 / 1950) und SIMON (1958) läßt es sich in Staßfurt-Basissalz (Na2 alpha), Hauptsalz (Na2beta), Hangendsalz (Na2 gamma), Polyhalitbänkchensalz (Na2P), und Kieseritische Übergangsschichten (Na2K) gliedern. Aber nur die Grenze Hauptsalz – Hangendsalz, sowie die zwischen Kieseritische Übergangsschichten und Staßfurt-Hartsalz konnten fast immer auskartiert werden. Das Staßfurt-Steinsalz in Salzdetfurth und nördlich des Schachtes Mathildenhall weist eine Gesamtmächtigkeit von 500 – 600 m auf, wobei nur die obersten 400 m aufgeschlossen sein dürften.

Das *Hauptsalz (Na2 beta)* hat eine typisch grauweiße Farbe. Es fallen seine stark verschwommene Schichtung in Form von schwach anhydritischen Bändern, Schlieren und Flasern auf. In dem Steinsalz treten bei einer Korngröße von 0,5 bis 2 cm, maximal 5 cm große, schwach blaugraue Halit-Kristallsalzaugen und backsteinförmige, maximal 10 x 30 cm messende, in der Längsachse eingeregelte, hellgraue Kristallsalzleisten auf. Eine Fließschichtung kann hier nicht ausgeschlossen werden. Enge, unübersicht-liche Verfaltungen sind häufig, nicht nur unterhalb der Sattelkuppen im Bereich der höheren Sohlen .

Das *Hangendsalz (Na2 gamma)* ist weitgehend hellgrau. Das Steinsalz weist eine Korngröße von 0,5 bis 2 cm auf. Es läßt sich scharf vom Hauptsalz abgrenzen. Es weist etliche anhydritische Linien und Bändchen, sowie nur selten kleine Kristallsalzaugen auf. Eine Speisesalzzone (Na2S) im Hangenden, wie auf dem ehemaligen Kaliwerk Asse, ließ sich in den Grubengebäuden Salzdetfurth und Hildesia-Mathildenhall nicht nachweisen.

Mit unscharfer Grenze zum Hangendsalz und zu den Kieseritischen Übergangsschichten folgt das Polyhalitbänkchensalz (Na2P). ENGEL (1913) weist im Querschlag zwischen Schacht I und II auf der 700 m-Sohle im hellgrauen Steinsalz im Bereich der anhydritischen Linien mit einen von RIEDEL (1913) entwickelten gravimetrisch-kristalloptischen Verfahren neben Kieserit, Langbeinit, Polyhalit auch in Spuren Löweit und Vanthoffit nach. Makroskopisch sind in dieser Zone nur vereinzelt unauffällige Einkristalle mit braungrauem bis mittelgrauem Polyhalit, hellgrauem, glasigem Langbeinit und weißlichem Kieserit zu sehen. Diese 10 – 20 m mächtige Zone konnte so nur selten auskartiert werden.

Im obersten Teil des Staßfurt-Steinsalzes stehen die hellgrauen Kieseritischen Übergangsschichten (Na2K) an. Diese 2 – 12 m mächtige Zone zeichnet sich dadurch aus, daß neben den sonst im Staßfurt-Steinsalz auftretenden anhydritischen auch oft weißliche kieseritische Linien und 1 bis 3 cm breite Kieseritbändchen auftreten. Nicht unerwähnt soll bleiben, daß im Westfeld der 900 m-Sohle in einigen Aufschlüssen von Kernbohrungen und Strecken Kieseritische Übergangsschichten und Polyhalitbänkchensalz gänzlich fehlen.

Über dem Staßfurt-Steinsalz folgt das *Kaliflöz Staßfurt (K2)*, auch als ›Älteres Lager‹ bezeichnet. Dieses Lager liegt vorwiegend als Carnallitit mit Hartsalzfuß vor (ENGEL (1913), AHLBORN (1951), AUTENRIETH & KÜHN (1951), MAYRHOFER (1958), KOKORSCH (1960) und SIEMEISTER (1960)). Die bankrechte Gesamtmächtigkeit schwankt zwischen 2 und 35 m, im Durchschnitt stehen im Grubenfeld Salzdetfurth ca. 14 m mächtiges Staßfurt-Lager an.

Im Grubenfeld Salzdetfurth steht das *Staßfurth-Hartsalz* fast überall, aber meist nur als unbauwürdiger, schwach sylvinitischer Kieserithalit im Liegenden des Staßfurt-Carnallitits an. Makroskopisch mit Mühe erkennbar, treten in diesem Hartsalzfuß um 1 cm große Langbeinit-Kristalle in einem im Schnitt 1-3 m breiten Bereich auf. Selten ist aber auch ein regional begrenztes, stark sylvinitisches Hartsalz ohne Staßfurt-Carnallitit im Hangenden aufgeschlossen, das dann in ein Hartsalz mit bis zu 30 cm

PERIODE / GRUPPE	FORMATION	HORIZONT	SYMBOL	MÄCHTIGKEIT M
Trias	Unterer Buntsandstein		su	
Zechstein (oberes Perm)	Bröckelschiefer		zB	10
	Mölln-Folge (Zechstein 7)	Mölln-Ton	T7/T7r	10
	Friesland-Folge (Zechstein 6)	Friesland-Ton	T6-T6r	10
	Ohre-Folge (Zechstein 5)	Oberer Ohre-Anhydrit	A5r	0,1–0,5
		Ohre-Steinsalz	Na5	13
		Ohre-Tonstein	T5	8
	Aller-Folge (Zechstein 4)	Tonbanksalz	Na4 tm	10
		Tonbrockensalz	Na4 delta	15–35
		Rosensalz	Na4 gamma	25
		Schneesalz	Na4 beta	15
		Aller-Basissalz	Na4 alpha	1–1,5
		Pegmatit-Anhydrit	A4	0,4–1,5
		Roter Salzton	T4	20–30
	Leine-Folge (Zechstein 3)	Tonmittelsalz	Na3 tm	15–30
		Schwadensalz	Na3 theta	25–35
		Anhydritmittelsalz	Na3 eta	25–35
		Buntes Salz	Na3 zeta	5–10
		Bändersalz	Na3 epsilon	10–15
		Banksalz	Na3 delta	8–15
		" -Sylvinit	K3RoSy	2–10
		Kaliflöz Ronnenberg		
		" -Carnallit	K3RoC	0,5–6
		Orangeaugensalz	Na3 gamma	10–15
		Liniensalz	Na3 beta	10–15
		Leine-Basissalz	Na3 alpha	1–3
		Hauptanhydrit	A3	30–45
		Grauer Salzton	T3	4–6
	Staßfurt-Folge	Deckanhydrit	A2r	1–2
		Decksteinsalz	Na2r	0,4–1
		Kaliflöz Staßfurt	K2C / K2H	2–5
		Staßfurt-Steinsalz (›Älteres Steinsalz‹)	Na2	500–600
		Staßfurt-Anhydrit	A2	1
		Staßfurt-Karbonat	Ca2	12
	Werra-Folge	Werra-Anhydrit	A1	30
		Zechsteinkalk	Ca1	8
		Kupferschiefer	T1	0,5
Oberrotliegendes (unteres Perm)			ro	

05 | OBEN | ZECHSTEIN-SCHICHTENFOLGE IM
SALZDETFURTHER GRUBENGEBÄUDE
NACH. V. STRUENSEE (2000)

06 | BOHRKERNE MIT BÄNDERSALZ (NA3 EPSILON)

06|

langen Langbeinit-Tetraedern wechselt. In der Nähe des Übergangs zum Staßfurt-Carnallitit treten dabei deutlich bei den Langbeinit-Tetraedern Pseudomorphosen von Kieserit nach Langbeinit auf. Diese Aufschlüsse befanden sich z. B. zwischen der 700 und 774 m-Sohle, südwestlich des Schachtes III und an der äußersten Norddwestflanke, 0,8 km vom Schacht I entfernt.

Als Hauptgemengteile des Staßfurt-Hartsalzes werden Sylvin, Kieserit, Steinsalz beschrieben. Nebengemengteile sind Anhydrit, Carnallit, Rinneit, Langbeinit. An Akzessorien wurden Quarz, Staßfurtit, Glimmer, Koenenit gefunden. Die Korngröße schwankt zwischen 0,5 und 2 cm.

Als Hauptgemengteile des Staßfurt-Hartsalzes werden Sylvin, Kieserit, Steinsalz beschrieben. Nebengemengteile sind Anhydrit, Carnallit, Rinneit, Langbeinit. An Akzessorien wurden Quarz, Staßfurtit, Glimmer, Koenenit gefunden. Die Korngröße schwankt zwischen 0,5 und 2 cm. Vereinzelt jedoch wird hier auch von älteren, schon lange nicht mehr zugänglichen Aufschlüssen auf der 700 m-Sohle im Nordwesten des Schachtes I berichtet, bei denen Liegendcarnallitit vorliegt, siehe SIEMEISTER (1960). Wie im Grubenfeld Mathildenhall steht hier Staßfurt-Hartsalz (K2H) im oberen, Staßfurt-Carnallitit (K2C) im unteren Teil an, siehe KOKORSCH (1960). Vereinzelt liegt wie auf der 700 m-Sohle, südlich Schacht I, das Staßfurt-Lager ausschließlich als Hartsalz vor. Im Norden des Grubenfeldes Hildesia, im Hildesia-Sattel und in den Südwaldsätteln, ist häufig Staßfurt-Hartsalz aufgeschlossen, siehe KOKORSCH (1960).

Die Farben (Abb. 7) des Staßfurt-Carnallitits wechseln stark bei einem konstanten Grauton von braun über rot und rötlich zu seltenem weißlich. Das Staßfurt-Hartsalz hingegen ist mittelgrau bis bräunlichgrau. Im Unterschied zum stets gebänderten und linierten Staßfurt-Hartsalz, liegt der Staßfurt- Carnallitit fast immer als Trümmercarnallitit in

Salzdetfurth mit einer unauffälligen Bänderung (Fließschichtung?) vor. Nur in wenigen Aufschlüssen in Salzdetfurth im Bereich der 700 m-Sohle südlich und südöstlich Schacht I und an der Nordflanke der 900 m-Sohle, 1 km WNW Schacht I ist der dortige braunrotgraue Staßfurt-Carnallitit von bis zu 30 cm mächtigen Steinsalzbänken und unregelmäßig von bis zu 2 cm dicken flaserigen Kieseritbändchen durchzogen. Weder im Staßfurt-Carnallitit noch im Staßfurt-Hartsalz ließen sich trotz der Untersuchungsergebnisse von MIDDENDORF (1930) und AHLBORN (1951) im heutigen Grubengebäude des Werkes Salzdetfurth das Auftreten von Steinsalz-Leitbänken, wie sie sie u. a. ROSZA (1912) und TINNES (1928) im mitteldeutschen Raum ›Unstrut-‹ bzw. ›Leitsalzbänke‹ nachwiesen, bestätigen. Auf Grund der schon genannten Veröffentlichungen über den Staßfurt-Carnallitit (K2C) weist dieses Lager als Hauptgemengteile Carnallit, Steinsalz und Kieserit und Steinsalz auf. Nebengemengteile sind Sylvin, Anhydrit, und Rinneit. Akzessorisch treten Bischofit, Tachhydrit, Sellait, Staßfurtit, Quarz, Glimmer und Koenenit auf. Die Korngröße schwankt zwischen 0,2 und 2 cm.

Den Abschluß der Staßfurt-Folge bilden das *Decksteinsalz (Na2r)* und der *Deckanhydrit (A2r)*. Nach dem Maximum an Laugenkonzentration während der Ablagerung eines primären Staßfurt-Carnallitits im Zechstein-Meer, setzten mit dem Decksteinsalz und dem Deckanhydrit eine rezessive Phase ein. Das unauffällige hellgraue bis bräunliche *Decksteinsalz (Na2r)* ist zwischen 0,2 und 0,8 m mächtig. Es ist nur schwach von flaserigen, grauen anhydritischen Linien durchzogen. Auffallend dagegen ist der oberste Abschnitt der Staßfurt-Serie, der im Schnitt 1 – 1,5 m mächtige *Deckanhydrit (A2r)*. Er besteht oft aus nur knapp 1 mm starken, wechsellagernden mittel- und hellgrauen Anhydritlinien. Anders als im Salzstock Sarstedt (v. STRUENSEE 1984) sind hier weißliche kieseritische Linien ausgesprochen selten. Stellenweise sind die mittelgrauen Feinlagen schwach tonig.

Die *Leine-Folge (Zechstein 3)* ist für den Kalibergbau im Großraum Hannover von größter Bedeutung. Diese Folge weist insgesamt drei Kalilager auf, nämlich die Kaliflöze Ronnenberg, Bergmannssegen und Riedel. Ihr jeweiliger K_2O-Gehalt ist im Durchschnitt höher als in den Kalilagern der Werra- und Staßfurt-Folge. Das Riedellager weist außerdem keinen Kieserit und nur wenig Anhydrit auf. Es stellt somit den Übergang zum Chloridtyp der Kalisalze, siehe HERRMANN (1981), dar.

Die Basis der Leine-Folge wird durch den *Grauen Salzton (T3)* gebildet, der von KOSMAHL (1969) detailliert beschrieben wird. Der 4 bis 6 m mächtige Graue Salzton tritt im Hildesheimer Wald zweigeteilt auf. Im unteren Teil ist er sandig-tonig, im oberen Teil magnesitisch / dolomitisch. KOSMAHL (1969) unterteilt nochmals den oberen Teil in basalen Magnesit, einen mittleren Abschnitt mit einer Wechsellagerung von Magnesit und Dolomit und eine obere Zone überwiegend mit Magnesit. Fast in allen Aufschlüssen im Hildesheimer Wald ist der Graue Salzton deutlich abgegrenzt sowohl gegenüber dem Deckanhydrit im Liegenden, als auch dem Hauptanhydrit im Hangenden. Das liegt zum einen an der Farbe. Der Graue Salzton ist im sandig-tonigen Teil grünlichgrau, bzw. grünlichgelb, der obere Teil erscheint grau bis mausgrau. Zum anderen bricht der sandige Tonstein feinstückig, das Gestein fließt bei älteren Aufschlüssen förmlich aus. Der magnesitisch / dolomitische obere Teil ist von zahlreichen Klüften durchzogen, die oft von sekundären Kluftmineralen erfüllt sind, siehe das Kapitel Geologische Besonderheiten. Typisch für den Grauen Salzton-Aufschluss ist, daß diese Gesteinsfolge sowohl in Salzdetfurth als auch in Hildesia / Mathildenhall oft von Koenenit wie ›bestäubt‹ erscheint.

Auf den Grauen Salzton folgt der *Hauptanhydrit (A3)*. Die Zonengliederung nach KOSMAHL (1969) des zwischen 30 und 45 m mächtigen Hauptanhydrites ließ sich in nur wenigen, ab dem Jahre 1966 aufgefahrenen Querschlägen im Westfeld auf der 900- und im Ostfeld auf der 634 m-Sohle im Grubenfeld Salzdetfurth nachvollziehen. Hervorgehoben werden muß dabei, daß in diesem Zeitraum viele Querschläge im Hauptanhydrit neben Flaser-, Schlieren-, Lamellenanhydriten auch bis zu 3 m breite Abschnitte mit ungeschichteten, kompakten Anhydrit zeigten. Fast immer, sowohl in Bohrungen als auch in Strecken, trat in beiden Grubengebäuden die schwarze, bituminöse, um 0,1 m mächtige Tonbank mit den charakteristischen, bis zu 2 mm großen Pyritkriställchen auf. Die darüber anstehende Anhydritschale ist im Westfeld der 774 m-Sohle auf Salzdetfurth öfters bis zu 3 m mächtig, etwas mehr als sonst im Hannoverschen Kalirevier.

In den Jahren 1987 – 1990 wurde im Bereich der 900 m-Sohle in fünf bis zu 1600 m langen Horizontalbohrungen in Richtung Südwestflanke des Salzdetfurther Salzkissens erstmals festgestellt, daß die Anhydritfazies des Hauptanhydrits stellenweise stratigraphisch fast bis zum Anhydritmittelsalz (Na3 eta) reicht. Ein Phänomen, das FULDA (1929) mit ›Anhydritklippen‹ erstmals bezeichnete. Es tritt häufig im Südharz-Bezirk (HEMMANN 1968), u. a. aber auch im Steinsalzbergwerk Braunschweig-Lüneburg bei Helmstedt, siehe SCHACHL (1991) auf.

Die Farben des Hauptanhydrits reichen von hell-, mittel- zu blaugrau. Selten ist er schwarz, bzw. braunrotgrau. Bei einer braunrotgrauen Farbe ist eine stellenweise Polyhalitisierung nicht auszuschließen.

Der Hauptanhydrit ist meist stark zerklüftet. Im Hauptanhydrit treten in den Grubenfeldern Hildesia-Mathildenhall und Salzdetfurth häufig in der Austrittsfläche bis zu 2 dm² große, stets längliche, eckige Kavernen auf, die bis zu 1 m tief sein können. Die Klüfte und kleinen Kavernen sind meist mit Sekundärmineralen verheilt. Darüber hinaus wurden wenige, fast immer saiger stehende, große, offene Kavernen beobachtet. Es wird berichtet, daß Ende der 50er Jahre auf der 700 m-Sohle im alten Salzdetfurther Grubenfeld ein Hohlraum angefahren wurde, den man – mehrere Meter tief – sogar mit einer Leiter befahren konnte. Weiter entstand im Jahre 1988 bei einer Horizontalbohrung auf der 900 m-Sohle im Hauptanhydrit der Südflanke ein totaler, nicht zu stoppender Spülungsverlust. Durch Zufall entdeckte ein Bohrhauer, daß über das Bohrloch so stark die Wetter angesogen wurden, daß ein vorgehaltenes DIN A4-Blatt im Handumdrehen im Bohrloch verschwand. Dieser Sog hielt gleichbleibend über vier Monate an, bis das Bohrloch mit einer Verschlußkappe versehen und der Bohrort aufgegeben wurde. Es muß also im Hauptanhydrit vereinzelt größere mit Vakuum erfüllte Hohlräume geben und gegeben haben.

Die im Verhältnis zu anderen Kalibergwerken in Niedersachsen wenigen in Salzdetfurth in Strecken und untertägigen Bohrungen erschroteten Laugen- und Gasvorkommen traten fast nur in den regional stärker zerklüfteten Hauptanhydrit- und Grauen Salzton-Bereichen auf.

Auf den Hauptanhydrit folgt in der Zechsteinstruktur des Hildesheimer Waldes das ungefähr 160 m mächtige *Leine-Steinsalz (Na3)*, das u. a. schon von SZCZEPANKIEWCZ (1947), SYDOW (1951), HOFRICHTER (1960), SCHACHL (1962) und SIEMEISTER (1961, 1969) beschrieben wurde.

Direkt über dem Hauptanhydrit steht das 2 – 3 m mächtige *Leine-Basissalz (Na3 alpha)* an. Das rötliche, bräunliche, selten hellgraue Steinsalz ist von grauen anhydritischen Linien und besonders charakteristischen mittelgrauen Anhydritlagen, die zwischen 0,4 und 10 mm dick sind, durchzogen. Der Abstand der Lagen bzw. Linien zueinander schwankt zwischen 4 und 15 cm. Stellenweise sind die Anhydritlagen vor allem im Ostfeld der 634- und 774 m-Sohle schwach tonig, d. h. löserartig entwickelt.

Es folgt das 10 bis 15 m mächtige *Liniensalz (Na3 beta)*. In dem weißlichen bis hellgrauen Steinsalz fallen die mehr oder weniger regelmäßig auftretenden, grauen anhydritischen Linien auf. Der Abstand der Linien liegt im unteren Teil bei 10 cm, im oberen bei durchschnittlich 15 – 20 cm. Die Deutlichkeit der Linien nimmt in Richtung zum Hangenden ab. Zum liegenden Leine-Basissalz und zum hangenden Orangeaugensalz liegen keine scharfen Grenzen vor.

In vielen Veröffentlichungen über das Staßfurt- und Leine-Steinsalz wurden Linien als Jahresringe bezeichnet (RICHTER-BERNBURG (1953), HOFRICHTER (1960), KOSMAHL (1960)). Ausgehend von rezenten Lagerstätten, z. B. in der Danakil-Senke in Eritrea bzw. Ostäthiopien sind Linien Zeichen einer Regenzeit. Regenzeiten treten dort aber unregelmäßig auf. Manchmal setzen diese Zeiten bis zu dreimal im Jahr ein, häufiger aber sind in der letzten Zeit Trockenzeiten über mehrere Jahre hinweg. Es ist daher nach BRAITSCH (1962 a, 1962 b) korrekter, rein beschreibend von rythmischen Schichtungen und nicht von Jahresringen zu sprechen.

Das darüber anstehende *Orangeaugensalz (Na3 gamma)* zeichnet sich einmal dadurch aus, daß die anhydritischen, selten kieseritischen Linien immer weniger deutlich werden und stellenweise in eine schmale, verwaschen bräunlichgelbe bzw. graue Bänderung übergehen oder von bräunlichgelben Bändern begleitet werden. Der Abstand der Linien bzw. Bändchen zueinander wächst von im Schnitt 20 auf 30 cm. Zum anderen treten im oberen Teil der 15 – 20 m mächtigen Salzfolge vereinzelt orangefarbene Sylvin-, selten Halit-Einkristalle auf, die diesem Salz den Namen gegeben haben, siehe RICHTER-BERNBURG (1955). Aus dem alten Salzdetfurther Grubenfeld nach dem II. Weltkieg erwähnt SZCZEPANKIEWCZ (1947) Aufschlüsse ohne Ortsangabe, bei denen im oberen Teil des Na3 gamma »in den anhydritischen Lagen der Kieseritgehalt ständig zunimmt und diese dann kieseritischen Lagen in die etwa 1 m mächtige Kieseritzone überleiten«. In den seit dem Jahre 1967 bis heute dazugekommenen Strecken- und Bohraufschlüssen konnten diese Beobachtungen nirgends mehr gemacht werden. Bei vier Aufschlüssen im Nordosten des Grubenfeldes Salzdetfurth oberhalb und auf der 900 m-Sohle steht im Kontaktbereich zum Ronnenberg-Carnallitit ein 1 bis 1,5 m mächtiger, fast maus-grauer Sylvinit mit wenigen jeweils knapp 0,1 m dicken, hellgrauen Steinsalzbändern an.

Die von HOFRICHTER (1960) und SIEMEISTER (1961, 1969) detailliert beschriebenen und bebilderten Diskordanzen zwischen Orangeaugensalz und Ronnenberg-Carnallitit beschränken sich anscheinend auf das bis zum Jahre 1959 bestehende, heute nicht mehr zugängliche Salzdetfurther Grubenfeld. Das danach zur Teufe, sowie vor allem nach Osten und Westen erweiterte Grubengebäude zeigte dieses Phänomen in den zahlreichen Ronnenberg-Lagerstrecken nur an einer einzigen Stelle, nämlich auf der 920 m-Teilsohle westnordwestlich Schacht I. Hier liegen diskordant ungefalteter Ronnenberg-Sylvinit und -Carnallitit auf engräumig und wellig gefaltetem Orangeaugensalz.

Das folgende Kaliflöz *Ronnenberg (K3Ro)* war für den Salzdetfurther Kalibergbau von Anfang an von größter Bedeutung. Mit unterschiedlichen Schwerpunkten wurde dieses Lager von ENGEL (1913), SZCZEPANKIEWCZ (1947), SYDOW (1951, 1958), HOFRICHTER (1960), SCHACHL (1962) und vor allem SIEMEISTER (1961, 1969) eingehend geologisch beschrieben,

Dieses Kalilager liegt im gesamten Hildesheimer Wald-Sattel meist zweigeteilt als *Ronnenberg-Carnallitit (K3RoC)*

im unteren und *Ronnenberg-Sylvinit (K3RoSy)* im oberen Teil vor. Imposant hingegen ist das Ronnenberg-Lager im Grubengebäude des Werkes Salzdetfurth. Die Mächtigkeit des Ronnenberg-Carnallitits schwankt zwischen 0,5 und 6 m, die des Ronnenberg-Sylvinits zwischen 2 und 10 m. Auf Sattelkuppen und im Muldentiefsten kommt es zum Beispiel westlich Schacht III auf der 774 m-Sohle bis zu 80 m mächtigen Anstauungen im Carnallitit, siehe SCHACHL (1962). Auch der Sylvinit konnte durch Spezialfalten bedingt, stellenweise in bis zu 30 m breiten Lagerstrecken abgebaut werden. Die Gesamtmächtigkeit des Lagers scheint, ausgehend vom alten zentralen Teil zwischen Schacht I, II und III, nach Osten und Westen und unterhalb der 900 m-Sohle abzunehmen.

Das Ronnenberg-Lager steht selten auch als fast reiner Sylvin ohne basalen Ronnenberg-Carnallit an. Der einzige, heute noch zugängliche Aufschluß liegt 100 m westlich des Schachtes I auf der 700 m-Sohle. Dieser weißlichgraue, schwach linierte Sylvinit ist beim Anschlag mit dem Hammer ein ›Kling-Stein‹. Die dort z. B. im Jahre 1980 genommenen 12 Schlitzproben wiesen 57.0 bis 60.7 % K_2O auf.

Verarmungen des gesamten Kaliflözes sind bei weitem nicht so häufig wie im Grubenfeld Hildesia / Mathildenhall oder Siegfried Giesen, siehe v. STRUENSEE (1984). Im Grubengebäude Salzdetfurth ist auf der 900 m-Sohle die Nordflanke des Ronnenberg-Lagers auf der 900 m-Sohle zwischen Schacht I und III abschnittsweise, sowie im äußersten Nordwesten das Lager auf 860 m streichende Länge durchgehend fast völlig halitisiert. Das bräunlichhellgraue *Ronnenberg-Steinsalz (K3RoNa)* zeigt beim zuletzt genannten Aufschluß eine leicht verschwommene Bänderung. Nur an der Grenze zum hangendem Banksalz (Na3 delta) tritt dort in mehreren bis zu 60 m langen Streckenabschnitten ein braunes schwach sylvinitisches Steinsalzband auf. Am Westende dieser Lagerstrecke wurde nach Westen vorgebohrt. Bei 260 m Bohrlänge wurde ein 2,5 mächtiges Ronnenberg-Steinsalz und überraschenderweise ein ca. 2 m mächtiger Ronnenberg-Carnallitit angetroffen.

Teilweise Verarmungen im Ronnenberg-Carnallitit wurden nicht beobachtet, jedoch im Ronnenberg-Sylvinit sind sie nicht gerade selten. Unauffällig gehen z. B. einzelne weißlichgraue Sylvinitbänke in hellgrauen Halit über, nach etwa 10 m setzen wieder die weißlichgrauen Sylvinitbank ein. Bis zu 200 m² große flächenhafte Verarmungen mit vielen apophysenhaften Ausbuchtungen und mit hellgrauem, schichtungslosem Steinsalz wurden auf den Teilsohlen oberhalb der 900 m-Sohle, nördlich Schacht I beobachtet.

Wie schon bei der Beschreibung des Hauptanhydrits im Grubenfeld Salzdetfurth erwähnt, ist das Ronnenberg-Lager an der Südwestflanke westlich des Schachtes II

07 | VERFALTETER UND GEBÄNDETER STRASSFURT-CARNALLITIT (K2C)

auf eine streichende Länge von 1700 m durch kompakten Flaser-, Schlieren- und Bündelanhydrit ersetzt.

Der Ronnenberg-Carnallitit weist im Schnitt 13,5 % K2O und über 80 % Carnallit auf. Hauptgemengteile sind Carnallit und Halit, Nebengemengteile: Kieserit und Anhydrit, Akzessorien: Rinneit, Rokühnit, Sellait, Ton. Die Korngröße des Carnallits reicht von 1 bis 5 cm. Kieserit und Anhydrit treten, makroskopisch kaum erkennbar, nur als feine, meist unter 1 mm große weißliche, bzw. graue Flocken auf

Die Farbe des Ronnenberg-Carnallitits ist im gesamten Hildesheimer Waldsattel weißlich / hellgrau, leicht rötlich, selten gelblich oder grünlich. Selten sind tiefbraune und schwarze Carnallitit-Nester, siehe auch Mügge (1913), AUTENRIETH & KÜHN (1951) und SIEMEISTER (1961). Bei Mächtigkeiten von über 2 m ist der Carnallitit stellenweise von hellgrauen, 4 bis 20 cm dicken, öfters gekröseartig verfalteten Steinsalzbänken durchzogen. Selten sind vereinzelte Bänke schwach sylvinitisch. Wie u. a. SYDOW

(1951, 1958) und SCHACHL (1962) feststellen, gibt es Die Grenze zum hangenden Ronnenberg-Sylvinit ist fast immer scharf. An einigen Aufschlüssen im Zentralfeld der 634 m- und 774 m-Sohle geht ein 0,8 bis 1,2 m mächtiger oberer Abschnitt im Ronnenberg-Carnallitit in -Sylvinit über.

Der Ronnenberg-Sylvinit hat im Schnitt 21 % K$_2$O. Hauptgemengteile sind Steinsalz und Sylvin, Nebengemengteile: Carnallit, Kieserit und Anhydrit, Akzessorien: Rinneit, Langbeinit, Kainit, Polyhalit, Sellait, siehe SIEMEISTER (1961, 1969). Die Farbe des Ronnenberg-Sylvinits im Grubenfeld Salzdetfurth schwankt stark, von tiefbraun / hellgrau gebändert zu rötlich-bräunlich oder grau mit +/– dunklen anhydritischen Linien (Abb. 7). Selten ist er gelblich- oder grünlichgrau bzw. weißlichgrau mit einer zarten, verschwommenen Bänderung. In Hildesia-Mathildenhall ist der Ronnenberg-Sylvinit, ausgehend von den wenigen in den letzten Jahrzehnten zugänglichen Aufschlüssen auf und oberhalb der 720 m-Sohle grau und schwach gebändert.

SZCZEPANKIEWCZ (1948) hat im Ronnenberg-Sylvinit eine Steinsalz-Leitbank besonders herausgestellt. Auch SYDOW (1951) fand bei halitischen ›Innerste-Bänken‹ auch die Leitbank ›L‹, die im gesamten damaligen Grubengebäude vertreten gewesen sein soll. Die Steinsalzbänke in den Aufschlüssen in den vielen Ronnenberg-Lagerstrecken nach dem Jahre 1967 sind jedoch untereinander nicht korrelierbar.

Trotz der umfangreichen Arbeiten von SYDOW (1951, 1959) und SIEMEISTER (1961, 1969) halten auch BRAITSCH (1962) und A. G. HERRMANN et al. (1980) die Genese des Ronnenberg-Lagers nach den geochemischen Erkenntnissen der letzten Jahre nicht in allen Aspekten für eindeutig geklärt.

Im Hangenden des Ronnenberg-Lagers steht das 8 bis 15 m mächtige *Banksalz (Na3 delta)* an. Wie schon der Name sagt, ist das blaßrote bis blaßbraune, selten schwach orangefarbene Steinsalz von unauffälligen anhydritischen Linien durchzogen, die selten leicht tonig, auch löserhaft erscheinen. Die Unterschiede zum ähnlichen, unterhalb des Ronnenberg-Lagers gelegenen Liniensalz (Na3 beta) bestehen darin, daß die anhydritischen Linien im Liniensalz in Abstand und Stärke regelmäßiger sowie deutlicher als im Banksalz auftreten.

Das folgende 10 bis 15 m mächtige *Bändersalz (Na3 epsilon)* wird ebenfalls durch den Namen charakterisiert. In einem bräunlichen bis rötlichem Steinsalz prägen unauffällige, schwach anhydritische Bänder mit verwaschenen Grenzen zum umgebenden Steinsalz den Aufschluß im Bohrkern und in der untertägigen Strecke. Weder zum Banksalz im Liegenden noch zum Bunten Salz im Hangenden besitzt das Bändersalz eine deutliche Grenze.

Stellenweise sind aber Übergänge sichtbar, besonders zum *Bunten Salz(Na3 zeta)*. Es verdient diesen Namen durch seine Farben- und Schichtungs-Vielfalt. Das Steinsalz ist teils weißlich bis hellgrau, teils bräunlich bis braunrot in Flecken, Streifen und Bändern. Weiter erscheint das Steinsalz im Strecken- oder Bohraufschluß abschnittsweise liniert, flaserig gebändert, oder verschwommen schlierig anhydritisch. HARTWIG (1922, 1924) hat diese Steinsalzfolge im Salzstock Sarstedt deswegen auch ›charakterloses Steinsalz‹ genannt.

Das *Anhydritmittelsalz (Na3 eta)* hat, genauso wie die beiden anderen oberen Steinsalzfolgen der Leine-Serie, das Schwaden- und Tonmittelsalz, feinstratigraphische Charakteristika. Das sind die horizontbeständigen Anhydritmittel, im folgenden abgekürzt ›am‹, die im Salzdetfurther Grubenfeld auffallend oft von sekundärem, z. T. bis zu 6 m mächtigem Carnallitit begleitet werden. Im 25 bis 35 m mächtigen Anhydritmittelsalz des Hildesheimer Waldes fehlen generell die ›am 1‹ und ›am 2‹. Die Grenze zum Bunten Salz bildet das ›am 3‹, im Salzdetfurther Raum Vormittel, abgekürzt v. m., genannt. Es ist eine 1 – 2 cm dicke, mittelgraue Anhydrit-Schnur, auf der perlschnurartig kleine Anhydritbrocken aufgereiht sind. 1 – 2 m darüber folgt das mittelgraue ›am 4‹, stellenweise mit dunklem tonigem Fuß. Es ist zwischen 0,4 und 1 m, von sekundärem Carnallitit begleitet, sogar bis zu 2,5 m mächtig. Der darauf folgende 14 bis 16 m mächtige Abschnitt mit rötlich- bis braungrauen Steinsalz ist bis zum nächsten ›am 6‹ durch meist drei 1 bis 3 m mächtige, von mittelgrauen Anhydritschlieren und -flasern durchsetzten und selten verschwommene Polyeder-Strukturen aufweisende Schwadenzonen gekennzeichnet. Das ›am 5‹ fehlt. Das mittel- bis fast dunkelgraue ›am 6‹ zeigt an seiner Unter- und Oberkante eine dunkle, bis zu 0,1 m dicke tonigbituminöse Lage. Für gewöhnlich ist die Anhydritbank 1,5 bis 2,5 m dick, relativ häufig von sekundärem Carnallitit begleitet, ist sie dann bis zu 9 m mächtig. In dem folgenden braun- grauen bis grauen, stellenweise von verschwommenen grauen Anhydritflocken und -schlieren begleiteten Steinsalz tritt in einem Abstand von 4 – 6 m vom ›am 6‹ eine im Schnitt 0,3 bis 0,5 m mächtige mittelgraue, häufig carnallitische Anhydrit-Brekzien-Lage auf, die mit ›am 7‹ bezeichnet wird. Die Grenze zum hangenden Schwadensalz bildet das ›am 8‹. Die 0,4 bis 0,8 m dicke Anhydritbank kann bei Carnallitit-Begleitung bis zu 2 m mächtig werden. Selten, z. B. im Nordostfeld der 634 m-Sohle, wurde auch hier ein dunkler tonig-bituminöser Fuß festgestellt.

Das nachfolgende *Schwadensalz (Na3 theta)* läßt sich nach HERDE (1953) in zehn unterschiedlich mächtige Zonen gliedern. Es wechsellagern hellgraue, auch schwach bräunlich-graue, relativ reine Steinsalzzonen mit braunbis mittelgrauen, von Anhydritschlieren und -flasern durchzogenen Lagen, den sogenannten Schwadenzonen. In den Schwadenzonen kommen vereinzelt deutlich

ausgebildete polyedrische Strukturen vor. Sie werden als Schrumpfungsrisse gedeutet. Die Schwadenzonen sind im Grubenfeld Salzdetfurth im Vergleich zu anderen, weiter nördlich gelegenen Zechstein-Strukturen, siehe ES SAID (1974), stellenweise massiert von sekundär entstandenen Begleitmineralien durchsetzt. So wurde nördlich und nordwestlich des Schachtes III im Bereich der 634 m-Sohle durch mehrere Horizontalbohrungen in der Schwadenzone 10 ein ungefähr 4 m mächtiger Sylvinit mit im Schnitt 19 % K_2O festgestellt. Im Grubenfeld Hildesia wurde nur auf der 720- und 894 m-Sohle im Nordost-Südwest verlaufenden 3. westlichen Querschlag durch die salztektonisch bedingte Muldenstruktur stark ausgedünnt die Folge Anhydritmittelsalz bis Aller-Steinsalz durchfahren. Das Schwadensalz mit zehn verschwommenen ausgebildeten Zonen ist hier nur insgesamt 0,5 bzw. 6 m mächtig. Das Kaliflöz Riedel (K3Ri) konnte auch in unbauwürdiger Ausbildung nicht nachgewiesen werden.

Das folgende *Tonmittelsalz (Na3tm)* ist, wie in der Beschreibung des Schwadensalzes schon festgestellt, im Grubengebäude des Werkes Salzdetfurth normal mit einer Mächtigkeit zwischen 15 und 30 m ausgebildet. In einem bräunlichen bis braungrauen Steinsalz setzen im unteren Tonmittelsalz mittelgraue, stark anhydritische Tonflocken, dann -schlieren und -flasern ein. Die fast blaugrauen, tonig-anhydritischen Einschaltungen verdichten sich nach oben zu Bändern und Bänken, das Steinsalz ist nur noch in vereinzelten zerflaserten Lagen zu erkennen. Die Grenze zum hangenden Roten Salzton ist deutlich. Sie wird fast immer durch ein 0,5 bis 1,5 m mächtiges Grenzsalz gebildet. Dieses Steinsalz ist meist bräunlich-hellgrau und schichtungslos.

Im Grubengebäude Salzdetfurth ist die *Aller-Folge (Zechstein 4)* nur in der Salzberg-Mulde, südlich Schacht III , durch mehrere Querschläge auf Haupt- und Teilsohlen durchörtert worden. Vereinzelt wurde auch an der Nordflanke des Salzdetfurther Salzkissens der untere Teil der Aller-Serie durch Horizontalbohrungen erkundet.

Die hier insgesamt etwa 100 m mächtige Aller-Serie beginnt mit dem 20 – 30 m mächtigen, im Streckenaufschluß markanten *Roten Salzton (T4)*. An der Basis steht grüngrauer, plattiger Tonstein, auch ›Grüner Fuß‹ genannt, mit ca. 5 m Mächtigkeit an. Darauf folgen auffallend ziegelrote Tonsteine, die im obersten Teil stellenweise etwas sandig erscheinen.

Darüber ist der nur 0,4 bis 1,5 m mächtige *Pegmatitanhydrit (A4)* mit deutlicher Grenze zum Roten Salzton im Liegenden und zum Aller-Basissalz im Hangenden aufgeschlossen. Der mittelgraue Anhydrit ist von braunroten, länglichen, kreuz und quer verlaufender Steinsalzleisten durchwachsen, die dem Gestein eine Art pegmatitische Struktur verleihen. Hier muß erwähntwerden, daß dieser auffallende Horizont im gesamten Zechstein-Areal fast immer vorhanden und somit ein wesentlicher ›Zechstein-Marker‹ auch bei übertägigen Bohrungen ist.

Das 1–1,5 m mächtige *Aller-Basissalz (Na4 alpha)* ist unscheinbar ausgebildet. In einem meist hellgrauen, selten bräunlichen Steinsalz treten wenige, maximal 1 cm dicke, zerflaserte Anhydrit-Linien und zarte, schwachgraue anhydritische Bänder auf.

Es folgt das etwa 15 m mächtige *Schneesalz (Na4 beta)*. Auffallend ist die weißliche Farbe, daher auch der Name. Auch in diesem Horizont werden in den genannten Querschlägen nur relativ wenige, etwas zerflaserte, graue anhydritische Linien und Bänder beobachtet. Auch das darüber anstehende, ungefähr 25 m mächtige *Rosensalz (Na4 gamma)* ist relativ rein, vereinzelt treten verschwommen graue, schlierige anhydritische Linien und Bänder in einem rosafarbenen bis rötlichen Steinsalz auf. Vom folgenden *Tonbrockensalz (Na4 delta)* sind nur die untersten 3 m in einem einzigen Querschlag im Ostfeld auf der 634 m-Sohle aufgeschlossen. In einem bräunlichroten Steinsalz fallen grüngraue, eckige Tonpartikel auf, die sich in Richtung zum stratigraphisch Hangenden zu Schlieren und Flasern vergröbern.

Obwohl an der Nord- und Südflanke der Salzdetfurther Salzaufwölbung auch ein normaler stratigraphischer Übergang vom Zechstein in den hangenden Buntsandstein vorliegen dürfte, ist der Bereich der obersten Zechsteinfolgen auch hier nie, weil bergwirtschaftlich uninteressant, durch Bohrungen aus dem Grubengebäude heraus aufgeklärt worden. Die von über Tage im Ostteil des Hildesheimer Waldes gelegenen Tiefbohrungen wurden fast alle vor 1914 niedergebracht. Aus den Bohrkernbeschreibungen lassen sich die stratigraphischen Abfolgen im obersten Zechstein nicht herleiten. In einer im Jahre 1977/78 5 m nördlich der Schachtwandung niedergebrachte Bohrung am Schacht I zeigte sie unter Tage auf. So stand von 23,6 bis 109,0 m Unterer Buntsandstein, bis 147,55 m Bröckelschiefer, bis ca.156,45 m eine Rezessiv-Folge der *Ohre- und Friesland-Folge (Zechstein 5 und 6)* und bis zur Endteufe bei 185,5 m in einem Tonstein der Aller-Serie Ab 147,55 m Teufe lag jedoch das für die Salzdetfurther Zechstein-Struktur typische Trümmergebirge vor.

Über Tage sind nach GRUPE & HAACK (1914), MARTINI (1947, 1950 & 1955), SCHIRMER (1958), sowie nach den Erläuterungen zu der Geologischen Karte Bockenem am Kontakt Mittel-/Südscholle die höchsten Zechsteinfolgen, als Obere Zechsteinletten beschrieben, als *Bröckelschiefer (Zechstein 7)* aufgeschlossen. Sie werden im Übertageaufschluß als weiche, plastische rotviolett-stichige, selten graue Tonsteine, bei denen zahlreiche weißlich-graue Gipsschnüre auffallen, beschrieben. Die Aufschlüsse liegen südlich des Salz- und

Sothenberges und z. B. am Nordende des alten Sportplatzes am östlichen Lamme-Ufer, 80 m ostwärts des derzeitigen Salzdetfurther Postamtes. Die Aufschlüsse sind aber seit langem eingeebnet und zugewachsen.

PALÄONTOLOGISCHE BEFUNDE IM ZECHSTEIN

Die Beckenfazies des Zechsteins wird auch heute noch als fast fossilleer betrachtet. Nach- dem man aber bei Erdöl- und Erdgas-Tiefbohrungen in der Norddeutschen Tiefebene seit langem schon durch mikropaläontologische Untersuchungen große Fortschritte u. a. bei der jeweiligen stratigra-phischen Einstufung machte, versucht man seit langem mit der Erforschung von Mikrofossilien, wie Sporen, Pollen, Bakterien usw. zum Beispiel die in fast allen Salzdiapiren der Norddeutschen Tiefebene auftretenden zechsteinfremden Salze und den Zechstein mikropläontologisch näher zu definieren.

KLAUS (1953) untersuchte eine ›anhydritisch-tonige Lage im oberen Teil des Staßfurt- Steinsalzes‹ aus dem Grubengebäude Salzdetfurth und fand in 1 cm³ Sedimentmaterial ca. 500 Sporen, wie Pityosporites zapfei, Pityosporites schaubergeri und Platysaccus papilionis. MÜLLER & SCHWARTZ (1953) bearbeiteten bakteriologisch Salzdetfurther Proben aus dem Staßfurt-Steinsalz, dem Grauen Salzton, dem Ronnenberg-Carnallit und -Sylvinit der 774 m- und 900 m-Sohle. In einer Kluftfüllung mit rotem Carnallit im Grauen Salzton (T3) wiesen sie neben winzigen Pflanzenhaaren auch bis zu 750µ lange röhrenförmige ›Scheiden von Eisenmikroben‹ nach, die den rezenten Formen Leptothrix ochracea und Leptothrix trichogenes stark ähneln. Diese Befunde wurden auch im ›roten Steinsalz‹ und im ›schwarzen Carnallit‹ des Ronnenberg-Carnallits gemacht.

INNENBAU DER SALZDETFURTHER ZECHSTEINSTRUKTUR

Das Salzdetfurther Grubengebäude befindet sich im Zechstein, im Ostteil des Hildesheimer-Wald-Sattels zwischen einer Süd- und Mittelscholle aus Buntsandstein. Es ist durch zahlreiche Lager-, Richt-, Förder-, Schräg-, Versatz- und Wetterstrecken, durch Quer- schläge und Wendeln, durch viele Horizontal-, Tief- und Hochbohrungen unter Tage zwischen der 530- und 940 m-Teil-sohle erschlossen worden. Dabei muß auch darauf hingewiesen werden, daß der Bergbau nur im oberen Viertel der Salzaufwölbung umging. Das unter Umstände zwischen Mittel- und Nordscholle anstehende Salzgebirge wurde auch nicht von unter Tage erkundet.

Mitten im südlichen Grubengebäude östlich des Schachtes II hat vermutlich die Salzaufwölbung ihren höchsten Punkt. Im Gegensatz zum Grubengebäude Hildesia-Mathildenhall ragen nur die obersten Zechsteinfolgen der Südflanke als Trümmergebirge bis zur Erdoberfläche.

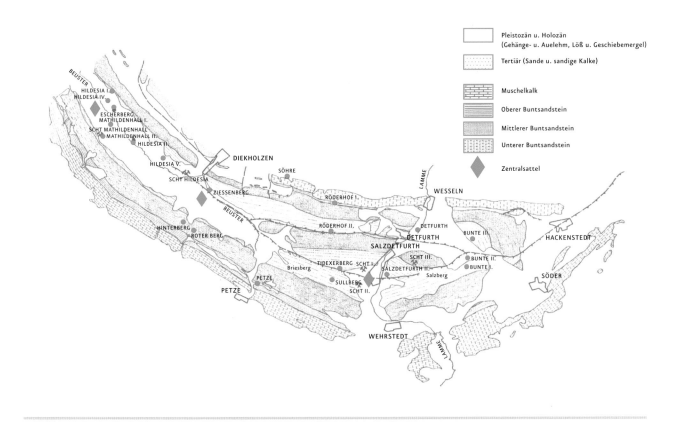

Pleistozän u. Holozän
(Gehänge- u. Auelehm, Löß u. Geschiebemergel)

Tertiär (Sande u. sandige Kalke)

Muschelkalk

Oberer Buntsandstein

Mittlerer Buntsandstein

Unterer Buntsandstein

Zentralsattel

Zu einem typischen Residualgebirge ist es trotz der Gipsaufschlüsse unter Tage im Schacht II und über Tage in Bad Salzdetfurth am ›Neuen Krug‹ wahrscheinlich nicht gekommen.

Im Bereich des Lamme-Tales kam es im Trias-Deckgebirge und vermutlich auch im Subsalinar zu mehr oder weniger rheinisch streichenden Bruchstrukturen. Sie führten dazu, daß der Salzdetfurther Sattel unterhalb des Lamme -Tales und der Südscholle eine Queraufwölbung in südlicher Richtung erfuhr, die besonders deutlich im südlichen Mittelabschnitt der 774 m- und 900 m-Sohle auffällt, siehe Geologischer Übersichtsriss der 900-m-Sohle. Durch die West-Ost streichende, das ganze Grubengebäude durchfahrende Salzberg-Mulde, im Westen abschnittsweise auch Tidexer- bzw. Petzer Mulde genannt, läßt sich das Grubengebäude im Niveau der 900 m-Sohle in einen süd- und nördlichen Teil gliedern, siehe N – S Profilschnitt. Im Norden befindet sich der Salzberg-Sattel. Er ragt von allen Sattelstrukturen vermutlich am höchsten. Im Niveau des Staßfurt-Lagers dürfte er bis zu einer gedachten 350 m-Sohle reichen. Im Südteil liegt im Osten der Ziegen-berg-Sattel, im Abschnitt südlich des Schachtes II der Klusberg-Sattel und im noch nicht bergmännisch erschlossenen äußersten Südwesten der Querberg-Sattel. Die genannten drei Sättel gehen ineinander über. Der Klusberg-Sattel hat seinen Scheitelpunkt auf das Staßfurt-Lager bezogen unterhalb der 774 m- Sohle, der weiter östlich gelegene Ziegenberg-Sattel hingegen deutlich über der 530 m-Sohle.

08 | TEKTONISCHE STRUKTURKARTE DES HILDESHEIMER WALDES, AUS SCHACHL (1962)

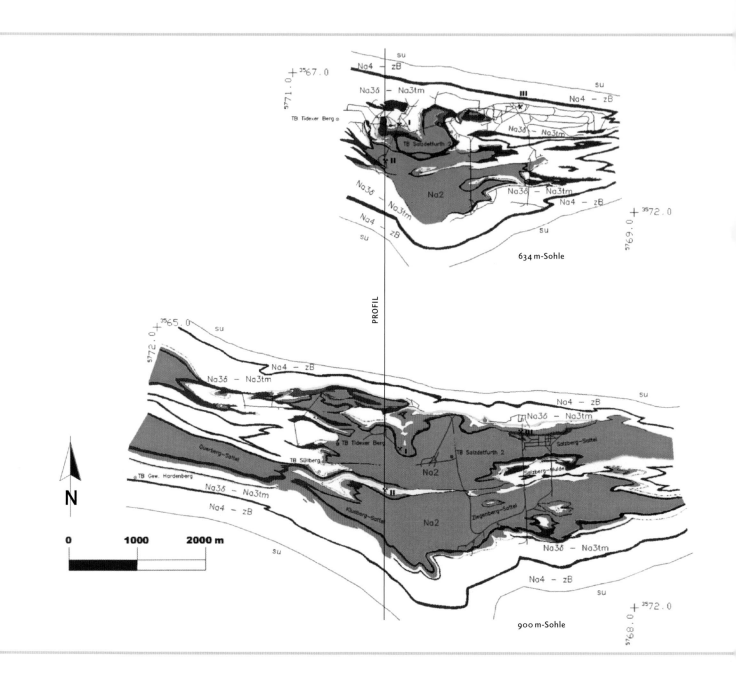

634 m-Sohle

900 m-Sohle

09 | GEOLOGISCHE ÜBERSICHTSRISSE DER 634- UND
900 M-SOHLE, SOWIE N-S-PROFIL ÜBER SCHACHT I
UND SCHACHT II, AUS V. STRUENSEE (2000)

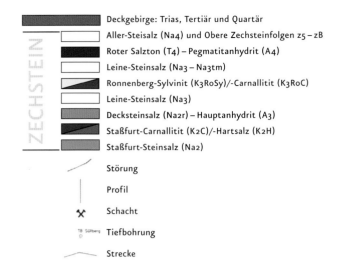

ZECHSTEIN

Deckgebirge: Trias, Tertiär und Quartär
Aller-Steisalz (Na4) und Obere Zechsteinfolgen z5 – zB
Roter Salzton (T4) – Pegmatitanhydrit (A4)
Leine-Steinsalz (Na3 – Na3tm)
Ronnenberg-Sylvinit (K3RoSy)/-Carnallitit (K3RoC)
Leine-Steinsalz (Na3)
Decksteinsalz (Na2r) – Hauptanhydrit (A3)
Staßfurt-Carnallitit (K2C)/-Hartsalz (K2H)
Staßfurt-Steinsalz (Na2)

Störung

Profil

Schacht

19 Sülberg Tiefbohrung

Strecke

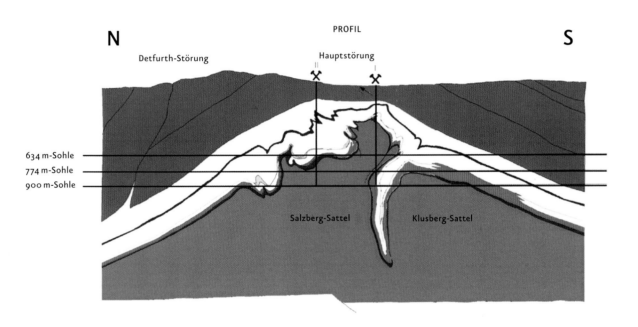

N

PROFIL

S

Detfurth-Störung

Hauptstörung

634 m-Sohle

774 m-Sohle

900 m-Sohle

Salzberg-Sattel

Klusberg-Sattel

Wie aus dem Nord-Süd-Profil der Abb. 9 entnommen werden kann, liegt die stellenweise bis 1400 m unter NN reichende Salzberg-Mulde übrigens unterhalb der ebenfalls Ost-West streichenden übertägigen Hauptstörung, an der die Deckgebirgs-Südflanke der Salzdetfurther Zechstein-Aufwölbung auf die schon mehrfach erwähnte Mittelscholle aufgeschoben ist.

Der obere Teil des Salzberg-Sattels teilt sich zwischen der 550- und 774 m-Sohle in zahlreiche Spezialsättel auf. Ihre Kuppen zwischen den genannten Sohlen zeigen wie die Flanken oft einen komplizierten Bau. Wie auch die Muldentiefsten sind die Sattelkuppen vielgestaltig, einmal »fast spitz zulaufend, dann wieder breit schildartig« SCHACHL (1962). Dasselbe Bild bei der Kulminationszone im Süden mit ihren östlichen und westlichen Ausläufern, dem Ziegen- und Klusberg-Sattel.

FÖRDERGESTEIN	HAUPTGEMENGTEILE	MÄCHTIGKEIT(M)	% K2O	% CARNALLIT	% KIESERIT
Staßfurt-Carnallitit	Carnallit˜+ Steinsalz + Kieserit	3 – 18	~9	~50	~15
Ronnenberg-Sylvinit	Sylvin + Steinsalz	3 – 12	~22	~5	~2
Ronnenberg-Carnallitit	Carnallit + Steinsalz	0,5 – 5	~13	~80	~1
Staßfurt-Hartsalz	Steinsalz + Kieserit + Sylvin	2 – 10	~16		~30

DIE LAGERSTÄTTE

Der Zechstein ist im mitteleuropäischen Raum seit Jahrhunderten durch die Vielfalt seiner bergwirtschaftlichen Nutzung mit seinen Kupferschiefer-, Steinsalz-, Kali-, Magnesiumsalz-Lagerstätten, den Erdöl- und Erdgasvorkommen sowie entsprechenden, technisch angelegten Erdöl- und Erdgasspeichern, den untertägigen Deponien für Abfallstoffe und den übertägigen Kalk-, Anhydrit- und Gipssteinbrüchen von großer Bedeutung für die volkswirtschaftliche Entwicklung Mitteleuropas. Deutschland hatte auch seit Beginn der Kaliförderung im Jahre 1861 in Staßfurt bis zum I. Weltkrieg weltweit eine Monopolstellung für Kaliprodukte.

Vom Februar 1899 bis zum 13. März 1992 wurden knapp 85 Mio. t Rohsalz mit 12,8 Mio. t K_2O mit einem daraus errechneten durchschnittlichen K_2O-Gehalt von 15,1 % zu Tage gefördert. Davon waren etwa 48 Mio. t Carnallitit und etwa 37 Mio. t Sylvinit.

Bis zum Jahre 1905 wurde in der Hauptsache Ronnenberg-Sylvinit und bis zu 25 % Carnallitit, meist Staßfurt-Carnallitit gefördert. Danach beschränkte man sich auf das Ronnenberg-Lager, nahm nur noch hochprozentigen Carnallitit mit in die Gewinnung. Im Jahre 1944 stieg aber kriegsbedingt der Förderanteil des Ronnenberg-Carnallitits auf über 50 %. Erst ab 1957 förderte man in verstärktem Maße Staßfurt-Carnallitit. Sein Förderanteil dann lag im Schnitt bei 65 %. Der vom K_2O-Gehalt her wichtigste Lagerteil war der Ronnenberg-Sylvinit mit im Schnitt 28,9 % Sylvin, 8,9 % Carnallit, 2,3 % Kieserit, 1,2 % Anhydrit, und 59,5 % Halit (und Akzessorien), siehe SIEMEISTER (1961, 1969). Mengenmäßig stand in der Förderung der Staßfurt-Carnallitit an der Spitze. Nach SIEMEISTER (1961, 1969) weist er durchschnittlich 56,2 % Carnallit, 2 % Sylvin, 13,6 % Kieserit und 28,2 % Halit (und Anhydrit) auf. Auch vom Ronnenberg-Carnallitit konnte SIEMEISTER (1961, 1969) Durchschnittsgehalte ermitteln, sie liegen bei 69,1 % Carnallit, 2,8 % Sylvin, 2,6 % Kieserit, 0,5 % Anhydrit und 25 % Halit (und Akzessorien). In kleineren Mengen wurde in den 70er Jahren kurzzeitig u.a. auch südlich Schacht III oberhalb der 700 m-Sohle sowie an der Südflanke auf der 900 m-Sohle stark sylvinitisches und langbeinitisches Staßfurt-Hartsalz mit insgesamt über 30 % K_2O abgebaut.

DIE GEWINNUNG UNTER TAGE

In ZIRKLER (1975), SLOTTA (1980) und HOTZE (2000, 2007) werden aus unterschiedlicher Sichtweisen und bei verschiedenen Schwerpunkten die Entwicklung des Kaliwerkes Salzdetfurth beschrieben. Während SLOTTA mehr die Entwicklung des Unternehmens sowie der Werksinfrastruktur, aber auch die der Übertageanlagen mit interessanten Photos als Industriedenkmäler würdigt, beschreibt ZIRKLER in seiner Festschrift zum 75. jährigen Bestehen des Salzdetfurther Bergmannsvereins die technische Entwicklungsgeschichte des Kaliwerkes unter und über Tage. mit vielen Photographien, mit denen Kalibergleute und ›ihre‹ Maschinen dargestellt werden. HOTZE (2000 und 2007) veröffentlichte dann detailliert, kenntnisreich und originell die bergbaulichen Gegebenheiten des ehemaligen Kaliwerkes Salzdetfurth.

Die Gewinnung von Kali- und Magnesiumsalzen wurde von Anbeginn mit Bohr- und Schießarbeit betrieben. Auch hier wurde anfangs, wie im Kalibergbau allgemein üblich, mit dem Firstenkammerbau gearbeitet und zwar nach dem System: Lagerstreckenvortrieb-Breitschießen-Wölben in der flachen First-Wölben in der hohen First und schließlich Versetzen. Die 100 m lange und bis zu 9 m hohe Abbaukammer (Abb. 12) hatte je nach Lagerbreite in streichender oder querschlägiger Richtung ihre größere Ausdehnung, siehe ZIRKLER (1973). Zwischen den einzelnen Kammern stehen Sicherheitspfeiler. Nach dem Leerfördern wurde bis zur nächsten Teilsohle versetzt. Der Teilsohlenabstand betrug 6 m. Vom Jahre 1952 an wurde der Strossenscheibenbau mit etwa 15 m Scheibenmächtigkeit eingeführt.

Der Stoß wurde anfangs noch mit Handbohrer (Typ Lisbeth) abgebohrt. Da die damals schon eingeführte elektrische Drehbohrmaschine noch mit einen getrennten 125 kg schweren Motorkasten arbeitete, wurde noch bis 1910 per Hand gebohrt. Nach ZIRKLER (1973) erhielt erst kurz vor dem I. Weltkrieg der Hauer vor Ort Drehbohrmaschinen mit eingebautem Elektromotor und später leistungsfähige Hochfrequenz-Drehbohrmaschinen. (Abb. 11)

Mit dem im Jahre 1968/69 eingeführten ›gleislosen Betrieb‹ waren bald die einzelnen Abbaue an Wendeln und Schrägstrecken angeschlossen. Im Abbau selber änderte sich dadurch vieles. Mit dem ›Kanonen-‹, später Großloch-, sowie dem Sprenglochbohrwagen wurden schließlich bis zu

11|

12|

9 m lange Abschläge möglich. Die Bauscheibe zwischen zwei Teilsohlen mit bis zu 18 m langen Bohrlöchern wurde per Strossenbohrwagen abgebohrt.

Im Abbau wurde mit Sprengsalpeter, im Streckenvortrieb mit Dynamit und Salpeter geschossen. Nach dem I. Weltkrieg wurde der Miedziankit, später Donarit 3 bzw. 1 genannt, eingeführt. Seit 1962 wurde der ANC-Sprengstoff Andex verwandt. Nachdem der Schacht I die damalige Endteufe von 712 m erreicht hatte, wurde bei 700 m Teufe die Hauptförder- und bei 634 m die Abwettersohle angesetzt, sowie Fördereinrichtungen und Tagesanlagen fertiggestellt.

Die Graphik (Abb. 13) im Folgenden stellt im Überblick Daten des Werkes Salzdetfurth hinsichtlich seiner jeweiligen Jahresförderung in und des jährlichen durchschnittlichen K_2O-Gehalts des geförderten Rohsalzes zwischen den Jahren 1899 und 1992 dar. Außerdem wird die zahlenmäßige Entwicklung der Gesamtbelegschaft unter und über Tage, sowie der Grubeneffekt von 1945 bis 1992 erfasst.

10| FÖRDERGESTEINE, IHRE HAUPT-MINERALE, DURCHSCHNITTLICHE MÄCHTIGKEITEN UND WERT-STOFFGEHALTE

11| DREHBOHRMASCHINEN MIT SPRENGLOCH- UND FRÄSLOCHGESTÄNGE IM EINSATZ

12| BLICK IN EINE STRASSE; AUF DER UNTEREN SOHLE FAHRLADER BEIM BEFÖRDERN

13| DAS KALIBERGWERK SALZDETFURTH UND SEINE JÄHRLICHEN LEISTUNGS-DATEN VON 1899 BIS 1992, AUS V. STRUENSEE (1999). ROHSALZFÖRDERUNG IN T EFF, ROHSALZFÖRDERUNG IN % K_2O GRUBENEFFEKT IN T/MANN/SCHICHT UND BELEGSCHAFTS-ZAHLEN U. TG. WERDEN DARGESTELLT.

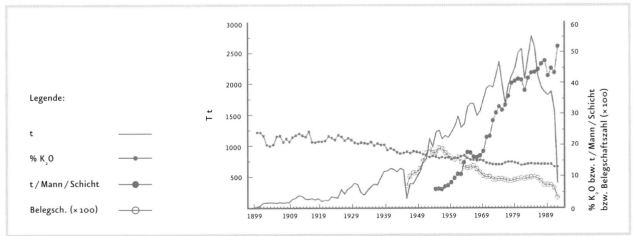

13|

Im Mai 1900 begann man mit der eigentlichen Förderung. Wie schon berichtet, wurde vom Februar 1899 bis zum März 1992 zwischen der 490 m- und der 940 m-Teilsohle eine Rohsalzmenge von 85 Mio. t zu Tage gefördert. Außerdem wurden, wie im nächsten Kapitel dargestellt, schätzungsweise über 65 Mio. t Versatzmaterial u. a. aus der Fabrik über Tage in die leeren untertägigen Abbaue transportiert. Das ergibt eine Transportleistung von insgesamt 150 Mio. t in 103 Jahren.

Die dabei verwandten Fördermittel waren vielseitig. Anfangs herrschte vor Ort die Handförderung vor, Carnallitit und Sylvinit wurden getrennt in Förderwagen mit bis zu 900 kg Füllgewicht geschaufelt. In mit einem Pferd bespannten Zug wurden 15 Förderwagen auf der Hauptsohle zum Schacht, in ihm zu Tage und zuletzt per Kettenbahn in die Fabrik gebracht. Die zum Schacht per Kettenbahn zurückkommenden Förderwagen waren mit Fabrikrückstand gefüllt, dieser wurde nach unter Tage als Versatz für die leeren Abbaukammern gebracht. Bereits 1905 wurden vom Schacht I aus zuerst auf der 700 m-Sohle und auf 1200 m Länge Elektro-Loks eingesetzt. Über Blindschächte konnten dann Teilsohlen fördertechnisch angeschlossen werden. Seit 1912 wurde die 774 m-Sohle Hauptfördersohle, auf der Benzol-Loks verkehrten. Im Jahre 1927/28 wurde in Richtung Ost- und Westfeld eine untertägige Hauptseilbahn installiert. Dieses Fördermittel hatte sich vorher schon auf Teilsohlen bewährt. Mit der Schüttelrutsche und anschließend mit dem Einsatz von bis zu 4 m³ großen Schrappergefäßen, zuletzt mit hydraulischer Steuerung, erzielte man weiter sowohl beim Abbau als auch beim Versetzen große technische Fortschritte. Der Schrapper wurde dann 1955 durch Zughacke und Bandschnellader, beides von der Fa. Westfalia, die Blindschächte langsam durch Großbohrlöcher und Wuchtrinnen, dann durch Abzugsförderer ersetzt. Eine noch größere Veränderung bei den Fördermitteln erfolgte 1968/69 durch die Umstellung auf den ›gleislosen Betrieb‹ (Abb. 14), die im Unterschied zu manchem anderen Werken der Salzdetfurth AG während der normalen, ständig steigenden Förderung erfolgte. Alle Abbaue waren jetzt über Wendeln und Schrägstrecken schnell erreichbar. Frontschaufellader transportierten das Rohsalz zum nächsten Rolloch und warfen es dort ab. Auf den Hauptsohlen der 774 m- und später der 900 m-Sohle wurde es über Wuchtrinnen, später Abzugsförderer, in 4,5 m³-Großraumwagen ›abgezogen‹, am ›Bahnhof‹ auf der 900 m-Sohle auf ein Förderband gebracht, das das Rohsalz zum Schacht I, bzw. dem Großbunker transportierte.

Eine der schon erwähnten Eigenheiten des Salzdetfurther Rohsalzes war der hohe Förderanteil des Carnallitits. Das bereitete anfangs große Schwierigkeiten, da liegengebliebener Carnallitit schon nach kurzer Zeit begann,. z. B. am Abzugsförderer oder im Rohsalzbunker zusammen-

14 | ROHSALZ-ABZUGSFÖRDERER MIT LOK UND FÖRDERWAGEN

zubacken. Diesem Problem wurde, im Vergleich zu anderen Kaliwerken, durch einen vergleichsweise schnellen Förderfluß des Rohsalzes bis zur Fabrik begegnet.

Bis zum Jahre 1905 hatte das Grubenfeld auf der 700 m-Hauptsohle schon eine Ost-West-Erstreckung von etwa 2000 m. Mit Abschluß der bergmännischen Gewinnung im März 1992 hat dann das Grubengebäude folgende Ausmaße:

| Sohle | Erstreckung (m) in | | Aufgabe |
	Ost-West- Richtung	Nord-Süd-	
530/550 m-S.	2000	900	Abwetter- und Versatzsohle
634 m-S.	4000	1850	Anfangs Abwetter- und Versatzsohle
700 m-S.	4200	1700	Von 1900 – 1912 Hauptsohle
774 m-S.	5600	2300	bis 1985 Hautpsohle
900 m-S.	5600	2500	bis 1992 Hautpsohle

Eine hervorstechendes Kennzeichen für das Kaliwerk Salzdetfurth ist das Fehlen einer Halde über Tage und das kontinuierliche Einbringen von Fabrikrückstand in die untertägigen Abbau-Hohlräume während der Betriebszeiten.

Bedingt durch den mehr oder weniger hohen Förderanteil an Carnallitit, fiel in der Fabrik erheblich weniger Rückstand als bei anderen Hartsalz- und Sylvinit-Bergwerken an. Es wurde im Unterschied ständig der gesamte anfallende Rückstand der Fabrik als Versatz leer geförderter Abbaue nach unter Tage gebracht. Die fehlenden Versatzmengen wurden weitgehend ausgeglichen durch das ständig anfallende, untertägige Ausrichtungssalz, sowie u. a. durch das zeitweise zusätzliche Verbringen der Abteufhalden, die Annahme von Fabrikrückstand der Kaliwerke Hansa und Bergmannssegen-Hugo, des übertägigen Erdreichs aus Buntsandsteinschutt aus der Masch, südlich Schacht I. In den Jahren 1992 bis 1994 wurde zuletzt Staßfurt-Steinsalz aus Bergekammern zwischen der 550- und 634 m-Sohle in die noch leerstehenden Abbaue transportiert. Insgesamt wurden schätzungsweise über 65 mio. t Versatz in leer geförderte Abbaukammern gemäß den bergpolizeilichen Vorschriften verbracht.

Der zuletzt im Konti-Betrieb angelieferte Rückstand der Fabrik mußte fast ständig in Bewegung gehalten werden, damit er nicht fest wurde. Er wies nämlich noch knapp 10 masse-% MgCl2-Restfeuchte auf und war etwa 60°C warm, als er über eine Fall-Leitung im Schacht II auf der 400 m-Sohle ankam. Wegen des Konti-Betriebes mußten Störungen vermieden werden, deshalb wurde seit dem Jahre 1976 am Schacht I über Tage eine Art Zwischenbunker in Betrieb genommen. Vom Schacht II lief der Versatz dann unter Tage über ein weitverzweigtes Transportbänder-System auf der 530- und 654 m-Teilsohle über mehr oder weniger saigere Versatzlöcher in die einzelnen Abbaue. Dort wurde er durch Schaufelbagger in den Abbauen rundum bis an die Stöße verteilt und glatt geschoben.

Besonders im Nordostfeld auf der 774 m-Sohle fiel nach der Beendigung des dortigen Ab-baus etwa im Jahre 1987 auf, daß bis zu 1,5 m hoch Versatzlauge in den dortigen Strecken stand. Befahrungen im Jahre 1996 zeigten aber, daß ein Großteil der Lauge verdunstet bzw. daraus ent-sprechende Salze auskristallisiert waren. Der in die Abbaukammern eingebrachte Fabrikrückstand wurde übrigens schon nach wenigen Jahren so fest, daß er problemlos durchbohrt und durchfahren werden konnte.

AUFBEREITUNG DER KALIROHSALZE ÜBER TAGE

Auch bei der folgenden kurzen Zusammenfassung der über-tägigen Salzaufbereitung waren die Veröffentlichungen von ZIRKLER (1973) und SLOTTA (1980) eine wesentliche Hilfe.

Die getrennte Förderung von Carnallitit, sowie mehr oder weniger hochprozentigem Sylvinits erforderte schon anfangs den Bau einer Chlorkaliumfabrik. Sie wurde dann auch im Mai 1901 in Betrieb genommen. Sowohl der Sylvinit als auch der Carnallitit als Rohsalz wurden damals getrennt dem Heißlöseverfahren unterworfen, beim Sylvinit und Carnallitit blieb dabei das Steinsalz als Rückstand zurück. Beim Abkühlen der an KCl gesättigten Lauge kristallisierte in einem riesigen Kristallisierraum in 228 Kühlkästen Sylvin aus. Der Sylvin wurde getrocknet,

die Restlösung erneut der Verlösung von Rohsalz zugeführt. Beim Carnallitit blieb das MgCl2 beim Abkühlen in Lösung, Sylvin kristallisierte aus.

In den Jahren 1922 – 1925 wurde das Bottichlöseverfahren eingeführt. Das Rohsalz bestand jetzt zu einem hohen Prozentsatz aus Ronnenberg-Sylvinit. In 10 m hohen Lösebottichen mit einem Fassungsvermögen von je 200 m³ wurde das aufgemahlene Rohsalz mit heißer Löselauge eingespült. War dann die KCl-Lösung gesättigt, wurde sie abgelassen und einer Vakuum-Kühlanlage oder den schon erwähnten Kühlkästen zugeführt. Die Kühlkästen übrigens lieferten gröbere Sylvinkristalle als die Vakuumkühlanlage. Gleichzeitig wurde erstmalig die Kaltverlösung des Carnallitits praktiziert, MgCl$_2$ geht in der ›Zersetzungsendlauge‹ in Lösung und wird abgestoßen. Das zurückbleibende Salz wird nach Korngröße getrennt. Das feinkörnige Salz, auch Rührsalz genannt, weist schon etwa 20 – 30 % K$_2$O auf, das gröbere Kristallisat wird der Heißverlösung im Sylvinitprozeß beigegeben.

Nach dem II. Weltkrieg wurde 1951 die Heißverlösung durch eine Lösestraße mit einem Schnecken- und Schrauben-Löser erweitert. Auch wurde die Flotation eingeführt. Durch feine Luftbläschen schwimmen hierbei feine Sylvinkristalle aus dem Rührsalz auf.

Im Jahre 1956 fiel der Entschluß, verstärkt vor allem den Staßfurt-Carnallitit zu nutzen. Es wurden zwei neue Lösestraßen wieder mit Schnecken- und Schrauben-Löser gebaut, um das Bottich-Löseverfahren zu ersetzen, das u. a. gegen die schlammbildenden Feinanteile des Staßfurt-Carnalli-tits störungsanfällig war. Zusätzlich wurde u. a. ein Rohlösungsklärer, eine Granulierungsanlage für feinkörnige Produkte und eine neue Vakuumkühlanlage gebaut.

In den zwei letzten Jahrzehnten sah der Fabrikationsprozess folgendermaßen aus: Der Rohsalzrundspeicher mit Rührwerk gab Rohsalz an die Kaltzersetzungsanlage ab. Es entstand eine konzentrierte MgCl$_2$-Zersetzungsendlauge, die bis 1992 zum großen Teil zur Magnesiumproduktion bei der Fa. Norsk Hydro nach Norwegen versandt wurde. Rührsalz und grober Zersetzungsrückstand wurden zum Rohlösungsklärer geleitet. Der dortige feine Rückstand und der grobe Rücküstand aus dem Schneckenlöser wurden entwässert und als Versatz nach unter Tage verbracht. Anschließend wurde die geklärte Rohlösung den zwei Vakuumkühlanlagen zugeführt. Dort entstanden dann die Verkaufsprodukte ›50er Kali grob‹ und ›60er Kali grob‹ bzw. ›60er Kali staubfrei‹ und ›60er Kali coarse‹. (Abb. 15) Seit 1925 wurden auch Magnesiumchlorid und Brom als Verkaufsprodukt genutzt. Ausgangspunkt war die konzentrierte MgCl$_2$-Zersetzungsendlauge, die auch Brom enthielt. Brom wurde in Reaktionstürmen nordöstlich Schacht I aus der Zersetzungsendlauge mit Chlor ausgetrieben, in

Kondensationsanlagen verflüssigt und dann gereinigt. Das schwere, dunkelbraune, flüssige Brom wurde vor und nach dem II. Weltkrieg in Glasflaschen dem Verbraucher verkauft. In den vergangenen Jahrzehnten versandte man das Brom, etwa 2000 t jährlich, in Spezialkesselwagen. Die 33 %ige $MgCl_2$-Lauge wurde größtenteils bis 1992 zur Produktion von metallischem Magnesium bei der Fa. Norsk Hydro nach Norwegen versandt, der Rest über eine Laugenleitung der Innerste bei Heinde zugeführt.

NACHWORT

Das Kaliwerk Salzdetfurth mußte im März 1992 Förderung und Produktion einstellen, weil keine Wirtschaftlichkeit, insbesondere beim Verkauf von $MgCl_2$-Lauge, gegeben war, da die schon erwähnte norwegische Fa. Norsk Hydro einen anderen Rohstoff für ihre Magnesiumproduktion verwendete.

Auf Grund der zahlreichen großflächigen Carnallititauschlüsse besteht für das Grubengebäude von Seiten der Bergbehörde eine Befreiung von der Flutungsauflage, siehe BREIDUNG (1999). Eine ›trockene Verwahrung‹ war demnach geboten. So sind mittlerweile die Schächte I, II und III mit Dichtelementen in den Füllsäulen gegen mögliche Wasserzuflüsse gesichert. Über Tage, vor allem im Bereich der ehemaligen Fabrik wurden die Gebäude größtenteils abgerissen. Ein Teil noch wird einmal von der Katzenstreu produzierende Firma CATSAN, zum anderen von der Baustoff-Firma CIRKEL genutzt.

DAS KALIWERK UND DIE STADT BAD SALZDETFURTH

Vom Ende des 19. Jahrhunderts bis 1992 war das Kaliwerk für Handel und Wandel in Bad Salzdetfurth und die ganze umgebende Region ein bestimmender Faktor. Nicht nur, dass meist 800 bis 1500 Mitarbeiter hier Arbeit und Brot fanden, klein- und mittelständische Betriebe ihre Produkte absetzen konnten, sondern auch die Stadt Bad Salzdetfurth wurde u. a. durch das Gewerbesteueraufkommen und durch den Bau vieler Werkswohnungen des Kaliwerkes bei der Bewältigung der zahlreichen kommunalen Aufgaben stark unterstützt.

Hier besonders erwähnt werden, sollen Werksfeuerwehr und Grubenwehr mit ihren so vorbildlichen Einsätzen. Sie blieben nicht nur auf das Werksgelände beschränkt. Während die Werksfeuerwehr bei Not- und Katastrophenfällen lokal aushalfen, so kam die Grubenwehr öfter auch überregional zum Einsatz. So z. B. bei der Untertage-Brandkatastrophe in der ehemaligen Eisenerzgrube ›Hannoversche Treue‹ bei Salzgitter-Bad, bei dem heute noch häufig erwähnten großen Wassereinbruch in die damalige Eisenerzgrube bei Lengede und zuletzt bei dem Untertage-Großbrand auf dem jetzt stillgelegten Braunkohlebergwerk Stolzenbach in Nordhessen.

Ein Glanzpunkt bei Firmenjubiläen, Fachtagungen, Festen des Bergmannvereins usw. war das Auftreten der Bergmannskapelle. Nach dem II. Weltkrieg ursprünglich im Bergmannsverein angesiedelt, wurde sie 1956 vom Werk übernommen. In der Musikkapelle waren zwischen 25 und 30 Mann aktiv. Sie hat bis zur Schließung des Werkes mit ihren vielfältigen musikalischen Darstellungen, u. a. mit dem so reichen bergmännischen Liedgut immer viel zur festlichen Gestaltung der einzelnen Ereignisse beigetragen.

16|

17|

Auch das sei am Rande erwähnt. Durch die Ende des
19. Jahrhunderts mit den Grundeigentümern in Salzdetfurth abgeschlossenen Salzgewinnungsverträge wurde
über viele Jahrzehnte Förderzins je nach Fördermenge
und Abbauregion gezahlt. Der Förderzins – eine aus dem
Mittelalter stammende Abgabe – hat nicht unwesentlich
zum Wohlstand einiger Bürger der Stadt Bad Salzdetfurth
im 20. Jahrhundert beigetragen.

GEBÄUDE

1. BETRIEBSBAUTEN

Das Kaliwerk Salzdetfurth hat im Laufe seines Bestehens
eine Vielzahl von Gebäuden im Bereich der Stadt Bad
Salzdetfurth hinterlassen. An sie soll im Folgenden kurz
erinnert werden. Das Betriebsgelände läßt sich regional
in vier Bezirke einteilen. Zuerst erstanden die Bauten um
den Schacht I, dem Förderschacht, westlich und oberhalb
von Bad Salzdetfurth gelegen, d. h. die Schachthalle
mit dem Fördergerüst, ein Gebäude für die Fördermа-
schine, sowie weitere für die Kaue und Markscheiderei,
die bergmännische Leitung, Werkstätten, später eine
Stapelanlage für Versatz usw. Hier soll das Fördergerüst
noch erhalten bleiben, als Denkmal des Kalibergbaus und
Wahrzeichen für die Stadt Bad Salzdetfurth. – Etwa 0,5 km
weiter südlich vom Schacht I wurde der Schacht II (Abb. 17)
abgeteuft. Lange Jahre war er bis zuletzt Material- und
ausziehender Wetterschacht. Von diesem Betriebsgelände
ist fast nichts mehr zu sehen. – Anders die Situation am
Schacht III, dem ehemals jüngsten Schacht des Werkes,
östlich und weit oberhalb der Lamme gelegen und knapp
1,8 km vom Schacht I (Abb. 16) entfernt. Der jetzt verfüllte
Schacht diente zuletzt vornehmlich als Seilfahrt- und
Materialschacht. In dem nur 30 Jahre alten Gebäude
nördlich davon waren zuletzt in der einen Hälfte die
Kauen und in der anderen die bergmännische Leitung
untergebracht. Heute dient dieser Gebäudeteil der Leitung
des K+S-Bereiches ›Inaktive Werke‹.

Das weite Fabrikgelände, unmittelbar westlich der
Bahnlinie Hildesheim-Kreiensen beginnend, hatte in
Nord-Süd-Richtung eine Erstreckung von 1,5 km. In
Ost-West-Richtung war es bis zu 0,5 km breit. Wie man
unschwer von der neuen Umgehungsstraße sehen kann,
die am ehemaligen Fabrikbereich westlich vorbeiläuft, sind
die meisten Gebäude abgerissen. Ein Rest wird noch von
den erwähnten Firmen CATSAN und CIRKEL genutzt. Auch
in der Masch, südlich der Tennisplätze sind noch Spuren
der einstigen Laugespeicher-Becken und wenige ehemalige
Produkten-Schuppen zu sehen. Hier soll auch in Zukunft
ein Gewerbegebiet entstehen. Der ehemalige Güter-
Verladebereich ist immer noch imponierend mit seinen
insgesamt sechs Nebengeleisen. Hier wurden zigtausende
von Eisenbahnzügen mit Kalium-Magnesium-Produkten
beladen, teils in Säcken, teils als Schüttgut und zu den
Überseehäfen verschickt.

Auffallend ist auch das unmittelbar nördlich der Griesbergstraße, westlich der Eisenbahnbrücke gelegene Verwal-
tungsgebäude. Es diente nicht nur der lokalen Verwaltung
und der Werks-leitung, sondern von 1945 bis 1953 auch der
Konzernleitung der SALZDETFURTH AG, die wegen der
Teilung Deutschlands den einstigen Stammsitz in Berlin
verlassen mußte.

2. WERKSWOHNUNGEN

Mit Beginn der bergbaulichen Aktivitäten bis weit in die
achtziger Jahre des letzten Jahrhunderts hinein waren
Werkswohnungen bei den Mitarbeitern des Kaliwerkes
sehr gefragt. So entstanden meist Mehrfamilienhäuser
vorwiegend über das ganze südliche Stadtgebiet verteilt,
z. B. im Wietföhr, am Bergmannsweg, an der Bodenburger
Straße, an der Elsa-Brandstroem-Straße, Auf der Hollig.
Die Wohnungsnot war bis 1980 während des ganzen
20. Jahrhunderts ein großes Problem für Arbeiter und
Angestellte des Werkes, u. a. bedingt durch die Folgen
des ersten und zweiten Weltkriegs. – Auch kam es schon

18 |

1900 am Kluskamp zum Bau eines Ledigenheimes, von der Bevölkerung ›Bullenkloster‹ genannt. – Auf der Südseite der Griesberg- und in der Süllbergstraße wurden sogenannte ›Beamten-Wohnungen‹ erstellt. Auf der Nordseite der Griesbergstraße sind noch heute drei ›Direktoren-Villen‹ zu sehen.- Für kurzfristige Besuche von Mitarbeitern aus der damaligen Sowjetisch besetzten Zone Deutschlands, die bis 1945 u. a. auf den Kali- und Kupferschieferbergwerken der SALZDETFURTH AG arbeiteten, stand das Hotel Kronprinz nach dem II. Weltkrieg zur Verfügung, Auch fanden hier Fachtagungen nicht nur der Salzdetfurth AG und Kali & Salz AG statt, sondern auch viele Jubiläen, Firmen-, Vereins- und Familienfeste hatten hier einen würdigen Rahmen gefunden.

Mitte der sechsziger Jahre stiegen die Ansprüche an einen Wohnraum, mehr und mehr bauten viele Mitarbeiter des Werkes Eigenheime. Die Nachfrage nach Werkswohnungen nahm zunehmend ab. Mit der Schließung des Kaliwerkes wurde dann der gesamte ehemalige Bestand an Wohnungen und Häusern, häufig an ehemalige Mitarbeiter, veräußert.

3. BERGBAU – DENKMÄLER

Auf der Westseite der evangelischen St. Georgskirche ist seit 1953 ein relativ kleines, steinernes Relief angebracht, das einen Soltman darstellt. Es trägt die Jahreszahl 1569, zählt so zu den ältesten Denkmälern der Stadt. Der Sage nach ist hier der Salzdetfurter Obermeister der Salzsieder-Innung dargestellt, der zu dieser Zeit dem Herzog von Braunschweig mit angehobener Hand schwört, daß das Salzdetfurther Speisesalz stets unverfälscht sei. Das Schild war früher meist am Haus des jeweiligen Bürgermeisters angebracht gewesen.

Mit dem eigenen Elan der Bergleute des Kaliwerkes wurden seit den siebziger Jahren des vorigen Jahrhunderts mehr und mehr Erinerungstücke an den Kalibergbau aufgestellt.

Anfangs waren es die kleinen ehemaligen, schwarz angestrichenen Förderwagen, auch Hunte genannt. Etwa acht an der Zahl, sind sie an markanten Plätzen über die ganze Stadt Bad Salzdetfurth verteilt. Mitte der achtziger Jahre bekamen die Fördergerüste am Schacht I und III einen grünen Farbanstrich mit roten Seilscheiben. Nach Schließung des Werkes wurde vor dem Hotel Kronprinz eine große Sandsteinskulptur von einem ›modernen Bergmann auf einer Teilschnittmaschine‹ aufgestellt, die im Volksmund nach dem vorletzten Salzdetfurther Bergwerksdirektor auch HOTZE II genannt wird. Die Darstellung knüpft an die Darstellung von 1569 an. (Abb. 19)

In der Nähe des Bergbaumuseum kam später noch eine in schwarz-roter Farbe gehaltene, große Seilscheibe dazu. Auch das ehemalige, auffallende Fördergerüst über dem Schacht I soll erhalten bleiben. Ein Stiftungsverein unterstützt vehement dieses Vorhaben, ein weiteres Denkmal an die ehemalige Kaliindustrie zu erhalten. (Abb. 20)

4. STADTHISTORISCHES MUSEUM, SALZ- UND KALI-BERGBAUMUSEUM

Schon 1898 in der Gründungsakte des Salzdetfurther Bergmannsvereins wurde betont, daß die Wahrung und Pflege bergmännischen Brauchtums und Tradition mit die wichtigste Vereinsaufgabe sei. So wurde auf dem ältesten westdeutschen Kaliwerk von vielen ehemaligen, nun ehrenamtlich tätigen Bergleuten in Zusammenarbeit mit dem Stadtrat und der Stadtverwaltung vom Jahre 1985 an das Salzdetfurther Kalibergbau-Museum (Abb. 18) Schritt für Schritt aufgebaut. Im Mai 1987 schon konnte das Museum mit immerhin drei Räumen eröffnet werden. Viele meist im Ruhestand stehende Hauer und Steiger haben dann vorbildlich in jahrelanger, emsiger Arbeit das Museum weiter ausgebaut und ein wirklich sehenswertes, weithin bekanntes Museum errichtet, das vielseitig, dekorativ und interessant im Detail überwiegend über den ehemaligen Kalibergbau und seine Entwicklungsgeschichte informiert.

Das Museum befindet sich mitten im alten Ortskern, gegenüber der St. Georgs–Kirche. In dem alten Fachwerksgebäude sind auf ungefähr 600 m² Fläche, auf drei Stockwerken in 15 Räumen fünf Abteilungen untergebracht: In der ersten Abteilung wird mit vielen Karten und Schaubilder die Entstehung von Salz- und Kalilagerstätten vor 250 Millionen Jahren im Zechstein, im oberen Perm, gezeigt. In Vitrinen können die verschiedenen Salzkristalle und -gesteine auch der Salinarzyklen in den übrigen Erdzeitaltern in Mitteleuropa betrachtet werden.

In der zweiten Abteilung kann man sich detailliert über die technische Entwicklung des hundertjährigen Salzdetfuther Kalibergbaus informieren. Nicht nur Schautafeln, Urkunden, Bilder, sondern ein maßstabgetreuer, im Kalilager erstellter Streckenvortrieb, sowie ein

19|

Blindschacht mit heute noch funktionierendem Schachthammer, aber auch bergmännisches Geleucht und Gezähe sind neben Geräten der Grubenwehr zu sehen.

Den Salzpfännern und dem Kurbetrieb ist die dritte Abteilung auf einer Fläche ca. 72 m² und in drei Rämen gewidmet. Hier wird die Bedeutung des Salzes für uns Menschen vom Mittelalter bis in die Gegenwart dargestellt. Zu sehen ist rine originalgetreue Salzsiedekote mit einer Salzsiedepfanne im Stile des 15. Jahrhunderts und eine kleine Salzsiedepfanne mit der noch bis ins 20. Jahrhundert mit Sole aus Salzdetfurther Solequellen Speisesalz gewonnen wurde. Ein anderer Raum zeigt den über 150 Jahre alten Salzdetfurther Kurbetrieb. Die therapeutische Wirkungsweise des Gradierwerkes wird erläutert. Auch eine alte hölzerne Sitzbadewanne ist zu sehen. Über die chemische Zusammensetzung der Sole und der Heilmoore wird informiert. Des weiteren liegen Kurzeitungen aus. In einem dritten Raum wird über die Geschichte des Salzpfännerortes Salzdetfurth informiert. Neben Urkunden fällt die alte Pfänner- und Ratstruhe, sowie das Zinngeschirr der Pfänner und Ratsherren auf. Weiter sind ein altes Bleiglasfenster aus der St. Georgskirche und eine Eingangspforte des alten Gerichtshausrs zu sehen. Interessant auch Gegenstände, die an die den Raum Salzdetfurth schon im Mittelalter stark beeinflußende Familie

18| DAS STADTHISTORISCHE SALZ- UND KALI-BERGBAU-MUSEUM IM ALTEN RATHAUS

19| ›DER SOLTMANN‹, DER IM RAHMEN DER 21. KONTAKT-KUNSTAKTION MIT DEN BILDHAUERN ALMSTADT, KALKMANN UND MÜLLER-KRUG VOR ORT ERSTELLT WURDE, IM HINTERGRUND ›DAS GILDEHAUS‹ DER SALZPFÄNNER

v. Steinberg erinnern. Neben dem geschnitzten, wohl im Jahre 1606 erstellten Steinbergschen Wappenschild ist wieder eine Eingangspforte, dieses Mal vom Steinbergschen Witwensitz zu sehen.

Die vierte Abteilung im Kellergeschoss ist der Heimatkunde gewidmet. Hier wird die Wohnstube eines Salzpfänners gezeigt. In weiteren Räumen werden alte Photographien, Bilder von einheimischen Hobby-Malern, Dokumente aus der Husarenzeit verbunden mit einer alten Salzdetfurther. Familie, sowie Chroniken der Stadt Bad Salzdetfurth und der durch die Gebietsreform 1974 eingemeindeten 14 Ortschaften. Auch eine Sonderausstellung über Carl Hutter ist hier untergebracht. Carl Hutter wurde 1861 in Heinde, nördlich von Bad Salzdetfurth geboren und starb 1912 in Dresden. Bilder und ein Archiv mit reichem Schrifttum erinnern an ihn. Hutter gilt als der Begründer der Psycho- und Physiognomik. Einer Art Charakter- und Seelenlehre, die in verschiedenen Verbänden nicht nur in Deutschland, sondern auch in der Schweiz und in Amerika gelehrt wird und Veröffentlichungen herausbringt.

Im Obergeschoss ist die große, ehemalige Mineralien- und Gesteins-Sammlung des ver-storbenen Salzdetfurther Schachtsteigers Hinke untergebracht. Ein Teil der Sammlung zeigt eine umfangreiche Sammlung von Salzgesteinen und -mineralien aus fast allen Regionen Mitteleuropas. Der andere Teil beinhaltet nicht salinare Gesteine und Mineralien, sowie Erze aus dem niedersächsischen Raum. In diesen Räumlichkeiten tagt übrigens einmal monatlich die Vereinigung der Freunde der Geologie und Mineralogie. Auch ein Vortrags- und Videoraum gibt den Besuchern die Möglichkeit, sich per Videos über das Museum im einzelnen zu informieren.

VEREINSLEBEN

BERGMANNSVEREIN "GLÜCKAUF" E. V.

Der Bergmannsverein ›Glückauf‹ Bad Salzdetfurth ist einer der ältesten noch existierenden Vereine in Bad Salzdetfurth. Er gehört zu den gesellschaftlich tragenden Säulen in dieser Stadt Er hat sich 1898 gleich zu Beginn auch in seiner Satzung hohe Ziele gesetzt, schon zwei Jahre vor Beginn der Förderung. In erster Linie war dies die Förderung der Kameradschaft unter und über Tage, aber auch die Bewahrung von Brauchtum und Tradition spielte eine gewichtige Rolle in diesem im Vergleich zum Erz- und Kohlebergbau doch jungen Bergbauzweig.

Schon zu Beginn konnte der Bergmannsverein seine segensreiche Tätigkeit voll entfalten. Galt es doch mit der steigenden Förderung die Bergleute bei den großen Anforderungen unter Tage vor Ort zur mannschaftlichen Geschlossenheit, zur Hilfsbereitschaft füreinander zu

20 | SEILSCHEIBE AM KULTURBAHNHOF UND DAS FÖRDERGERÜST AM SCHACHT I

bringen. Die unter Tage Beschäftigten kamen ja sicher nicht nur aus dem Bergbau z. B. im Harz, im Ruhrgebiet oder Oberschlesien, sondern auch aus bergbaufremden Branchen, z. B. aus der Handwerkschaft und der Landwirtschaft im Großraum Salzdetfurth. Der Bergmannsverein half dabei in vielfältiger Weise alle zu integrieren. Manchmal auftretende Kaliabsatzkrisen wurden mit Kameradschaft bewältigt.

Der erste Weltkrieg und seine Folgen brachte für den Salzdetfurther Bergmannsverein eine riesige Belastungsprobe mit sich. Nicht nur die Bergleute als Soldaten an der Front, die vielen Gefallenen., die Witwen und Halbwaisen, die mangelnde Versorgungslage, die beginnde Energie- und Kaliabsatzkrise machten sicher auch dem Salzdetfurther Bergleuten und ihrem Verein schwer zu schaffen. Nach diesem Krieg wurde die Lage nicht besser. Die politischen Wirren in der Weimarer Zeit mit Inflation, Absatzkrisen und Arbeitslosigkeit belateten natürlich auch den Bergmannsverein und seine Mitglieder schwer.

Das sogenannte ›Dritte Reich‹ brachte zwar eine wirtschaftlihe Erholung mit sich. Auch die Salzdetfurther Kaliförderung stieg bis 1944 stetig an. Aber der Bergmannsverein wurde von der National Sozialisten Deutschen Arbeiter Partei ›gleichgeschaltet‹ und im Jahre 1935 formal aufgelöst, siehe Krems & Fründt (1998).

Das in jeder Richtung katastrophale Ende des zweiten Weltkriegs erschütterte auch das Kaliwerk zutiefst. Die vielen Gefallenen, die Witwen, Halbwaisen und Waisen, die Bombentoten, die Kriegsgefangenen, die vielen Opfer durch die Vertreibungen aus dem Osten Deutschlands, die Flüchtlinge, die Evakuierten brachten auch nach Bad Salzdetfurth in jede Familie viel Elend.

Doch die Bergleute ließen bereits 1946 den Bergmannsver-ein Glückauf wieder aufleben. Die versteckten Vereins-fahnen, die Säbel, die Bergmannstracht wurden freudig herausgeholt. So erstarkte das Vereinsleben zusehends. Wieder stand die Pflege der Kameradschaft unter und über Tage im Vordergrund, ohne aber die Pflege von Tradition und bergmännischem Brauchtum zu vernachlässigen. Bei vielen Treffen, bei denen nicht gerade selten Jubilare und verdienstvolle Mitglieder geehrt wurden pflegte man das Vereinsleben mit Hingabe und Frohsinn. Höhepunkte waren die Bergmannstage, auch Knappentreffen genannt, in Bad Salzdetfurth. 1973 und 1998 nahm man das 75- und 100jährige Jubiläum, um zusammen mit niedersächsischen Bergleuten und den Bürgern aus dem Großraum Salzdet-furth kräftig mit einer Bergparade und vielen Festlichkei-ten fröhlich zu feiern.

Die Schließung des Werkes hat auf die Mitgliederzahlen keine große Auswirkungen gehabt. Hatte der Verein noch 1998 noch 400 Mitglieder, so sind es im Frühjahr 2009 noch 340 Mitglieder. Davon gehören 100 der Frauengruppe und noch 40 dem Salzdetfurther Spielmannszug an.

DER SPIELMANNSZUG IM BERGMANNSVEREIN

Im November 1952 kam bei einigen Mitgliedern des Bergmannsvereins der Gedanke auf, einen Spielmannszug aufzubauen. Die Schwierigkeiten waren groß, fehlte es doch an fast allem. Nur der gute Wille war da. Man tagte anfangs im alten Schießstand im ›Neuen Krug‹. Durch Spenden und Eigenmittel kam man für die Trommler und Pfeifer zu neuen Instrumenten, Noten und Zubehör. Beim Bergmannsfest in Rössing schon konnte man in Tracht, d. h. in weißen Hemden, schwarzen Hosen und Mützen auftreten. 1957 wurden vier junge Männer für den Spiel-mannszug gewonnen. Nach 1961 konnte man sogar Hörner anschaffen, die dann mit Begesterung genutzt wurden. 1963 stießen gleich 17 Jugendlichen zum Spielmannszug, darunter vier Mädchen. Vom Jahre 1972 an wurden auch ältere und neue Schlager ins Musikprogramm aufgenom-men. Der Spielmannszug war sehr aktiv. Er spielte nicht nur auf Bergmannsfesten im regionalen Bereich, er gab Konzerte sogar in der Partnerstadt von Bad Salzdetfurth, der spanischen Stadt Benicasim. Von 1996 an nahm man öfter am Kölner Rosenmontagszug teil.

DIE DAMENGRUPPE IM BERGMANNSVEREIN

In den Jahren 1971/72 konnten auch die Ehefrauen der Bergmänner nach unter Tage einfahren und vieles besichtigen. Die 427 Teilnehmerinnen waren davon begeistert. So kam dann auch der Ge-danke auf, eine Damengruppe im Salzdetfurther Bergmannsverein zu gründen. Anfangs waren es 25, 1998 schon 83 und derzeit 100 Frauen. Man trifft sich einmal im Monat zum Kegeln, unternimmt viele Wanderungen, hauptsächlich aber unterstützt man den Bergmannsverein bei Vereinsveran-staltungen, Bergmanns- und Stadtfesten.

TENNISVEREIN ROT – WEISS BAD SALZDETFURTH E. V.

Nach einer Idee des legendären, mit Bodenburg familiär verbundenen ›Tennisbarons‹ Gottfried von Cramm wurde nach dem II. Weltkrieg auf den Werksanlagen der Salzdetfurth AG, unter anderem auf den Kaliwerken Sigmundshall, Hansa, Braunschweig-Lüneburg, Hattorf. und als erstes 1950 in Bad Salzdetfurth ein Tennisclub gegründet. Es war auf Jahre hinaus der erste Tennisverein im Landkreis Hildesheim. Bei der Einweihungsfeier von zwei Tennisplätzen auf Salzdetfurther Werksgelände im Jahre 1951 war Gottfried Freiherr v. Cramm persönlich anwesend, spielte anfangs ein wenig mit dem damaligen Clubmeister und Vereinsvorsitzenden Hufeland, dann vor allem gegen den leistungsstarken Hans Denke vom DTV Hannover. Der Tennisclub Rot-Weiß wurde noch viele Jahre vom Kaliwerk unterstützt, war und ist aber sonst selbstständig. Der in Bad Salzdetfurth, direkt südlich der Schachtstraße gelegene Club wurde mittlerweile durch vorbildliche Eigenleistungen stark vergrößert, hat ein schönes Clubhaus und vier Plätze. Mit 120 Mitgliedern erfreut sich der Club weiterhin großer Beliebtheit. Der Club nimmt ständig seit vielen Jahren an Wettkämpfen des Niedersächsischen Tennisverbandes teil.

SEGELFLIEGERGRUPPE BAD SALZDETFURTH E. V.

Von Seiten des Werkes wurde vom Jahre 1952 an auch eine Segelfliegergruppe über viele Jahre tatkräftig unterstützt. Anfangs von 50 Mitgliedern, meist Bergleuten, selbst erstellten Segelflugzeugen wurde von 1952 an auf Segel-flugplätzen in Gandersheim und Hildesheim dem Flugsport gehuldigt. Das Werk stellte für die Fluggeräte am Schacht II einen Schuppen zur Verfügung. Bereits ab Juli 1960 konnte westlich von Wesseln, südlich des Steinberg auf einem eige-nen Flugfeld der Flugsportbetrieb aufgenommen werden. Durch das große Engagement der Mitglieder nahm nicht nur die Zahl der Segelflugzeuge zu. Auch die Flugsport-anlage und der Flugbetrieb wurden ständig vergrößert und verbessert. Im Herbst 2008 hatte der Verein 75 Mitglieder, nur 10 davon sind passiv. Derzeit stehen an Segelflugzeugen 2 Doppelsitzer, 4 Einsitzer und 1 Motorsegler zur Verfü-gung. Auch der Modellflugzeug-Bau- und -betrieb wurde mit vorbildlichem Eifer betrieben. Aber als das Modell-fluggelände in der Ohe bei Bodenburg verloren ging, hat sich die Modell-Fliegergruppe inzwischen fast aufgelöst. Jung und Alt glänzen in diesem Verein durch ständiges Leistungsstreben, unterstützt von fünf ehrenamtlich tätigen Fluglehrern. Während der Winterpause werden Schulungskurse und Wartungsarbeiten durchgeführt Auch Jugendarbeit wird groß geschrieben. Eine ansehnliche Anzahl von Leistungssportlern nimmt an Wettbewerben, u. a. an Deutschen- und Weltmeisterschaften teil. |

LITERATURVERZEICHNIS

VON DEN SALZQUELLEN ZU DEN SALZDETFURTHER SALINEN:
• KABUS, F. (1961): SOLE, SALZ UND SÖDER. EIN GANG DURCH DIE
  GESCHICHTE VON BAD SALZDETFURTH. BEARBEITER: WILHELM
  KUTSCHBACH, HERAUSGEBER: STADTVERWALTUNG BAD SALZDETFURTH.
• KAYSER, K. (1884): CHRONIK DES IM FÜRSTENTUM HILDESHEIM
  GELEGENEN SOL- UND FICHTENNADEL-BADEORTS SALZDETFURTH.
  80 S. VERLAG HEINRICH FEESCHE, HANNOVER.
• V. STRUENSEE, G. (1999): 110 JAHRE KALIWERK SALZDETFURTH –
  EIN HISTORISCHER ÜBERBLICK. – KALI UND STEINSALZ 135 NR. 12,
  816–822. VERLAG GLÜCKAUF.

DIE ENTDECKUNG DER MINERALDÜNGUNG UND
DER KALILAGERSTÄTTE IN BAD SALZDETFURTH:
• HOTZE, H. (2000): BAD SALZDETFURTH – KALIBERGBAU.
  43 S. EIGENVERLAG.
• HOTZE, H. (2007): CHRONIK 20 JAHRE BERGBAUMUSEUM
  BAD SALZDETFURTH. 52 S. EIGENVERLAG
• KABUS, F. (1961): SOLE, SALZ UND SÖDER. EIN GANG DURCH DIE
  GESCHICHTE VON BAD SALZDETFURTH. BEARBEITER: WILHELM
  KUTSCHBACH, HERAUSGEBER: STADTVERWALTUNG BAD SALZDETFURTH.
• KAYSER, K. (1884): CHRONIK DES IM FÜRSTENTUM HILDESHEIM
  GELEGENEN SOL- UND FICHTENNADEL-BADEORTS SALZDETFURTH.
  80 S. VERLAG HEINRICH FEESCHE, HANNOVER.
• V. LIEBIG, J. (1840): DIE ORGANISCHE CHEMIE IN IHRER ANWENDUNG
  AUF AGRIKULTURCHEMIE UND PHYSIOLOGIE. VERLAG VIEWEG,
  BRAUNSCHWEIG.
• SCHRADER, OTTO (~1930): ERINNERUNGEN AN MEINEN VATER OSKAR
  SCHRADER. UNVERÖFF. BRIEF. ARCHIV BEREICH GEOLOGIE KALI UND
  SALZ AG KASSEL.
• V. STRUENSEE, G. (1999): 110 JAHRE KALIWERK SALZDETFURTH –
  EIN HISTORISCHER ÜBERBLICK. KALI UND STEINSALZ 135 NR.12,
  816–822. VERLAG GLÜCKAUF, ESSEN

DAS KALIWERK SALZDETFURTH – EINE KURZBESCHREIBUNG
DIE GEOLOGISCHE SCHICHTENFOLGE UNTER TAGE
• GRUPE, O. UND HAACK, W. (1914): ZUR TEKTONIK UND STRATIGRAPHIE
  DES HILDESHEIMER WALDES. – 7. JAHRESBER. D. NIEDERS. GEOL. VER.
  ZU HANNOVER.
• GRUPE, O., HAACK, W. UND SEIDL, E. (1915): ERLÄUTERUNGEN ZUR
  GEOLOGISCHEN KARTE VON PREUSSEN USW., BLATT 3926 BOCKENEM,
  1. AUFL. HERAUSGEBER: PR. GEOL. LANDESANST. BERLIN.
• GRUPE, O., HAACK, W., SCHUCHT, F., FULDA, E. UND GÖRZ, G.
  (1930): ERLÄUTERUNGEN ZUR GEOLOGISCHEN KARTE VON PREUSSEN
  USW., BLATT 3926 BOCKENEM, – 2. AUFL. HERAUSGEBER: PR. GEOL.
  LANDESANST. BERLIN.
• HERRMANN, A. G., KÄDING, K.-CHR., V. STRUENSEE, G. (1980):
  KALISALZLAGERSTÄTTEN DES SULFATTYPS: HATTORF (WERRA-FULDA-
  BEZIRK) UND SALZDETFURTH (BEZIRK SÜDHANNOVER). ENTSTEHUNG,
  UMBILDUNG, BERGBAU UND WIRTSCHAFTLICHE NUTZUNG VON
  SALZLAGERSTÄTTEN. – EXK.-FÜHRER E2 UND E5 DMG-TAGUNG 1980,
  FORTSCHR. MINER. BD. 58, BEIH. 2, STUTTGART.
• HERRMANN, A. G. (1981): GRUNDKENNTNISSE ÜBER DIE ENTSTEHUNG
  MARINER SALZLAGERSTÄTTEN. IN: DER AUFSCHLUSS, H. 32. VER. D.
  FREUNDE D. MINERAL. UND GEOLOG. HEIDELBERG.
• V. KOENEN, H. (1899): GEOLOGISCHE BESCHREIBUNG DES
  BUNTSANDSTEINRÜCKENS SÜDLICH VON HILDESHEIM MIT BESONDERER
  BERÜCKSICHTIGUNG DER KALIUNTERNEHMUNGEN. UNVERÖFF. MELDE-
  ARBEIT, ARCHIV BEREICH GEOLOGIE KALI UND SALZ AG, KASSEL.
• V. KOENEN, A., SCHUCHT, F., GRUPE, O. UND SEIDL, E. (1915A):
  ERLÄUTERUNGEN ZUR GEOL. KARTE V. PREUSSEN USW., BL. HILDES-
  HEIM – PREUSS. GEOL. LANDESANST. BERLIN.
• V. KOENEN, A., SCHUCHT, F., DAHLGRÜN, F., GRUPE, O UND FULDA, E.
  (1930A): ERLÄUTERUNGEN ZUR GEOL. KARTE V. PREUSSEN USW., BL.
  HILDESHEIM – PREUSS. GEOL. LANDESANST. BERLIN.
• V. KOENEN, A., GRUPE, O UND SEIDL, E. (1915B): ERLÄUTERUNGEN
  ZUR GEOL. KARTE V. PREUSSEN USW., BL. SIBESSE, 1. AUFL. – PREUSS.
  GEOL. LANDESANST. BERLIN
• V. KOENEN, A., GRUPE, O, FULDA, E. UND GÖRZ, G. (1930B):
  ERLÄUTERUNGEN ZUR GEOL. KARTE V. PREUSSEN USW., BLATT SIBESSE,
  – 2. AUFL.– PREUSS. GEOL. LANDESANST. BERLIN
• KOKORSCH, R. (1960): ZUR KENNTNIS VON GENESIS, METAMORPHOSE
  UND FAZIESVERHÄLTNISSEN DES STASSFURT-LAGERS IM GRUBENFELD
  HILDESIA-MATHILDENHALL, DIEKHOLZEN BEI HILDESHEIM. – INAUG.
  DISS. TU CLAUSTHAL-ZELLERFELD, BEIH. GEOL. JB. 41 HANNOVER.
• KÜHN, R. (1972): SALZMINERALIEN AUS NIEDERSÄCHSISCHEN
  LAGERSTÄTTEN. – FESTSCHRIFT 175 JAHRE. BERICHT NATURHIST. GE-
  SELLSCH. HANNOVER.
• MARTINI, H. J. (1955): SALZSÄTTEL UND DECKGEBIRGE. – ZEITSCHR. DT.
  GEOL. GES., 105, HANNOVER.
• MENNING, M. (1995): A NUMERICAL TIME SCALE FOR THE PERMIAN AND
  TRIASSIC PERIODS: AN INTEGRATIVE TIME ANALYSIS. – IN: SCHOLLE,
  P.A., PERYT, T. M. & ULMER-SCHOLLE, D. S.(EDS.) THE PERMIAN OF
  NORTHERN PANGEA, 1. PALEOGRAPHY, PALEOCLIMATES, STRATIGRAPHY.
  SPRINGER-VERLAG BERLIN.
• MIDDENDORF, E. (1930): UNTERSUCHUNGEN ÜBER DIE ÄLTERE SALZ-
  FOLGE DES ZECHSTEINS ZWISCHEN STASSFURT UND HILDESHEIM. – IN-
  AUG. DISS., PR. GEOL. L. ARCH. LAGERST.-FORSCHG., HEFT 48, BERLIN.
• OCHSENIUS, C. (1877): DIE BILDUNG DER STEINSALZLAGER UND IHRER
  MUTTERLAUGENSALZE UNTER SPEZIELLER BERÜCKSICHTIGUNG DER
  FLÖZE VON DOUGLASHALL IN DER EGELN'SCHER MULDE. – VERLAG C. E.
  M. PFEFFER, HALLE/SAALE.
• SCHACHL, E. (1962): DIE LAGERUNGSVERHÄLTNISSE IM KALIWERK SALZ-
  DETFURTH (HILDESHEIMER WALD - SATTEL) UND IHRE BEZIEHUNGEN
  ZUM BAU DES DECKGEBIRGES. EIN BEITRAG ZUR KENNTNIS KOMPLIZIER-
  TERER SALZ-SÄTTEL. HERRMANN ALDINGER-FESTSCHRIFT, STUTTGART.
• V. STRUENSEE, G. (2000): 110 JAHRE KALIWEK SALZDETFURTH –
  EIN BEITRAG ZUR LAGERSTÄTTENKUNDLICHEN ÜBERSICHT DES
  HILDESHEIMER WALDES. – KALI UND STEINSALZ 136 NR. 3, 114–132.
  VERLAG GLÜCKAUF, ESSEN
• SYDOW, W. (1951): DIE FEINSTRATIGRAPHIE DES RONNENBERG-
  LAGERS UND DIE CARNALLITFÜHRUNG DES LINIENSALZES AUF DER
  SCHACHTANLAGE SALZDETFURTH. – UNVERÖFF. DIPLOMARBEIT DER TU
  CLAUSTHAL-ZELLERFELD.
• SCZEPANKIEWICZ, H. (1947): BEITRÄGE ZUR GEOLOGISCHEN KENNTNIS
  DES SALZDETFURTHER SATTELS. – UNVERÖFF. INAUG. DISS. ALEXAN-
  DER V. HUMBOLDT-UNIVERSITÄT BERLIN.

PALÄONTOLOGISCHE BEFUNDE IM ZECHSTEIN:
• KLAUS, W. (1953): ÜBER DIE SPORENDIAGNOSE DES DEUTSCHEN
  ZECHSTEINSALZES UND DES ALPINEN SALZGEBIRGES. – Z. DT. GEOL.
  GES. BD. 105. F. ENKE VERLAG, STUTTGART.

- MÜLLER, A. & SCHWARTZ, W. (1961): ÜBER DAS VORKOMMEN VON MIKROORGANISMEN IN SALZLAGERSTÄTTEN (GEOMIKROBIOLOGISCHE UNTERSUCHUNGEN III). – ZEITSCHR. DT. GEOL. GES. BD. 105. F. ENKE VERLAG, STUTTGART.

INNENBAU DER SALZDETFURTHER ZECHSTEINSTRUKTUR:

- KOCKEL, F. (1984): DER STRUKTURELLE BAU DES HILDESHEIMER WALDES. EINE NEUINTERPRETATION GEOLOGISCHER UND GEO- PHYSIKALISCHER BEFUNDE. – GEOL. JB., A 75 HANNOVER.
- MARTINI, H. J. (1955): SALZSÄTTEL UND DECKGEBIRGE.- ZEITSCHR. DT. GEOL. GES., 105, HANNOVER.
- SCHACHL, E. (1962): DIE LAGERUNGSVERHÄLTNISSE IM KALI- WERK SALZDETFURTH (HILDESHEIMER WALD-SATTEL) UND IHRE BEZIEHUNGEN ZUM BAU DES DECKGEBIRGES. EIN BEITRAG ZUR KENNTNIS KOMPLIZIERTERER SALZSÄTTEL. HERRMANN ALDINGER- FESTSCHRIFT, STUTTGART.
- V. STRUENSEE, G. (2000): 110 JAHRE KALIWEK SALZDETFURTH – EIN BEITRAG ZUR LAGERSTÄTTENKUNDLICHEN ÜBERSICHT DES HILDESHEIMER WALDES. – KALI UND STEINSALZ 136 NR. 3, 114–132. VERLAG GLÜCKAUF, ESSEN
- SZCZEPANKIEWICZ, H. (1947): BEITRÄGE ZUR GEOLOGISCHEN KENNTNIS DES SALZDETFURTHER SATTELS. – UNVERÖFF. INAUG. DISS. ALEXAN- DER V. HUMBOLDT-UNIVERSITÄT BERLIN.

DIE LAGERSTÄTTE:

- GRUPE, O. UND HAACK, W. (1914): ZUR TEKTONIK UND STRATIGRAPHIE DES HILDESHEIMER WALDES. – 7. JAHRESBER. D. NIEDERS. GEOL. VER. ZU HANNOVER.
- GRUPE, O., HAACK, W. UND SEIDL, E. (1915): ERLÄUTERUNGEN ZUR GEOLOGISCHEN KARTE VON PREUSSEN USW., BLATT 3926 BOCKENEM, 1. AUFL. HERAUSGEBER: PR. GEOL. LANDESANST. BERLIN.
- GRUPE, O., HAACK, W., SCHUCHT, F., FULDA, E. UND GÖRZ, G. (1930): ERLÄUTERUNGEN ZUR GEOLOGISCHEN KARTE VON PREUSSEN USW., BLATT 3926 BOCKENEM, – 2. AUFL. HERAUSGEBER: PR. GEOL. LANDESANST. BERLIN.
- HERRMANN, A. G., KÄDING, K. CHR., V. STRUENSEE, G. (1978): KALISALZLAGERSTÄTTEN DES SULFAT-TYPS: HATTORF (WERRA-FULDA- BEZIRK) UND SALZDETFURTH (BEZIRK SÜDHANNOVER). ENTSTEHUNG, UMBILDUNG, BERGBAU UND WIRTSCHAFTLICHE NUTZUNG VON SALZLAGERSTÄTTEN. – EXK.-FÜHRER E2 UND E5 DMG-TAGUNG 1980, FORTSCHR. MINER. BD. 58, BEIH. 2, STUTTGART.
- MARTINI, H J. (1947/1950): GUTACHTERLICHER BERICHT ÜBER VERBREITUNG UND AUSBILDUNG DES FLÖZES RONNENBERG IM BEREICH UND IN DER UMGEBUNG DES WERKES SALZDETFURTH. UNVERÖFF. GUTACHTEN DES AMTES F. BODENFORSCHUNG HANNOVER.
- SIEMEISTER, D. (1961): PRIMÄRPARAGENESE UND METAMORPHOSE DES RONNENBERGLAGERS NACH UNTERSUCHUNGEN IM GRUBENFELD SALZDETFURTH. – INAUG.-DISS. BERGAKAD. CLAUSTHAL.
- V. STRUENSEE, G. (1999): 110 JAHRE KALIWERK SALZDETFURTH – HISTORISCHER ÜBERBLICK. KALI UND STEINSALZ 135 NR. 12, 816–822. VERLAG GLÜCKAUF.

DIE GEWINNUNG UNTER TAGE:

- HOTZE, H. (2000): BAD SALZDETFURTH – KALIBERGBAU. 43 S. EIGENVERLAG.
- HOTZE, H. (2007): CHRONIK 20 JAHRE BERGBAUMUSEUM BAD SALZDETFURTH, – 52 S. EIGENVERLAG.

- V. STRUENSEE, G. (1999): 110 JAHRE KALIWERK SALZDETFURTH – EIN HISTORISCHER ÜBERBLICK. – KALI UND STEINSALZ 135 NR. 12, 816–822. VERLAG GLÜCKAUF.
- ZIRKLER, F. (1973): UNSER WERK IN VERGANGENHEIT UND GEGENWART. DIE ENTWICKLUNG DER TECHNIK IM WERK SALZDETFURTH DER KALI UND SALZ AG. – BEITRAG Z. FESTSCHRIFT DES BERGMANNSVEREIN "GLÜCKAUF" BAD SALZDETFURTH ZUM 75-JÄHRIGEN JUBILÄUM.

AUFBEREITUNG DER KALIROHSALZE ÜBER TAGE, NACHWORT:

- SLOTTA, R. (1980): TECHNISCHE DENKMÄLER IN DER BUNDESREPUBLIK DEUTSCHLAND, 3, DIE KALI- UND STEINSALZINDUSTRIE. – 780 S. HRSG.: DEUTSCHES BERGBAU – MUSEUM BOCHUM.
- V. STRUENSEE, G. (1999): 110 JAHRE KALIWERK SALZDETFURTH – EIN HISTORISCHER ÜBERBLICK.- KALI UND STEINSALZ 135 NR. 12, 816–822. VERLAG GLÜCKAUF.
- ZIRKLER, F. (1973): UNSER WERK IN VERGANGENHEIT UND GEGENWART. DIE ENTWICKLUNG DER TECHNIK IM WERK SALZDETFURTH DER KALI UND SALZ AG. – BEITRAG Z. FESTSCHRIFT DES BERGMANNSVEREIN ›GLÜCKAUF‹ BAD SALZDETFURTH ZUM 75 JÄHRIGEN JUBILÄUM.
- BREIDUNG, K. P. (1999): BETREUUNG STILLGELEGTER ANLAGEN IN DER KALI UND SALZ GRUPPE. – Z. BERGBAU, H.6.

DAS KALIWERK UND DIE STADT BAD SALZDETFURTH:

- HOTZE, H. (2007): CHRONIK 20 JAHRE BERGBAUMUSEUM BAD SALZDETFURTH. – 52 S. EIGENVERLAG.
- MUNDEL, E. (1998): STADTHISTORISCHES MUSEUM IN BAD SALZDETFURTH – SALZ- UND KALI-BERGBAUMUSEUM. – IN: FRÜNDT, L. & HABENICHT, W. (1998): FESTSCHRIFT 100 JAHRE BERGMANNS- VEREIN ›GLÜCKAUF E. V.‹

VEREINSLEBEN:

- FRÜNDT, L. & HABENICHT, W. (1998): FESTSCHRIFT 100 JAHRE BERGMANNSVEREIN ›GLÜCKAUF E. V.‹. U. A. – MIT BEITRÄGEN VON HILDEBRAND KREMS & LUTZ FRÜNDT, RENATE MEIER, RALF HARBICH UND ERNST MUNDEL. HERAUSGEBER: BERGMANNSVEREIN ›GLÜCKAUF E. V.‹ BAD SALZDETFURTH.
- ZIRKLER, F. (1973): UNSER WERK IN VERGANGENHEIT UND GEGEN- WART. DIE ENTWICKLUNG DER TECHNIK IM WERK SALZDETFURTH DER KALI UND SALZ AG. BEITRAG Z. FESTSCHRIFT DES BERGMANNSVEREIN ›GLÜCKAUF‹ BAD SALZDETFURTH – ZUM 75 JÄHRIGEN JUBILÄUM.
- HARBICH, R. (1998): CHRONIK DES SPIELMANNSZUGES. – IN: FRÜNDT, L. & HABENICHT, W. (1998): FESTSCHRIFT 100 JAHRE BERGMANNS- VEREIN ›GLÜCKAUF E. V.‹.
- MEIER, R. (1998): CHRONIK DER DAMENGRUPPE. – IN: FRÜNDT, L. & HABENICHT, W. (1998): 100 JAHRE BERGMANNSVEREIN ›GLÜCKAUF E. V.‹.
- WUSSMANN, W. (2000): FESTSCHRIFT TENNISVEREIN ROT – WEISS E. V. BAD SALZDETFURTH 1950–2000. – UNTER MITARBEIT VON CHRISTEL MENZEL, ULRIKE FLEISCHHAUER, HEIKE MEYER, URSULA WUSSMANN, ROSE TROTTE UND REGINA UTERMÖHLE.
- SCHEUER, A. (1978): UNSER SPORT – UNSERE FREUDE. – FESTSCHRIFT ZUM 25 JÄHRIGEN BESTEHEN DER SEGEL-FLIEGERGRUPPE BAD SALZ- DETFURTH. UNTER MITARBEIT VON GERHARD SEIBT, ALBRECHT SYDOW, HANS SCHMITZ, MANFRED FRANKE, AXEL HEUER, FRIEDEL MÖKER, GEORG MÖLLER. REDAKTEUR: WILFRIED HENZE. HERAUSGEBER: SEGEL- FLIEGERGRUPPE BAD SALZDETFURTH E.V.

Lamspringe

Neuhof

Groß Ilde

Klein Ilde

Bodenburg

Wehrstedt

Bad Salzdetfurth

Detfurth

Wesseln

Kl. Dünger

Heinde

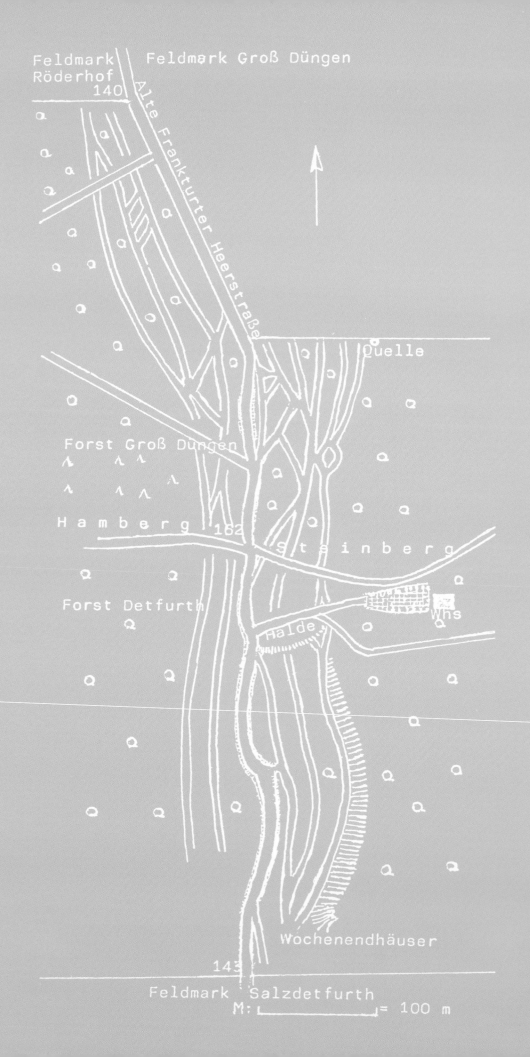

Feldmark
Röderhof   Feldmark Groß Düngen
        140

Feldmark Groß Düngen

Alte Frankfurter Heerstraße

Quelle

Forst Groß Düngen

H a m b e r g   162

S t e i n b e r g

Forst Detfurth

Whs

Halde

Wochenendhäuser

        143
Feldmark
        Feldmark Salzdetfurth
        M: ⊢———————⊣ = 100 m

VON WEGEN, STRASSEN UND BAHNLINIEN •
NOTIZEN ZUR VERKEHRSTECHNISCHEN
ENTWICKLUNG DES LAMMETALES
JÜRGEN TWARDZIK UND STEFAN BÖLKE

02|

Dass das liebliche Lammetal bereits zur Steinzeit Menschen anzog, die hier ihre Lebensgrundlage fanden, davon künden dortige archäologischen Bodenfunde, insbesondere von Feuerstein-Werkzeugen in diesem Gebiet. So entwickelte sich bereits frühzeitig in der durch die Natur bevorzugten Lage im Gebiet der nördlichen Mittelgebirgsausläufer ein überregional bedeutendes Wegesystem, das auch das Lammetal erschloss. In der Hildesheimer Region kreuzte schon damals die Nord-Süd-Verkehrsader den noch bedeutenderen West-Ost-Handelsweg, den so genannten Hellweg. Auch in römischer Zeit muss diese Wegesituation weiterhin eine Rolle gespielt haben. Als am 17. Oktober 1868 durch preußische Soldaten am Hildesheimer Galgenberg zufällig ein römischer Silberschatz aus der Regierungszeit Kaiser Augustus' gefunden wurde, war dies nicht nur eine Sensation, sondern zusammen mit dem in der Hornser Feldmark gefundenen Hufeisen ein wichtiger Beweis dafür, dass diese Wege während der Römerzüge von überregionaler Bedeutung blieben.

Nachdem die Vormachtstellung der Cherusker gebrochen war, geriet die Region im Verlauf des 4. Jahrhunderts unter Einfluss der Sachsen. Erst mit den durch Karl d. Großen im Jahre 772 angezettelten Sachsenkriegen, erreichten die Franken drei Jahre später das Hildesheimer Gebiet. Nach und nach verschob sich das Machtgefüge zugunsten der Franken, die neben ihrem Expansionsbestreben ebenso die Christianisierung des Landes voranzutreiben verstanden. Noch vor Beendigung der Sachsenkriege im Jahre 804 wurden mit Hilfe von Bistumsgründungen, wie Münster, Bremen, Osnabrück, Paderborn, Minden und Verden die fränkischen Machtstrukturen gefestigt (Reyer 1999, S. 1 ff.). Nicht von ungefähr berücksichtigte Ludwig der Fromme bei der Gründung des Bistums Hildesheim die verkehrstechnisch hervorragende Lage dieses Landstrichs. Die enge Verbindung des Lammetals zu Hildesheim konsolidierte sich unter dem legendären Bischof Bernward, letztlich auch durch die Errichtung einer Archidiakonatskirche in Detfurth, von der aus weitere Tochterkirchen gegründet wurden. Um 1200 führte die wirtschaftliche Stellung des Archidiakonats sogar zur Eingliederung in die Hildesheimer Dompropstei (Kabus 1961, S. 9 f.).

Salzdetfurth konnte sich in der Folge aufgrund seiner besonderen Lage an der Frankfurter Heerstraße, eine alte Verkehrsstraße, die früher den rheinisch-süddeutschen Wirtschaftsraum mit den norddeutschen

01| LINKS| VERLAUF DER FRANKFURTER HEERSTRASSE
IN DER FELDMARK ZWISCHEN RÖDERHOF UND
SALZDETFURTH, GEZEICHNET VON KARL BUSCHE,
GROSS DÜNGEN, ETWA IM MASSSTAB 1:3000,
IN: BUSCHE 1983, S. 108

02| BLICK VOM HANG DES ORTBERGES AUF DIE
ENTLASTUNGSSTRASSE, DEN EHEMALIGEN
LOCKSCHUPPE VON K+S UND DIE ST. GEORGSKIRCHE

Handelshäfen verband, trefflich entwickeln. Durch diese Verkehrsader war die Lammetalregion mit der freien Reichsstadt Frankfurt und direkt mit Hildesheim verbunden, wo sie von dort weiter nach Hannover und Bremen führte. Wie wichtig dieser Heer- und Handelsweg war, dokumentiert ein 1410 aufgestellter Vertrag zur Sicherung des Landfriedens. Wegelagerer und Räuber gefährdeten vor allem den einsam gelegenen Röderhof, den seit 1396 im Besitz der Hildesheimer Karthäuser befindlichen Gutshof. Der Verlauf der Frankfurter Heerstraße berührte von Hildesheim kommend die Marienburg, wo sie das Innerstetal mittels einer Brücke überquerte und in südöstlicher Richtung am Osthang des Sonnenbergs entlang zum Roden hinaufführte. Neben einer Abzweigung in Richtung Groß Düngen, wo man zu einer Brücke bei Heinde gelangte, ging der eigentliche Straßenverlauf über Salzdetfurth weiter nach Bodenburg, Lamspringe, Gandersheim, Northeim und Göttingen. Sowohl die Abhaltung des Hildesheimer Landtages in Röderhof, als auch die Burgen Steuerwald und Marienburg als Schutzburgen und Zolleinnahmestätten verdeutlichen die Bedeutung dieser wichtigen Straße. Ein weiterer Gewinn für Salzdetfurth und die Region war die unmittelbare Nähe zu einer weiteren ins Reich führenden Straße, der 1425 erwähnten ›hilgen rikes rerige strate‹. Diese Reichsstraße nahm von Hildesheim kommend bis Groß Düngen zunächst denselben Verlauf wie die Frankfurter Heerstraße, um dann Richtung Harzvorland zu führen. Schlussendlich gelangte man auf ihr nach Nürnberg. Heute ist sie in der Führung der Bundesstraße 243 weiterhin erkennbar (Kabus 1961, S. 10; Busche 1983, S. 107). Nicht unerwähnt bleiben sollte in diesem Zusammenhang auch der knapp 90 km lange Königsweg, der nördlich von Lamspringe das Lammetal querte. Im 10. und 11. Jahrhundert verband der Hellweg den ehemaligen Königshof in Brüggen mit der einstigen bei Schladen gelegenen Pfalz Werla. Die ›via regis‹ führte dabei durch die Sieben Berge und den Sackwald an der Hohen Schanze vorbei über die Pfalz Königsdahlum bis zur Pfalz Werla, auf der bis zur ihrer 1017 erfolgten Verlegung nach Goslar Reichsgeschichte geschrieben wurde (http://www.freden.de/tourismus/wandern/koenigsweg.html).

Doch zurück zur Frankfurter Heerstraße. Erstaunlicherweise wählte man im Mittelalter für den Straßenverlauf nicht die vermeintlich günstigen Flusstäler, die man eher mied, sondern nahm durchaus höher gelegene Geländesituationen mit deutlichem Steigungsprofil in Kauf. Noch heute kann man im Waldgebiet zwischen den Feldmarken von Bad Salzdetfurth und Röderhof – Groß Düngen im Bereich des Stein- und Hamberges anhand der tief eingeschnittenen und vielfach sich verzweigenden Hohlwege die Trasse erkennen. Trotz des felsigen Untergrundes sind hier im Laufe von Jahrhunderten tiefe Hohlwege entstanden, die eine Begegnung von Fuhrwerken unmöglich machte. Jedes Fahrzeug suchte deshalb der tief eingefahrenen

Spur fernzubleiben und so entstanden weite Wegstreifen, die bis zu 200 Meter breit sein konnten. Im nördlichen Bereich traf die Frankfurter Heerstraße einen labilen Muschelkalkuntergrund, dessen Tongehalt sich bekanntlich durch Verwitterung zu nassem Kleieboden verwandelt und den Straßenverkehr mehr als behindert haben muss. Belegt sind zahlreiche Klagen über den desaströsen Straßenzustand der Frankfurter Heerstraße vor allem bei Salzdetfurth. Schlaglöcher flickte man seinerzeit einfach mit Buschholz, auf das man Steine oder Erde warf. Da dies nicht viel brachte, suchten sich die Reisenden neben der Hauptstraße immer wieder andere Ausweichmöglichkeiten, und so entstanden neue Nebenwege (Busche 1983, S. 107).

Um den Unterhalt der Heerstraße besser zu organisieren, verabschiedete 1675 die Hildesheimer Regierung einen Erlass, der im Amt Marienburg entsprechende Steintransporte regelte. Pferdehaltende Landleute wurden fortan zu Spanndiensten verpflichtet. Gestaffelt nach vorhandenem Gespann waren jährlich entsprechende Fudermengen an Steinen zu gewährleisten. 1722 wurde die Verordnung modifiziert, nun mussten auch Landleute ohne Pferde 12 Tage im Jahr Handdienste für die Unterhaltung der Straße leisten. Dabei wurden die Wegebaudienste allein für die ordentlichen Heerstraßen anerkannt, für die weniger bedeutenden Verbindungswege hatte die Besserungspflicht weiterhin Bestand. An der Frankfurter Heerstraßen wurden in den Jahren von 1722 bis 1726 insgesamt 8100 Spann- und Handdiensttage gezählt. Da der katastrophale Straßenzustand nachhaltig die Handelsmöglichkeiten beeinträchtigte, stellte seit 1722 das Stift Hildesheim sogar einen Wegebaumeister an und erließ viele weitere Wegeverordnungen. An Stelle der Zollerhebung traten für die Finanzierung der Heeresstraßenunterhaltung seit 1781 die Taxen für die Wegegelder in Kraft. Hierzu wurden eigens Wegehäuser errichtet, die zum Teil heute noch erhalten sind, beispielsweise in der Bünte (Hasse 1979, S. 20; Busche 1983, S. 107).

Seit 1777 regelte eine von dem Wegebaumeister entworfene Klassifizierung der Hauptstraßen die Zuschüsse aus der Landeskasse für den Straßenunterhalt. Im ausgehenden 18. Jahrhundert hatte die Frankfurter Heerstraße ihre einstige Bedeutung längst verloren und stand nun an letzter Stelle der Bezuschussungsliste, während hingegen in die Bockenemer Chaussee tüchtig investiert wurde. Auch wenn man für den Unterhalt der alten Heerstraße nicht mehr viel Geld bereitstellte, so blieb die Straße zumindest bis zum Bau der Eisenbahn bei den Fußgängern weiterhin aufgrund ihrer kürzeren Wegeführung beliebt (Busche 1983, S. 107 f.). Eine umfassende Straßenausbesserung fand unter der französischen Herrschaft statt. Der eigentliche Grund war, die französische Armee beweglicher zu machen, doch nicht zuletzt profitierte der Handel von den sanierten Straßen (Hasse 1979, S. 17).

Die permanent leere Stiftskasse und die ewigen Auseinandersetzungen der Stadt Hildesheim mit ihrem bischöflichen Landesherrn standen einem vernünftigen und soliden Ausbau der Verkehrswege lange Zeit im Wege. Hildesheim geriet dadurch gegenüber Braunschweig und Hannover, die ihre Handelsbeziehungen immer weiter verbessern konnten, ins Hintertreffen. Es klingt nahezu tragisch, denn auch im 19. Jahrhundert hatte es die Region weiterhin nicht leicht, denn »in dem Maße, in dem Hannover den Verkehr an sich zog, sank die Bedeutung Hildesheims, ein Nachteil, den Hildesheim noch einmal in der Zeit des Baues der Eisenbahnen deutlich zu spüren bekam« (zitiert in: Busch 1983, S. 108).

EIN WICHTIGES HANDELSGUT: SALZ

Salzdetfurth verdankt seine Existenz, wie es der Ortsname bereits verrät, dem Salz. Mit der sagenumwobenen Entdeckung einer solehaltigen Quelle am Fuße des Sothenberges durch einen Ritter von Steinberg, war der eigentliche Anfang des wirtschaftlichen Aufschwungs dieser Region besiegelt. Salzsieder kamen an die Lamme, rodeten die Wälder und errichteten Siedekoten mit Salzpfannen. Bereits im ausgehenden 12. Jahrhundert waren die Salzpfannen und entsprechende Waldstücke heiß begehrt. Und so ist es nicht

03 | DER BAHNHOF BAD SALZDETFURTH UND DAS KALIWERK SALZDETFURTH MIT DEN SCHACHT-ANLAGEN SALZDETFURTH I (RECHTS) UND SALZDETFURTH II (IM HINTERGRUND), IN: KABUS 1961, S. 100 F.

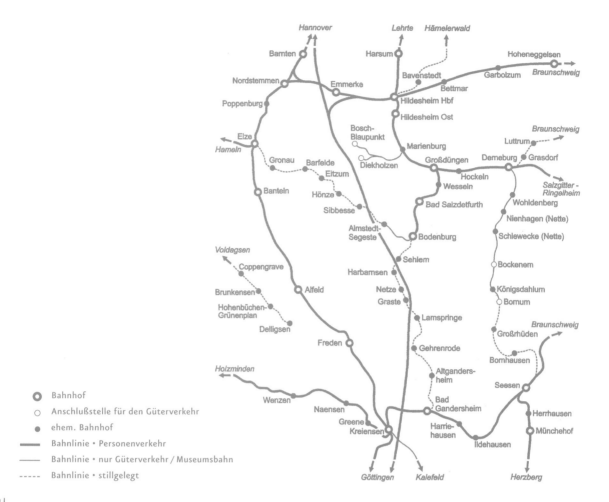

Bahnhof

Anschlußstelle für den Güterverkehr

ehem. Bahnhof

Bahnlinie • Personenverkehr

Bahnlinie • nur Güterverkehr / Museumsbahn

Bahnlinie • stillgelegt

verwunderlich, dass gerade Klöster, wie die Benediktiner-abteien Lamspringe und St. Michaelis in Hildesheim, aber auch Adlige ihr Vermögen mit dem Erwerb von Salzwerken zu vermehren trachteten (Kabus 1961, S. 11).

Dass das Salz für die Lammetalregion seit dieser Zeit ein nicht mehr wegzudenkendes und zugleich bedeutendes Handelsgut wurde, muss an dieser Stelle nicht weiter betont werden. Und so nahm es auf den bereits beste-henden Handelsstraßen seinen Weg zu den Kunden. Eine wesentliche Veränderung der Salzgewinnung, die seit Jahrhunderten durch das Verdampfen der Sole aus salzhaltigen Quellen in holzbeheizten Pfannen erfolgte, bedeutete die bergmännische Salzgewinnung, die um 1835 einzusetzen begann. Preußen ließ im Jahre 1851 erstmals in Staßfurt zwei Schächte abteufen, die ersten ihrer Art in Norddeutschland. Dabei traf man auch auf eine Bittersalze führende Schicht, die man zunächst für Abraum hielt. Erst später erkannte man dessen hohen Kalium- und Magnesiumgehalt. Jahre zuvor hatte bereits Justus Liebig auf die wachstumsfördernden Eigenschaften des Kaliums

hingewiesen. Jedoch erst nachdem die Chemiker Frank und Grüneberg 1861 ein effektives Verfahren zur Kalisalz-verarbeitung entwickelten, begann der Kalibergbau eine interessante Investition zu versprechen. Nachdem 1868 in Preußen das staatliche Salzmonopol fiel, setzte eine rege Bohrtätigkeit nach Kalisalzen ein. 1893 kam es zu ersten erfolgreichen Bohrungen an der Lamme und diese führten zum Entschluss, ein Kalisalzbergwerk in Salzdetfurth anzulegen. Sieben Jahre später konnte schließlich das Kalibergwerk mit all' seinen erforderlichen Gebäuden und Einrichtungen seinen Betrieb aufnehmen. Unzählige, zum Teil bereits im Kalibergbau erfahrene Arbeitskräfte, zogen an die Lamme, um dort zu leben und zu arbeiten. Zählte 1890 der überwiegend von Ackerbürgern, Handwerkern und Kleinlandwirten besiedelte Flecken Salzdetfurth noch 835 Einwohner, so waren es 1900 bereits 1875 Menschen (Kabus 1961, S. 110 f.). Ein modernes Transportmittel, um das man zuvor jahrzehntelang gekämpft hatte, war nun nicht länger entbehrlich und sollte noch im selben Jahr in Betrieb gehen: die Eisenbahn.

05|

04| EISENBAHNLINIEN IM SÜDLICHEN LANDKREIS HILDESHEIM,
   IN: FAHRGASTVERBAND PRO BAHN 2000, S. 6

05| BAHNSCHRANKENHÄUSCHEN IN BAD SALZDETFURTH,
   CA. 1914, ARCHIV: EBERHARD SCHÜLER, BAD SALZDETFURTH

WACHSTUM AUF SCHIENEN

Zwar erreichte die Eisenbahn bereits 1846, von Hannover über Lehrte kommend Hildesheim, doch fand
das Lammetal erst über ein halbes Jahrhundert später
Anschluss an das überregionale Eisenbahnnetz. Sicherlich
waren auch die territorialen Zugehörigkeiten ein Hindernis, denn das bis dahin landwirtschaftlich geprägte Gebiet
gehörte zwar zur Provinz Hannover, doch Bodenburg
und das südöstliche Gebiet ab Gehrenrode gehörten zum
Herzogtum Braunschweig. Dementsprechend waren zwei
unterschiedliche Genehmigungsbehörden zuständig. Für
den Bau der Hauptbahnen sollte sich dieser Umstand
entscheidend auswirken, denn bereits 1853 konnte die
Hannoversche Südbahn bis Alfeld fertig gestellt und ein
Jahr später bis Göttingen verlängert werden. Damit hatten
sich die seit 1846 gehegten Hoffnungen zerschlagen, die
Bahn durch das Lammetal zu führen. Wahrscheinlich
sprachen damals nicht nur allein topographische und
wirtschaftliche Gründe für das Leinetal. Bei der Trassierung über Alfeld und Northeim umging man letztlich auch
das Braunschweiger Territorium. 1855 erhielt Hildesheim

über die gebaute Stichstrecke Hildesheim – Nordstemmen
zwar einen gewissen Ausgleich, doch für die Lammetalregion schien der Eisenbahnanschluss dadurch in noch
weitere Ferne gerückt. 1856 konnte die Braunschweigische
Südbahn von Börßum nach Kreiensen dem Verkehr
übergeben werden. Als Privatbahn ging dann noch 1875
die Hannover-Altenbekener Eisenbahn (HAE) mit der
Strecke Hildesheim – Grauhof bei Goslar ans Netz. Gerade
die beiden wirtschaftlich bedeutenden Ortschaften, die
damalige Kreisstadt Gronau und Lamspringe, fühlten sich
nun regelrecht in eine Abseitslage gedrängt. 1868 und 1878
versuchte man, einen Eisenbahnanschluss zur Stärkung
der Infrastruktur in das Land zu holen. Auch der sich seit
der Mitte des 19. Jahrhunderts langsam aber stetig entwickelnde Kurbetrieb in Salzdetfurth konnte nur von einem
Bahnanschluss profitieren. Beliebt wurde der Ort aufgrund
seiner reizvollen Lage und der zu Heilzwecken hervorragend geeigneten Sole, was zu einem raschen Anstieg der Ba-
degäste führte. Natürlich kam der Ausbau der Straßen dem
Badebetrieb zustatten. Immerhin konnten die Urlauber
inzwischen mit der Eisenbahn bis Groß Düngen gelangen,
von wo sie mit der seit 1871 viermal täglich verkehrenden

Postverbindung nach Salzdetfurth gelangten. Um 1880 formulierte sich endlich ein Eisenbahnprojekt, das auch einen Anschluss Lamspringes von Groß Düngen aus vorsah. Doch es sollten nochmals einige Jahre verstreichen, bis 1889 endlich wieder Pläne diskutiert wurden, die der später realisierten Trassenführung weitgehend entsprachen (Pro Bahn 2000, S. 7; vgl. auch: 25 Jahre Arbeitsgemeinschaft Historische Eisenbahn e. V. Strecken- und Vereinsgeschichte der Almetalbahn 1997, S. 4; Hasse 1979, S. 33).

Im Frühjahr 1893 kam es schließlich zu einer großen Initiative von örtlichen Interessenvertretern, die sich in Versammlungen in Sibbesse und Salzdetfurth formulierte. Neben den Landräten von Marienburg, Gronau und Alfeld, erwies sich vor allem Hildesheims legendärer Oberbürgermeister Gustav Struckmann als unermüdliche Triebfeder. Doch auch Vertreter der braunschweigischen Städte und Gemeinden sowie Vertreter der Handelskammer zogen fortan an einem Strang und gaben ihrerseits finanzielle Zusagen. Für Irritationen sorgte die Zurückhaltung Salzdetfurths, der Flecken, der später ja der größte Nutznießer des Eisenbahnprojektes werden sollte! Unter Hinweis auf die fehlende eigene Wirtschaftskraft lehnte man eine finanzielle Beteiligung ab. Man wollte erst die Ergebnisse der Kalibohrgesellschaft abwarten, die bereits mit der Erkundigung der Salzlagerstätten begonnen, aber noch keine Schächte niedergebracht hatte. Um Salzdetfurth zu finanziellen Zugeständnissen zu bewegen, versuchte das Gremium, die Vorteile einer Eisenbahnverbindung für den dortigen Kurbetrieb besonders herauszustellen. Gerade die Stadt Hildesheim bezeugte großes Interesse an diesem Projekt und war daher bereit, größeres finanzielles Engagement zu übernehmen. Hildesheim expandierende Industrie benötigte dringend Arbeitskräfte, die man mittels der Eisenbahn aus der Region in die Stadt zu holen erhoffte. In diesem Zusammenhang wurde offenbar eine privat finanzierte Kleinbahn in Betracht gezogen. Daher kam die staatliche Initiative durchaus gelegen und wurde mit Nachdruck unterstützt und vorangetrieben (Pro Bahn 2000, S. 8).

Das Vorhaben konkretisierte sich im Sommer 1893 während einer Sitzung des Preußischen Herrenhauses in Berlin. Oberbürgermeister Gustav Struckmanns Argumentationsvermögen gegenüber dem preußischen Minister für Öffentliche Arbeit erbrachte dabei den

Durchbruch, denn es ging um die Verwirklichung des gesamten angedachten Nebenbahnnetzes. Wenige Monate später, Anfang Dezember 1893 konnte sich der Marienburger Kreistag bereits mit den Detailplanungen beschäftigen, die neben Kostenfragen auch notwendige Enteignungen beinhaltete. Größte Herausforderung war die Trassierung im Bereich Salzdetfurths aufgrund der dortigen schwierigen topographischen Situation. Allein für den Abschnitt Groß Düngen – Bodenburg mussten 1 Million Mark aufgebracht werden. Aus finanziellen Gründen hatte man bereits Abstand von der Trassierung auf der Ostseite der Lamme genommen. Bei dieser Lösung wäre noch eine Untertunnelung des Salbzerges und des Sothenberges erforderlich gewesen, der Bahnhof hätte dann in der Nähe des alten Sportplatzes errichtet werden müssen (Pro Bahn 2000, S. 8).

Folglich wurde westlich vom Ortskern die Trasse am Hang des Tannenberges entlang geführt, eine für damalige Zeit außerordentliche technische Herausforderung, die 100 Jahre später von den Ingenieuren beim Bau der Umgehungsstraße ihre erneute Bestätigung fand. Inzwischen war auch die Kalibohrgesellschaft bereit, einen finanziellen Beitrag für die Baukosten zu leisten. Auch die Zuckerfabrik Östrum sicherte einen Baukostenanteil zu. Für den Streckenabschnitt Bodenburg – Gandersheim konnte nach dreijähriger Verhandlung zwischen dem Preußischen Landtag und dem Herzogtum Braunschweig im August 1898 ein Staatsvertrag unterzeichnet werden, der das Projekt endlich ins Rollen brachte. Hatten bereits die Zuckerfabrik 25.000 Mark und die Kalibohrgesellschaft 50.000 Mark zugesagt, so übernahm der Staat Preußen mit 5.320.000 Mark die Hauptlast der Finanzierung. Unverzüglich konnten die Bauarbeiten an der lang ersehnten Bahnstrecke in Angriff genommen werden, die innerhalb von zwei Jahren im September 1900 ihren Abschluss fanden. Am 1. Oktober 1900 erreichten die ersten planmäßigen Züge die Bahnstation Salzdetfurth, die bis zur Errichtung des repräsentativen Bahnhofsgebäudes aus einer Holzbaracke bestand. Genau ein viertel Jahr zuvor hatte die Kreisstadt Gronau ihren Bahnanschluss erhalten. Für diese neigungsfreie Strecke musste lediglich eine Leine- und eine Flutbrücke errichtet werden. Im Gegensatz dazu war es an den 1901 in Betrieb genommenen Abschnitten Salzdetfurth – Bodenburg und Gronau – Bodenburg und der 1902 eröffneten Strecke Bodenburg – Lamspringe – Gandersheim nicht ganz so einfach. Hier waren Steigungen zu überwinden, die bis

06 | HISTORISCHE ANSICHT VOM BAHNHOF BODENBURG,
POSTKARTE, GELAUFEN 20. APRIL 1903;
ARCHIV: EBERHARD SCHÜLER, BAD SALZDETFURTH

07 | WEIBLICHES HILFSPERSONAL PRÄSENTIERT SICH VERMUTLICH
WÄHREND DES ERSTEN WELTKRIEGES VOR DEM BAHNHOF
LAMSPRINGE; ARCHIV: EBERHARD SCHÜLER, BAD SALZDETFURTH

1:80 erreichten. Die Scheitelpunkte lagen in Sibbesse und Lamspringe bei 211 m ü. NN. Die gesamte Anlage, die in der Regel den Flussläufen der Lamme, Alme, Despe und Gande folgte, war mit ihren aufwändigen Geländeeinschnitten, Dämmen, Durchlässen, Brücken und Straßenüberführungen und großen Kurvenradien auf einen leistungsfähigen Betrieb ausgelegt. Lediglich zwischen Bodenburg und Gehrenrode zeigte sich ein abweichendes Bild. Für die Fahrgäste boten sich von der Eisenbahn aus in jeder Hinsicht faszinierende Blicke auf das liebliche Landschaftsbild der Lammetalregion (Pro Bahn 2000, S. 7 ff.).

Mit der neuen Bahnverbindung hatte man endlich nicht nur für die Bewohner den Anschluss an das überregionale Eisenbahnnetz gefunden, sondern erhoffte sich nun auch wichtige Impulse für die Wirtschaft des Lammetales. Die an der Bahnstrecke lebende Bevölkerung begrüßte die Lammetalbahn enthusiastisch. Doch ein Wermutstropfen blieb, denn die Bahnhöfe und Haltestellen lagen oft genug am Rande der Ortschaften, so in Sehlem, Eitzum, Barfelde, Gehrenrode und Altgandersheim. Obwohl die Bahn Breinum und Nienstedt querte, hielt sie dort unverständlicherweise nicht. Dies mag durchaus an dem Monopolgehabe der Staatsbahn gelegen haben, die nicht unbedingt kundenorientiert zu handeln brauchte. Selbst in der Ära der Triebwagenzüge ging man kaum auf die Belange der Kommunen ein, trotz vehementer Forderungen seitens der Wirtschaft und Politik (Pro Bahn 2000, S. 9 f.).

Schließlich reagierte man doch auf die Wünsche der Anwohner, denn am Streckenverlauf Groß Düngen – Gandersheim kam es zur Einrichtung zusätzlicher Haltepunkte, so Ende des Jahres 1901 in Wesseln, gefolgt von Sehlem und Graste. Fuhren die Züge zwischen Hildesheim – Groß Düngen – Salzdetfurth anfänglich noch in gemischter Wagenfolge, also als kombinierte Güter- und Personentransporte, musste mit der fortschreitenden Kaliförderung auf getrennten Betrieb umgestellt

werden. 1901 gab es bereits fünf reine Personenzugpaare und eine stetig zunehmende Zahl an Güterzügen. Neun Jahrzehnte blieb das Kaliwerk in Bad Salzdetfurth der größte Kunde auf der mit viel Elan projektierten und nach Überwindung unendlicher Schwierigkeiten verwirklichten Eisenbahnstrecke. Aufgrund der hohen Auslastung waren schon frühzeitig weitere Investitionen in die Strecke erforderlich. Neben dem Oberbau passte man vor allem die Signaltechnik dem erhöhten Zugaufkommen an. Die letzte große Investition in diese Richtung wurde 1972 in Bad Salzdetfurth mit der Einrichtung eines modernen Lichtsignalwerks vorgenommen, das mit dem Rückbau des Bahnhofes seit 1997 bereits wieder Geschichte ist. Eine besondere Bedeutung erhielt die Strecke Groß Düngen – Bad Gandersheim nach dem Zweiten Weltkrieg, als man sie zur offiziellen Entlastungsstrecke der Nord-Süd-Bahn, der Leinetal-Strecke, noch einmal ausbaute. Bereits nach dem Ersten Weltkrieg hatte man zwischen Groß Düngen und Bad Gandersheim den Achsdruck von 15 t auf 17 t erhöht und dadurch eine Geschwindigkeitserhöhung um 20 km/h auf 40 km/h erzielt. Nun konnte die Achsfahrmasse auf 20 t erhöht und die Schienen durchgehend verschweißt werden (Pro Bahn 2000, S. 10).

Für die heimische Industrie und Landwirtschaft war die Bedeutung der Eisenbahn bis weit in die Zeit nach dem Zweiten Weltkrieg nicht zu unterschätzen. Neben dem Kaliwerk in Salzdetfurth gab es Kalkwerke in Almstedt, Netze und Sehlem, die alle über einen Gleisanschluss verfügten. Hinzu kam eine beträchtliche Anzahl an Landwarenhändlern, die sich allesamt in Bahnhofsnähe ansiedelten. Die Zuckerfabriken in Gronau (gegründet 1869) und Oestrum (gegründet 1885) erhielten 1902 eine Gleisanbindung, zu denen die Rüben vom Feld mit der Bahn angeliefert wurden. Auch die sich in Lamspringe entwickelnde Kleinindustrie nutzte die Bahn für den Abtransport ihrer Produkte, darunter ein Sägewerk, eine Porzellanfabrik und die früher überregional bekannte

Dreschmaschinenfabrik Fricke. Selbst Neuwagen wurden nach dem Zweiten Weltkrieg einige Zeit mit der Bahn zu einem ortsansässigen Händler angeliefert. Eine Kuriosität bedeutete die Luftseilbahn bei Almstedt, die die Verbindung des oberhalb der Ortschaft gelegenen Steinbruches zum Bahnhof bewerkstelligte. Für den Bahnhof Sibbesse schien Ende 1930er Jahre ein Bedeutungszuwachs sichergestellt, als für einen in der Nähe geplanten Autobahnbau die Verladestation ausgebaut wurde. Doch mit Ausbruch des Zweiten Weltkrieges kam dieses Projekt zum Erliegen. Immerhin spielte Sibbesse später noch, genauso wie Eitzum, als Holzverladestation eine gewisse Rolle (25 Jahre Arbeitsgemeinschaft Historische Eisenbahn e. V. Strecken- und Vereinsgeschichte der Almetalbahn 1997, S. 6).

ENDE EINER ÄRA

Mitte der 1960er Jahre hatte die Nebenbahnstrecke den Zenit ihrer Bedeutung überschritten. Mit dem zunehmenden Individualverkehr und der Konkurrenz des Lastwagenverkehrs gingen vor allem auf der Strecke Bodenburg – Bad Gandersheim die Transportaufkommen drastisch zurück. Bereits 1956 hatten die drei Kalkwerke ihren Betrieb eingestellt, 1974 schloss die Zuckerfabrik Oestrum, die Gronauer folgte 1987. Mit dem im Jahre 1992 stillgelegten Kaliwerk Bad Salzdetfurth, für das im Jahr allein 17 000 Güterwaggonladungen gezählt werden konnten, waren letztendlich alle wichtigen Transportaufgaben für die Bahn weggebrochen. Das Glaswerk in Bad Gandersheim und das Sägewerk in Lamspringe nutzten noch bis in die frühen 1990er Jahre die Bahn für ihren Gütertransport. Zudem werden seit 1991 in der Lammetalregion und seit 1995 in der gesamten Bundesrepublik auch keine Zuckerrüben mehr mittels der Eisenbahn zu den Zuckerfabriken gebracht. Ein kleiner Hoffnungsschimmer stellt nun die seit 1997 von der Kali und Salz AG in Bad Salzdetfurth betriebene Katzenstreuproduktion dar, für die auf der Relation Bad Salzdetfurth – Hildesheim wieder täglich einige Güter-

waggons unterwegs sind (25 Jahre Arbeitsgemeinschaft Historische Eisenbahn e. V. Strecken- und Vereinsgeschichte der Almetalbahn 1997, S. 8).

Beim Personentransportverkehr sah es nach 1945 ebenfalls nicht besser aus. Trotz eines recht ansehnlichen Angebotes, das seit den Anfangsjahren über Jahrzehnte treue Nutzer fand, und nur im Ersten Weltkrieg und nach dem Zweiten Weltkrieg einen Einbruch fand, zeichnete sich eine ähnliche Entwicklung wie im Gütertransport ab. Noch erholte sich der Zugverkehr nach den beiden Weltkriegen recht zügig. Die 1950er Jahre, die bekanntlich als die Wirtschaftswunderjahre in die Geschichte eingegangen sind, können demnach sogar als die Goldenen Jahre der Lammetalbahn bezeichnet werden. Dementsprechend wiesen die Strecken Elze – Gronau und Groß Düngen – Bodenburg dichte Zugfolgen auf, die bereits in den frühen Morgenstunden einsetzten und bis kurz vor Mitternacht reichten. Doch der Wirtschaftsaufschwung brachte ebenso den Individualverkehr in Schwung. Immer mehr Bundesbürger konnten sich fortan ein Auto leisten, demzufolge gingen die Fahrgastzahlen der Bahn rasant zurück. Für die Bundesbahn gab es nur eine Alternative zur Kostensenkung: die Fahrplanausdünnung. Doch auch das half nichts und so wurde der Personenverkehr zwischen Gronau und Bodenburg im September 1966 endgültig eingestellt. Seit dem Winterfahrplan 1975/76 verkehrten schließlich nur noch Busse zwischen Bodenburg und Bad Gandersheim, obwohl die Zugpaare von Schülern und Berufspendlern bis dahin noch gut frequentiert waren. Den letzten großen Einschnitt bedeutete die Stilllegung des Abschnittes Gronau – Elze im Mai 1980 (25 Jahre Arbeitsgemeinschaft Historische Eisenbahn e. V. Strecken- und Vereinsgeschichte der Almetalbahn 1997, S. 8).

Nachdem bis in die 1970er Jahre der Stückgutverkehr noch einigermaßen aufrechterhalten werden konnte, kapitulierte man in der Folge vor dem flexibleren

10|

11|

Transportmittel Lastkraftwagen. Zu guter Letzt rückten die Bautrupps
an und beseitigten schlussendlich den gesamten Oberbau. Die Strecke
Gronau – Sibbesse traf es 1971, Sibbesse – 5.05 km 1984, Sehlem – Lamspringe 1987, Bodenburg – Sehlem 1989 und Lamspringe – Gandersheim
1995. Für den Verlauf Groß Düngen – Sehlem fand sich 1988 noch eine
mehrmonatige Nutzung, als für die Neubaustrecke Hannover – Göttingen große Mengen Bodenaushub nach Sarstedt abtransportiert
werden musste. Auf der Schiene wurden bis Bodenburg schließlich die
Materialien für die Streckenausrüstung herangeschafft, um von der
dortigen Ladestation mit Lastwagen zur Baustelle gebracht zu werden.
Hoffnungen, dass in diesem Zusammenhang die Almetalbahn noch
eine Aufarbeitung erhielt, zerschlugen sich bedauerlicherweise (25
Jahre Arbeitsgemeinschaft Historische Eisenbahn e. V. Strecken- und
Vereinsgeschichte der Almetalbahn 1997, S. 8).

Zwischen 1977 und 1991 gab es noch einmal am Bahnhof Bodenburg
ordentlich etwas zu sehen, als die Arbeitsgemeinschaft Historische
Eisenbahn e. V. (Almetalbahn) mit Dampf- und Dieseltraktionen einen
Museumsbetrieb zwischen Bad Salzdetfurth und Sibbesse einrichtete
und so Eisenbahnfreunde von Nah und Fern in den beschaulichen
Ort locken konnte. Doch dann musste der Betrieb für einige Jahre
eingestellt und der Oberbau nach und nach saniert werden. Es ist dem
uneigennützigen Einsatz der Vereinsmitglieder zu verdanken, dass
seit 2002 die Nebenbahnromantik für die Zukunft weiterhin bewahrt
werden kann (www.almetalbahn-online.de).

Nur noch wenig erinnert heutzutage an die alte Trassenführung
zwischen Bodenburg und Sehlem. Um die Fläche wieder landwirtschaftlich nutzbar zu machen, trugen die Landwirte den Bahndamm
kurzerhand ab. Doch Hans-OISEAU Kalkmanns imposanter über drei
Meter hoher Grenzstein-Vogel steht hier inzwischen als Symbol des
Trennenden und als Zeichen der Verständigung und gibt, wohl eher
ungewollt, heute Orientierung zum einstigen Streckenverlauf (Kontakt-
Kunst Kalkmann 1993, S. 14, 22). Es ist nicht das einzige Kunstwerk,
das dem auf Spurensuche befindlichen Eisenbahnnostalgiker begegnet
wird. In Harbarnsen in Höhe der ehemaligen südlichen Bahnausfahrt
nimmt der bereits an der Innerstemündung bei Ruthe beginnende
und durch das Leine- und Lammetal führende Radweg zur Kunst

08| ZUCKERRÜBENTRANSPORT IM BAHNHOF
BODENBURG, 1960; FOTO UND ARCHIV: EBERHARD
SCHÜLER, BAD SALZDETFURTH

09| EIN PERSONENZUG DURCHQUERT DAS LAMMETAL,
CA. 1960; FOTO UND ARCHIV: EBERHARD SCHÜLER,
BAD SALZDETFURTH

10| EIN LEERER SCHOTTERWAGENZUG WÄHREND DES
BAUES DER SCHNELLSTRECKE HANNOVER – GÖT-
TINGEN BEI GEHRENRODE AM 02. 10. 1989, FOTO:
UWE HELBIG, LAMSPRINGE; ARCHIV: EBERHARD
SCHÜLER, BAD SALZDETFURTH

11| EINE REGIONALBAHN AM ABZWEIG VON DER
HAUPTSTRECKE HILDESHEIM – GOSLAR BEI GROSS
DÜNGEN AM 22.11.1996, FOTO: UWE HELBIG;
ARCHIV: EBERHARD SCHÜLER, BAD SALZDETFURTH

12| DER GRENZSTEIN-VOGEL VON HANS-OISEAU
KALKMANN IN DER FELDMARK ZWISCHEN
BODENBURG UND SEHLEM; FOTO UND ARCHIV:
HANS-OISEAU KALKMANN, BODENBURG

12|

13 | EIN GLEISJOCHZUG BEI ALTGANDERSHEIM WÄHREND DES
STRECKENRÜCKBAUES AM 20.10.1994, FOTO: UWE HELBIG,
LAMSPRINGE; ARCHIV: EBERHARD SCHÜLER, BAD SALZDETFURTH

14 | EINE REGIONALBAHN AN DEN MOORTEICHEN BEI DETFURTH
AM 29.04.2000, FOTO: UWE HELBIG; ARCHIV: EBERHARD SCHÜLER,
BAD SALZDETFURTH

seinen Weg auf der ehemaligen Bahntrasse und führt den
Radwanderer nach Bad Gandersheim (http://www.radweg-
zur-kunst.de). Der alte Bahnhof in Lamspringe weist nur
noch die Richtung zum Bahndamm, der vor nunmehr elf
Jahren als Skulpturenweg eine neue Bestimmung bekam
und nicht nur bei Radfahrern eine überregionale Aufmerk-
samkeit findet. Hinter Gehrenrode kann man heute noch
selbst vom Fahrrad aus sich des märchenhaften Anblickes
der Landschaft erfreuen, den der Bahnreisende einst
von der Trasse aus erfuhr. Am 16. Mai 1993 konnten sich
Eisenbahnliebhaber im Rahmen einer von den Seesener
Eisenbahnfreunden organisierten Sonderfahrt ein letztes
Mal davon überzeugen. Kleine Viadukte, aber auch beein-
druckende Brückenwerke zwischen Altgandersheim und
nicht zuletzt in Bad Gandersheim zeugen weiterhin von
der einstigen Bedeutung des für die Industrialisierung so
wichtigen Verkehrsmittels, das nach nicht mal 100 Jahren
aufs Abstellgleis geschoben wurde (Pro Bahn 2000, S. 18 f.).

Scheinbar obsiegte wieder die Straße, was sich auch in dem
technisch aufwändigen Bau der Umgehungsstraße in Bad
Salzdetfurth dokumentiert. Das 1998 fertig gestellte und
rund 39 Mio. DM teure Projekt war notwendig geworden,
um dem überbordenden Pendler- und Durchgangsverkehr
endlich Herr zu werden und die Lebensqualität in dem
Kurort wieder herzustellen. (Abb. 2)

WIE PHOENIX AUS DER ASCHE

Umso erstaunlicher ist es, dass durch unermüdlichen Einsatz vieler Interessensvertreter das verbliebene Teilstück
Groß Düngen – Bodenburg eine fast unglaublich anmutende
Renaissance erleben konnte. Verschwanden zwischen 1975
und 1994 die Gleise in der Region von Bad Gandersheim
und Bodenburg von den Trassen, schien auch der Bestand
der Traditionsstrecke mehr als gefährdet. Anlässlich des
100-jährigen Jubiläums der Bahnstrecke organisierte der
Fahrgastverband Pro Bahn im September 2000 in Bad
Salzdetfurth ein Bahnhofsfest und Fahrten mit neuartigen
Nahverkehrstriebwagen, die an diesem Tag zum ersten Mal
in Niedersachsen eingesetzt wurden. Dem massiven Druck

des Landes Niedersachsen und der Stadt Bad Salzdetfurth
ist es zu verdanken, dass zwischen 2001 und 2003 die
Strecke renoviert und somit erhalten werden konnte. In
diesem Zusammenhang richtete man einen neuen Haltepunkte am Solebad in Bad Salzdetfurth ein, reaktivierte
die seit 1991 nicht mehr bediente Station Wesseln und
renovierte sogar den Hildesheimer Ost-Bahnhof. Um einen
Bahnübergang einzusparen, gab man aber den Bahnhof
Bodenburg auf und ersetzte ihn durch eine neu errichtete
Station. Die Landesnahverkehrgesellschaft Niedersachsen
GmbH (LNVG) orderte neue komfortable Triebwagen, um
zwischen Bodenburg und Hildesheim werktags einen
Stundentakt und am Wochenende einen Zweistundentakt
einrichten zu können. Im Mai 2002 schrieb die LNVG die
Strecke zusammen mit der Weserbahn europaweit aus. Drei
Monate später gingen sechs Angebote ein, wobei die DB
Regio erstaunlicherweise kein Angebot abgab. Im Oktober
2002 konnte die LNVG den neuen Betreiber, die Eurobahn
aus Bielefeld vorstellen und die feierliche Eröffnung der
Strecke für den 14. Dezember 2003 ankündigen. Die mit
25 Mio. Euro aus Landesmitteln finanzierten elf neuen
Triebwagen vermietet seit dem 14. Dezember 2003 die
LNVG an die Eurobahn Niedersachsen GmbH & Co. KG.
Sie wurde von der Bietergemeinschaft mit der damaligen
Rhenus Keolis GmbH & Co. KG (Hauptsitz Mainz) und der
Verkehrsbetriebe Extertal-Extertalbahn GmbH (vbe) (Sitz
Extertal) gebildet, die seit dem Jahr 2000 zwei Strecken
im Raum Bielefeld betreibt. Gemäß Vertragsgrundlagen
erbringt sie seitdem die geforderte Nahverkehrsleistung
auf dem 120 km langen Abschnitt zwischen Löhne / Westfalen, Hameln, Hildesheim und Bodenburg in Höhe von
1,4 Mio. Zugkilometern pro Jahr. Das Land Niedersachsen
bewertete die Lammetalbahn zugleich als Pilotprojekt
als Beispiel für die Aktivierung einer Nebenbahnstrecke.
Bereits 2004 wurde tagsüber an Samstagen ein stündli-
ches Angebot eingeführt. Der Erfolg des Pilotprojektes
Lammetalbahn zeigte sich im Sommer 2009 erneut: Mit
der Einführung des Stundentaktes auch an Sonn- und
Feiertagen tagsüber ist jetzt ein hohes Angebotsniveau
erreicht, das der Beliebtheit Bad Salzdetfurths als Reiseziel
Rechnung trägt. So erreichen neben den traditionellen

Kururlaubern seit 2007 alljährlich im Herbst hunderte Wochenendurlauber Bad Salzdetfurths großes Tagungshotel per Bahn – ein Verkehr, den es ohne den Haltepunkt Solebad nie geben würde (http://www.lnvg.niedersachsen.de/aktuell/index.html; http://www.pro-bahn.de/niedersachsen/archiv.htm).

Eine ganz außergewöhnliche Karriere hat inzwischen das über viele Jahre vernachlässigte und zugleich größte Bahnhofsgebäude der Lammetalbahn, der Bahnhof von Bad Salzdetfurth zu verzeichnen. Als Abfertigungsgebäude für Bahnreisende nicht mehr gebraucht, schien sein Schicksal durch die Abrissbirne besiegelt. Doch im Zuge der Streckenerneuerung der Lammetalbahn wurde das alte Bahnhofsgebäude von der Stadt Bad Salzdetfurth erworben. Nachdem ein Nutzungskonzept gefunden war, konnten öffentliche Fördermittel beantragt und eine umfassende Renovierung angegangen werden. Im Juni 2004 begannen die umfangreichen Umbauarbeiten und mit der Beendigung der Baumaßnahmen im März 2005 fand der Bahnhof als Kulturbahnhof eine neue Nutzung. Seitdem beherbergt er die öffentliche Bücherei, aber auch für die Reisenden gibt es wieder eine von der Eurobahn eingerichtete Fahrkartenverkaufsstelle, an der seit April 2006 sogar DB-Fahrkarten erhältlich sind. Ebenso können Tickets für sämtliche Veranstaltungen im Stadtgebiet erworben werden. Zudem hat auch die Touristinformation der Stadt Bad Salzdetfurth und des Kurbetriebes hier ihr neues Domizil gefunden. Was lange Zeit nicht selbstverständlich war, auch Bahnreisende finden in einem großzügigen Wartebereich wieder einen angenehmen Aufenthaltsort vor. |

STRECKENCHRONIK

Eröffnungsdaten	
01.07.1900	Elze – Gronau
01.10.1900	Groß Düngen – Bad Salzdetfurth
07.11.1901	Bad Salzdetfurth – Bodenburg – Gronau
01.10.1902	Bodenburg – Lamspringe – Bad Gandersheim
Einstellung des Personenverkehrs (letzter Betriebstag)	
24.09.1966	Bodenburg – Gronau
27.09.1975	Bodenburg – Lamspringe – Bad Gandersheim
31.05.1980	Gronau – Elze
Einstellung des Güterverkehrs	
29.05.1994	Bad Salzdetfurth – Bodenburg
Stilllegung für den Gesamtverkehr	
17.08.1970	Sibbesse – Gronau
25.09.1974	Bodenburg – Sibbesse
01.01.1982	Harbarnsen – Lamspringe
31.05.1987	Bodenburg – Harbarnsen
29.05.1994	Lamspringe – Bad Gandersheim
29.05.1994	Gronau – Elze

LITERATUR

· 25 JAHRE ARBEITSGEMEINSCHAFT HISTORISCHE EISENBAHN E.V., STRECKEN- UND VEREINSGESCHICHTE DER ALMETALBAHN, O.O. 1997.
· BUSCHE 1983 – KARL BUSCHE, DIE ALTE FRANKFURTER HEERSTRASSE, IN: 800 JAHRE BAD SALZDETFURTH. VOM SALZPFÄNNERDORF ZUM HEILBAD, BAD SALZDETFURTH 1983, S. 107 F.
· KABUS 1961 – FRIEDRICH KABUS, VON SOLE, SALZ UND SÖLTERN. EIN GANG DURCH DIE GESCHICHTE VON BAD SALZDETFURTH, BAD SALZDETFURTH 1961.
· PRO BAHN 2000 – FAHRGASTVERBAND PRO BAHN, 100 JAHRE LAMMETALBAHN. GESCHICHTE UND ZUKUNFT EINER NEBENBAHN, HILDESHEIM 2000.
· PRO BAHN 2001 – FAHRGASTVERBAND PRO BAHN, LAMMETAL-EXPRESS 2003. KONZEPT FÜR EINE ATTRAKTIVE NAHVERKEHRSBAHN, HILDESHEIM / LAMSPRINGE / BAD SALZDETFURTH 2001.
· HASSE 1979 – NORBERT HASSE, VON DER SALINE ZUM KALIBERGWERK. DIE WIRTSCHAFTLICHE ENTWICKLUNG DER STADT BAD SALZDETFURTH UNTER EINBEZIEHUNG DER WICHTIGSTEN PRIVATRECHTSVERTRÄGE, HAMBURG 1979.
· KONTAKT-KUNST KALKMANN 1993 – KONTAKT-KUNST KALKMANN, 33. KONTAKT-KUNSTAKTION. DER GRENZ-STEIN, DAS SYMBOL DES TRENNENDEN ALS ZEICHEN DER VERSTÄNDIGUNG IN DER FELDMARK ZWISCHEN BODENBURG UND SEHLEM, BODENBURG 1993.
· REYER 1999 – HERBERT REYER, KLEINE GESCHICHTE DER STADT HILDESHEIM, HILDESHEIM 1999.

INTERNET

· HTTP://WWW.ALMETALBAHN-ONLINE.DE
· HTTP://WWW.BAD-SALZDETFURTH.DE/DDD/KULT-KULTKULT
· HTTP://WWW.FREDEN.DE/TOURISMUS/WANDERN/KOENIGSWEG.HTML
· HTTP://WWW.LNVG.NIEDERSACHSEN.DE/AKTUELL/INDEX.HTML
· HTTP://WWW.PRO-BAHN.DE/NIEDERSACHSEN/ARCHIV.HTM
· HTTP://RADWEG-ZUR-KUNST.DE

DANKSAGUNG

DEM EISENBAHNKENNER EBERHARD SCHÜLER, BAD SALZDETFURTH, SEI AN DIESER STELLE BESONDERS GEDANKT! ER STELLTE SEINE AUFZEICHNUNGEN UND SEIN BILDARCHIV SPONTAN ZUR VERFÜGUNG UND STAND MIT RAT UND TAT ZUR STELLE. BJÖRN GRYSCHKA GILT DER DANK FÜR WICHTIGE ERGÄNZUNGEN UND ANREGUNGEN, HERRN HANS-OISEAU KALKMANN FÜR UNERMÜDLICHEN EINSATZ UND ZUSPRUCH UND STEFANIE KRAUSE FÜR DAS KORREKTURLESEN.

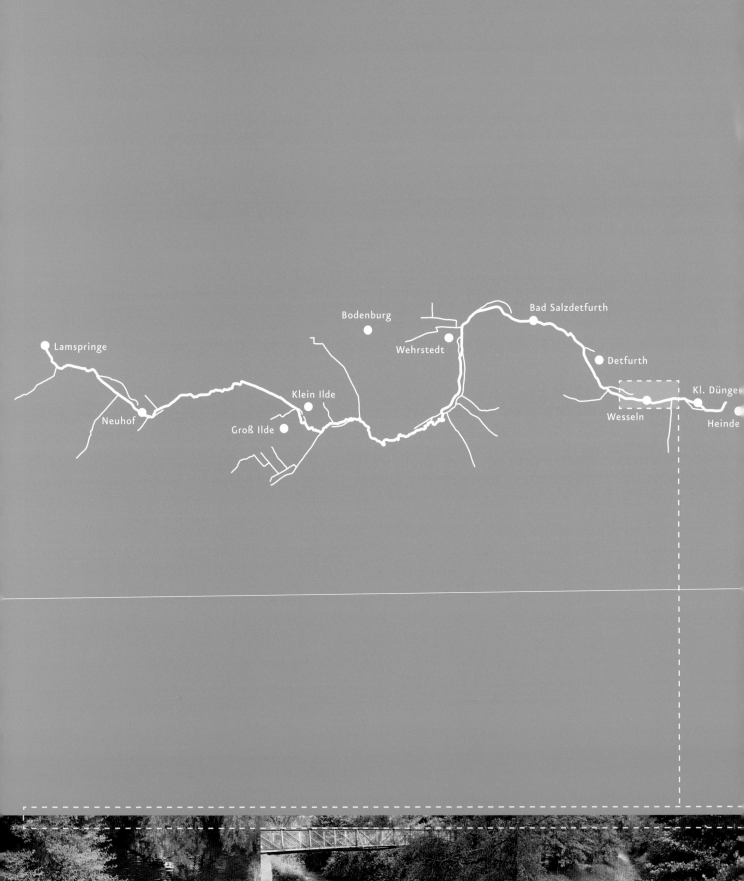

Lamspringe

Neuhof

Groß Ilde

Klein Ilde

Bodenburg

Wehrstedt

Bad Salzdetfurth

Detfurth

Wesseln

Kl. Dünge

Heinde

KAPITEL 10

›AN DER QUELLE – DER FLECKEN LAMSPRINGE‹ ·
LAMSPRINGE UND BAD SALZDETFURTH DURCH
DEN LAMMEFLUSS VERBUNDEN

›AN DER QUELLE – DER FLECKEN LAMSPRINGE‹ • LAMSPRINGE UND BAD SALZDETFURTH DURCH DEN LAMMEFLUSS VERBUNDEN
WOLFGANG PLETZ

02 |

03 |

Die Entstehungsgeschichte des Ortes Lamspringe ist eng mit einer Sage verbunden, aber unabhängig davon, ob man der Sage glauben schenken darf, dass durch das Scharren eines Lammes im Jahre 847 eine Quelle zum Sprudeln gebracht wurde (Lammequelle) oder ob die Entstehung dieser Quelle auf andere Ursachen zurückzuführen ist, bleibt festzuhalten, dass in dem Areal des heutigen Bürgerparks Lamspringe (Klosterpark) wasserführende Schichten zu Tage treten. Bestätigt wird dies durch die früheren Quellen für die Wasserversorgung im Flecken Lamspringe, mit dem ›Wünschelbrunnen‹ und dem ›Kreuzbrunnen‹ (Abb. 01). In regenreichen Jahreszeiten ist das Phänomen des oberflächennahen Quellaustritts im Klosterpark an verschiedenen Stellen zu beobachten. Als linker Nebenfluss der Innerste entspringt die Lamme am nördlichen Heberrand im Flecken Lamspringe in einer Quellgrotte über der sich das in Stein gehauene Wappen Lamspringes befindet, und da seit jeher Wasservorkommen die lebensnotwendige Voraussetzung für eine Besiedlung war, kann bei diesem reichlich fließenden guten Quellwasser mit ziemlicher Sicherheit gesagt werden, dass die Entstehung der ersten Siedlung an dieser Stelle der Existenz der Lammequelle zu verdanken ist. Heute ist sie in Stein gefasst und gibt das Quellwasser frei, das als Rinnsal durch den Klosterpark fließt. Es durchläuft den Backhausteich und den Meiereiteich (Abb. 02), zwischenzeitlich wird das Mühlrad der Klostermühle vom Wasser des Backhausteiches angetrieben, und anschließend verlässt die Lamme das Klosterareal in Richtung Dammstraße (Abb. 03) und fließt weiter zur Oberbeck'sche Mühle. Auf dem Kartenausschnitt von 1803 (Abb. 08) ist erkennbar, wie intensiv das Wasser der Lamme wirtschaftlich für die Anlage von Teichen und Flachsrotten genutzt wurde. Ein Abzweig verläuft zur Straße am Söhrberg und vereinigt sich an der heutigen Brücke Söhrberg / Festplatz zu einem einheitlichen Wasserlauf der Lamme nach Neuhof. Diese Verzweigungen des Lammelaufes haben ursächlich mit der Mühle Oberbeck zu tun, die schon seit mehreren hundert Jahren in Betrieb war und in der Vergangenheit auch regenenerativen Strom mit Wasserkraft durch den Antrieb einer Turbine erzeugte. (Abb. 09)

Lamspringe hinter sich lassend, fließt die Lamme östlich des Ortes in einem teilweise begradigten Bett durch die zur Samtgemeinde Lamspringe gehörende Ortsteil Neuhof, weiter nach Klein Ilde, Wehrstedt, Bad Salzdetfurth, Detfurth, Wesseln und Klein Düngen.

01 | LINKS | DER ABGEDECKTE ›KREUZBRUNNEN‹ IM BÜRGERPARK VON NEU GEPFLANZTEN KASTANIEN UMGEBEN

02 | DER MEIEREITEICH VOM DACHREITER DER KLOSTERKIRCHE AUS GESEHEN MIT ›SCHÄFERTOR‹ UND SCHAFSTALL IM HINTERGRUND. IM VORDERGRUND DIE RÜCKSEITE DER GEMEINDEVERWALTUNG, LINKS DIE RÜCKSEITE DES ABTEIGEBÄUDES MIT DACHREITER

03 | DIE LAMME MIT FLIESSRICHTUNG DAMMSTRASSE

04 |

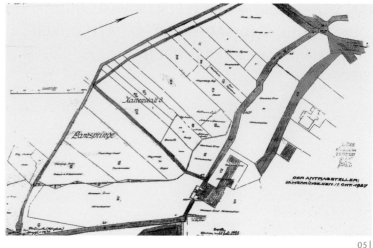

05 |

06 |

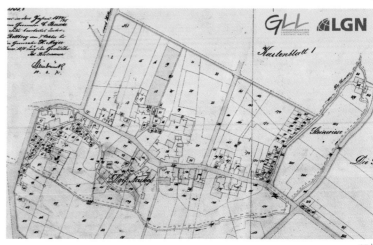

07 |

04 | DIE KANALISIERTE LAMME AM SÜDLICHEN
ORTSRAND VON NEUHOF

05 | GRUNDSTÜCKSZEICHNUNG AUS DEM JAHRE
1927 ZUR SICHERUNG DER WASSERRECHTE DER
ERSTMALS 1149 URKUNDLICH ERWÄHNTEN
OBERBECKSCHEN MÜHLE

06 | DIE ›MÜHLE STRAUSS‹ AN DER BEGRADIGTEN
LAMME ÖSTLICH VON NEUHOF

07 | AUSSCHNITT AUS DER URKARTE NEUHOF FLUR
3 AUS DEM JAHR 1844/45 MIT DEM LAUF DER
LAMME UND IHREN GRÄBEN, QUELLE: AUSZUG AUS
DEN GEOBASISDATEN DER NIEDERSÄCHSISCHEN
VERMESSUNGS- UND KATASTERVERWALTUNG.

08 | KARTENAUSSCHNITT AUS: ›VERMESSUNGSPLAN
VON DEN ZU DEM KÖNIGL. AMT LAMSPRINGE
GEHÖRENDEN GRUNDSTÜCKEN TAB. I‹,
STAATSARCHIV HANNOVER. UNTEN RECHTS DIE
QUELLE DER LAMME

Kurz hinter Lamspringe gab es einen Abzweig eines Gewässergrabens
der Lamme, der durch die Feldmark die 1933 errichtete Feibadeanstalt
(Abb. 09) in Neuhof mit frischem Quellwasser versorgte und weiter als
Mühlengraben durch den Ort Neuhof verlief. (Abb. 07)

Von Lamspringe, wo die Lamme, wie bereits beschrieben, in einem
ausschließlich von Menschenhand geschaffenen Bett fließt, muss
sie auch bis zum Ortsausgang von Neuhof in einem weitestgehend
kanalisierten Flussbett ihren Weg nehmen. (Abb. 04). Weiter flussabwärts, hinter den Mühle Strauß (Abb. 06), ist das ehemalige stark
mäandrierende Flussbett der Lamme in historischen Kartenmaterialien noch erkennbar (Abb. 09). Vor ca. 5 Jahren wurde aber auch hier
eine katastermäßige Bereinigung herbeigeführt, sodass zukünftig
in den Kartenmaterialien diese einzelnen kleinen Parzellen des
mäandrierenden Lammeflusses nicht mehr als ehemaliger Lammelauf
erkennbar sein werden, da sie schon seit Jahrzehnten in der Wirklich-
keit nicht mehr Bestand haben und nunmehr den einzelnen Grundstücken katastermäßig zugeschlagen wurden.

Bei starken Regenfällen ist es auch am Oberlauf der Lamme in der
Vergangenheit zu Überschwemmungen gekommen. Ältere Einwohner berichten davon, dass der Bereich am Festplatz / Söhrberg

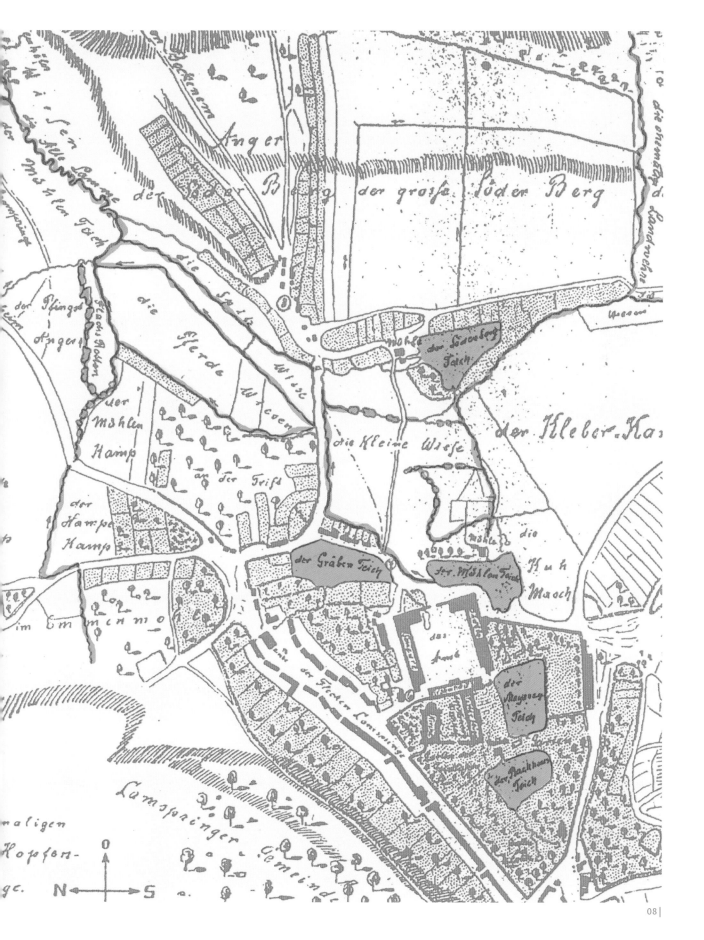

der große Föder Berg

der Föder Berg

der Bocksberg Teich

die Kleine Wiese

der Kleber-Ka...

der Gräben Teich

der Mühlen Teich

Huh Maisch

der Reyerey Teich

der Backhaus Teich

Lamspringer Gemeinde

N — S

09| KARTE DER MÄANDRIERENDEN
LAMME BEI NEUHOF MIT DER
›MÜHLE STRAUSS‹ UNTEN RECHTS

10 | VON DER LAMME GESPEISTES 1933 ERBAUTES FREIBAD AM
WESTLICHEN ORTSRAND VON NEUHOF

11 | MÄANDER MIT PRALLHANG DER LAMME BEI NEUHOF

in Lamspringe überflutet gewesen war. Im weiteren
nordöstlichen Verlauf der Lamme konnte das Wasser der
Lamme bei Hochwasser die angrenzenden Wiesen als
Überschwemmungsfläche nutzen und führte deshalb zu
keinen nennenswerten Schäden.

Dies war im Bereich des Dorfes Neuhof anders. Hier
führten verschiedene Hochwassersituationen zu teilweise
erheblichen Schäden. Die Begradigung im Flussbettsystem
der Lamme haben im Laufe der Jahrzehnte dazu geführt,
dass ein schnellerer Abfluss vonstatten ging, der auch
mit einer stärkeren Erosion verbunden war. Verstärkter
Abfluss am Oberlauf eines Gewässers führt letztendlich
zu problematischen Situationen im weiteren Verlauf eines
Fließgewässers. Die angesprochenen Flussmäander am
Ortsausgang von Neuhof in Richtung Ilde sind wohl in der
Zeit um 1885 beseitigt worden. Eine Jahreszahlinschrift an
einem Übergang weist auf diesen Zeitraum hin. Allerdings
darf die Lamme ca. 200 Meter hinter der Mühle ihren
ursprünglich mäandrierenden Lauf (Abb. 11) beibehalten
und gibt so dem Wanderer bis zur Brücke für die Straße
nach Groß Ilde herrliche Einblicke in einen Wasserlauf,
der dem ›Großen Mäander‹ in Kleinasien lediglich in der
Dimension unterlegen ist.

DIE GEBIETS- UND VERWALTUNGSREFORM 1974 UND 1977

Der Lammefluss verbindet den Flecken Lamspringe mit der
Stadt Bad Salzdetfurth, jedoch hat sich diese Verbindung
erst in den letzten Jahrzehnten tiefgründiger und intensiver entwickelt, besonders auch als Folge der Gebiets- und
Verwaltungsreform Mitte der 80er-Jahre. Gebietspolitische

Strukturveränderungen zwischen 1974 und 1977 haben
der hiesigen Region neue Möglichkeiten und Perspektiven
eröffnet. Gehörte Lamspringe noch bis zum Jahre 1977
zum selbstständigen Landkreis Alfeld (Leine) mit der
Kreisstadt Alfeld, so hat sich mit der Gebietsreform ein
Wandel vollzogen. Lamspringe und Bad Salzdetfurth
sind nunmehr Gemeinden (Gebietskörperschaften) im
neuen Landkreis Hildesheim, der aus den ehemaligen
Landkreisen Hildesheim, Marienburg und Alfeld mit rd.
280.000 Einwohnern gebildet wurde.

Die Ausrichtung Lamspringes war traditionell geprägt von
gewachsenen Verbindungen zum Kreissitz nach Alfeld,
nach Bad Gandersheim und der Großstadt Hildesheim.
Zu der Lebendigkeit der Nord-Süd-Verbindung trug insbesondere auch die 1902 fertig gestellte und bis Mitte der 80er
Jahre bestehende Eisenbahnnebenstrecke von Hildesheim
über Bad Salzdetfurth, Bodenburg nach Lamspringe und
weiter nach Bad Gandersheim und Kreiensen bei, über
die ja ausführlich in Kapitel 9 berichtet wird. Bis in die
60er/70er-Jahre des 20. Jahrhunderts gab es ein breit
gefächertes Arbeitsplatzangebot in Lamspringe, aber auch
in Betrieben im Alfelder Raum. Daneben fanden auch sehr
viele Lamspringer ihren Arbeitsplatz in Bad Salzdetfurth,
insbesondere zur damaligen Zeit bei der Fa. Fuba.
Durch die enger werdende Verbindung und als Folge der
Gebiets- und Verwaltungsreform wachsen Lamspringe und
Bad Salzdetfurth in der Folgezeit ohne Zweifel näher und
enger zusammen. Diese ›neue Nähe‹ wird auch unterstützt
durch die kommunale Zusammenarbeit und die Kontakte,
die zwischen den Gemeindeverwaltungen und deren
Repräsentanten entstanden sind.

DER FLECKEN UND DIE SAMTGEMEINDE LAMSPRINGE

Der Flecken Lamspringe mit seinen zurzeit 3.200 Einwohnern hat eine lange und bewegte Geschichte vorzuweisen. 847 gegründet, blickt dieser Ort nunmehr auf über 1160 Jahre seiner Existenz zurück. Das Kloster und seine Entwicklung haben in entscheidender Weise auch die Geschicke des Ortes selbst bestimmt. Der Beitrag in Kap. 7 geht ausführlich auf die Klostergeschichte ein.

Die Samtgemeinde Lamspringe ist am 01. Juli 1965 auf freiwilliger Basis aus den damaligen selbstständigen Gemeinden Flecken Lamspringe, Graste, Netze, Woltershausen, Harbarnsen, Irmenseul, Wöllersheim und Evensen entstanden. 1972 schloss sich die Gemeinde Neuhof an und 1974 wurde die Gemeinde Sehlem der Samtgemeinde angegliedert. Das Gebiet der Samtgemeinde Lamspringe mit den 5 selbstständigen Gemeinden, Flecken Lamspringe, Neuhof, Woltershausen, Harbarnsen und Sehlem und deren Ortsteile, umfasst rd. 70 km² mit zurzeit etwa 6.200 Einwohnern, wobei eindeutig ein rückläufiger Trend in der Bevölkerungsstatistik festzustellen ist.

WIRTSCHAFT, HANDEL UND GEWERBE

Mit der Fertigstellung der bereits erwähnten Eisenbahnlinie Hildesheim-Kreiensen im Jahr 1902 nahm das gewerbliche Leben in Lamspringe einen neuen Aufschwung, und Lamspringe wurde zum wirtschaftlichen Mittelpunkt der Börde-Region. Durch den Waldreichtum der Umgebung begünstigt, entwickelten sich besonders die holzverarbeitenden Betriebe zu Firmen mit relativ großer Belegschaft und weitem Absatzgebiet. Sägewerke lieferten das nötige Bau- und Schnittholz.

Weit über die Landesgrenzen hinaus bekannt wurden die Landmaschinenfabriken Fricke und Ehbrecht mit ihren Dreschmaschinen. Ca. 200 Personen fanden einst hier beim Dreschmaschinenbau einen Arbeitsplatz. Gartenmöbel, besonders für die Biergärten Bayerns wurden in der Blech- und Stahlmöbelfabrik Wichmann hergestellt. Die 1918 gegründeten Niedersachsenwerke, später Hannoversche Porzellanfabrik, stellten elektrische Bedarfsartikel und Porzellanwaren her. Zeitweise wuchs die Zahl der Beschäftigten in diesem Betrieb auf über 350 Personen an.

12 | BESIEDELTER HANG AM WESTERBERG NÖRDLICH LAMSPRINGES

Die im Jahre 1898 gegründete Molkerei in Lamspringe
wurde im Zuge der Zentralisierung mit einem größeren
Betrieb in Harbarnsen fusioniert. Die Harzkäse-Produktion
hatte in Lamspringe Tradition. Vor dem 2. Weltkrieg
gab es allein 14 Kleinkäsereien, die als Familienbetriebe
geführt wurden. Aus der Vielzahl dieser Kleinbetriebe
entwickelten sich die beiden Käseproduktionsstätten
Ulrich und Rehkopf. Die Harzkäseproduktion wurde in
ganz Deutschland angeboten und auch nach Übersee ausge-
liefert. Die Käseproduktion in Lamspringe ist inzwischen
auch Geschichte geworden, denn zuerst wurde die Käseproduktion bei der Fa. Ulrich im Jahre 1996 eingestellt,
und die Fa. Rehkopf wurde im Jahre 2002 von der Harz-
käserei Loose (Vienenburg) übernommen, die kurze Zeit
später im Konzern von Müller-Milch aufging.

Durch die wirtschaftliche Entwicklung stieg auch die
Einwohnerzahl, denn viele Menschen fanden in den
Fabriken, Handwerksbetrieben und Geschäften des
Flecken Lamspringe einen Arbeitsplatz. Lamspringe
war zu dieser Zeit eine Arbeitsplatzeinpendlergemeinde.
Die Einwohnerzahlen, bedingt auch durch die Teilung
Deutschlands und die Zuwanderung der Flüchtlinge, stieg
beträchtlich an. Anfang der Fünfziger Jahre des letzten
Jahrhunderts hatte Lamspringe fast 4.500 Einwohner.
Die Teilung Deutschlands nach dem 2. Weltkrieg hatte
beträchtliche Auswirkungen auf die wirtschaftliche Lage
einiger Lamspringer Gewerbebetriebe, denen nun ein Teil
ihrer Absatzmärkte fehlte. Ab 1960 mussten immer mehr,
oft alteingesessene Betriebe, schließen. Wegen der ungünstigen Standortbedingungen konnte kein Ersatz angesiedelt
werden. Die damalige Zonenrandförderung wirkte sich
ebenfalls negativ auf den Lamspringer Bereich aus, da
der damalige Altkreis Alfeld nicht in diese Förderregion
hineinfiel, jedoch die benachbarten Orte wie Bad Salzdetfurth / Bodenburg und Bad Gandersheim / Gehrenrode
Fördermöglichkeiten für Betriebe boten.

Wie in allen Städten und Gemeinden ist ein Wasserlauf
immer auch für die Aufnahme von privaten und gewerb-
lichen Abwässern genutzt worden. Nicht anders erging es
der Lamme, und um den Vorschriften der Gewässerrein-
haltung zu entsprechen, wurde im Jahre 1962 am östlichen
Ortsrand von Lamspringe eine Kläranlage gebaut. Sie ist
inzwischen auf dem neuesten technischen Stand. Und so
verwundert es nicht, dass trotz dieser Anlage, die sich
nur wenige Kilometer hinter der Quelle des Lammeflusses
befindet, und die das Schmutzwasser aus dem Flecken
Lamspringe und aus Neuhof reinigt, die gemessenen
Gewässergütedaten äußerst positiv sind, was die Messun-
gen im Jahre 2000 bestätigen. So ist nachzuweisen, dass
die Lamme mit einem Sauerstoffgehalt von 10–11 mg/l in
die Güteklasse I eingestuft werden kann. Dies bedeutet
eine sehr gute Wasserqualität. (Abb. 13) Verantwortlich
hierfür ist die teilweise schnelle Fließgeschwindigkeit des

13 | DAS WASSER DER LAMME IM BEREICH DER KLÄRANLAGE

Gewässers und auch verschiedene Sohlabstürze sowie der
in Windungen fließende unbegradigte Flussverlauf. Der
biologische Sauerstoffbedarf (BSB 5) im Bereich der Lamme
wurde ebenfalls im Jahre 2000 gemessen. Der ermittelte
BSB-5-Wert lag immer unter 3 mg/l. Dieses bedeutet für das
Gewässer eine geringe organische Belastung. Der ebenfalls
in dieser Zeit gemessene Orthophosphatgehalt lag deutlich
unter 0,1 mg/l. Somit ist das Gewässer in die Güteklasse
I – II einzustufen. Auch die Nitratkonzentration war
während der Untersuchung im Jahr 2000 mit etwa 4 mg/l
NO3-N relativ gering[1]

Eine Gefahr für das Gewässer stellt jedoch zunehmend
das Verhalten des Menschen dar. So denken offensichtlich
manche Zeitgenossen und Gartenbesitzer, dass man seinen
Rasenschnitt oder andere Abfälle kurzerhand im Wasser
der Lamme entsorgen könne, nach dem Motto, das Wasser
spült das Ganze wohl schon weg. Dabei übersehen die
unverantwortlich handelnden Personen, dass es sich bei
einem kleinen Fließgewässer, wie der Lamme, um ein sehr
sensibles Ökosystem handelt, welches sehr schnell aus dem
Gleichgewicht gebracht werden kann.

Ein ganz besonderes Wirtschaftsunternehmen mit sozia-
lem und humanitärem Auftrag sind die Lammetal-Werkstätten in Lamspringe. In den Werkstätten für Behinderte,
die zurzeit ca. 450 Menschen mit geistigen, seelischen oder
Mehrfachbehinderungen einen Arbeitsplatz bieten, wurde
in den letzten Jahren ständig angebaut und erweitert.
Über 200 Mitarbeiterinnen und Mitarbeiter sind in der
Verwaltung und in der Betreuung der Behinderten aktiv.

- -

1   Vgl. Martin Ringe-Krause: Facharbeit im Leistungskurs Erdkunde
     ›Belastung der Innerste im Vergleich mit der Lamme und deren
     Auswirkungen auf die Umwelt‹; Bad Salzdetfurth, 2005

14 |

15 |

Zu den Lammetal-Werkstätten gehören auch Wohnheime
für Behinderte im Flecken Lamspringe selbst, aber auch
in Harbarnsen, Bad Gandersheim und Alfeld. Im Jahre
1985 konnten die Werkstätten einer zukunftsträchtigen
Weiterentwicklung entgegensehen, denn in diesem Jahr
wurden die neu errichteten Werkstätten auf der ›Pferde-
wiese‹ errichtet und die verschiedenen Betriebsstätten, die
im Ort verstreut lagen, zusammengefasst.

LAMSPRINGE ALS LUFTKURORT

Im Zuge der strukturellen Veränderungen im Bereich
des Arbeitsmarktes und der Arbeitsplätze wurde die
zukunftsplanerische Ausrichtung des Ortes zum Fremden-
verkehrsort und zum attraktiven Wohnort gelenkt, denn
der kulturhistorisch interessante Flecken Lamspringe
bietet neben seiner sehr reizvollen Lage auch viele Sehenswürdigkeiten vergangener Tage.

Die weiträumige Klosteranlage mit der mächtigen
Klosterkirche mit barocker Ausstattung und den Gebäuden
der ehemaligen Benediktinerabtei bilden nach wie vor
den Mittelpunkt des Ortes und stellen sozusagen das
Wahrzeichen dar.

Als Anerkennung für vorbildliche Leistungen auf dem
Gebiet des Fremdenverkehrs und aufgrund mehrerer
Auszeichnungen im Wettbewerb ›Unser Dorf soll schöner
werden‹ wurde Lamspringe 1977 das Prädikat ›Staatlich
anerkannter Erholungsort‹ verliehen. Durch gezielte
Maßnahmen bemühten sich Rat und Verwaltung, den
Aufenthalt der Besucher in Lamspringe noch attraktiver
zu gestalten. Wanderwege wurden ausgebaut, um den
Naturfreund zu Wanderungen durch Wälder oder Land-
schafts- bzw. Naturschutzgebiete einzuladen. Die Höhen
gewähren einen freien Blick über die abwechslungsreiche
Hügellandschaft und den lang gestreckten Ort in seiner geschützten Tallage, der sich im Laufe der Jahrzehnte durch

Siedlungsentwicklung allmählich auch an den Hängen
weiter ausgebreitet hat (Abb. 12). Der in den 80er-Jahren
noch bestehende Verkehrs- und Verschönerungsverein
hatte eine Wanderkarte von Lamspringe und Umgebung
herausgegeben, in der die gut beschilderten Wanderwege
durch Wald und Flur gekennzeichnet waren. Erst kürzlich
hat der äußerst aktive Verein BUND für Umwelt und
Naturschutz in Lamspringe sich herangemacht, die Wege-
kennzeichnung zu aktualisieren und die Wanderwege auf
Begehbarkeit zu prüfen. Auch hat der Verein zahlreiche
Sitzgelegenheiten und Tische, die zu einer Rast einladen,
restauriert bzw. neu erstellt.

Der Klostergarten, heute als Bürgerpark für die Lamspringer und Besucher und in vielfältiger Weise genutzt, war
früher vom Klostergutspächter als Obst- und Gemüsegarten
genutzt, bis 1965 die Umgestaltung in einen der Allge-
meinheit zugänglichen Bürgerpark eingeleitet wurde. Der
heutige Bürgerpark (ehemaliger Klostergarten) mit der
Lammequelle, den verschiedenen Teichen und den weiten
Rasenflächen bieten den Besuchern unter mächtigen schat-
tenspendenden Baumgruppen Entspannung und Erholung.
In der großflächigen Anlage laden Kinderspielplatz, Basket-
ballfeld und ein Minigolfplatz zu Spiel und Sport ein. Bei
besonderen Gemeinschaftsveranstaltungen werden auch
die weiten Rasenflächen als Veranstaltungsort genutzt.

Beliebtes Ziel, besonders auch für Kinder, ist die alte Mühle
(Abb. 14) aus dem 17. Jahrhundert im Bürgerpark, deren
vor einigen Jahren erneuertes Mühlrad mit dem Wasser
des Backhausteiches angetrieben wird. Das wenige über
das Rad laufende und das Mühlrad (Abb. 15) antreibende
Wasser wird immer wieder bestaunt und ist Anziehungspunkt für jung und alt.
Die Klostermühle wurde in den 80er-Jahren durch den
Flecken Lamspringe komplett umgebaut, wobei sich
insbesondere der Landschaftsverband Hildesheim finan-
ziell eingebracht hat. Im Obergeschoss befindet sich eine

16|

14| DIE ›ALTE MÜHLE‹ AM BACKHAUSTEICH IM WINTER

15| DAS VOM BACKHAUSTEICH MIT WASSER VERSORGTE
MÜHLRAD DER ›ALTEN MÜHLE‹

16| BLICK AUF DEN WESTGIEBEL DES SCHAFSTALLS AN
DER STRASSE ›AM WASSERWERK‹

kleine Wohnung und im Erdgeschoss eine beschauliche Künstlerwerkstatt. Durch Vermittlung der ›Lamspringer Septembergesellschaft‹ leben und arbeiten dort bildende Künstler und Literaten aus dem In- und Ausland für mehrere Wochen oder sogar Monate.

Besonderes wird bei der Belegung auf den Gedanken einer Integration von Ausländern und Behinderten in unserer Gesellschaft geachtet. Auch junge und noch in der Entwicklung befindliche Künstlerinnen und Künstler finden hier eine Wirkungsstätte. Zurzeit nutzen die Lamspringer Lammetal-Werkstätten das historische Gebäude für ihre Zwecke und erfüllen es mit Leben, z. B. durch Begegnungen und ›Bildhauer Seminare‹ und Therapien für die Behinderten der Werkstätten.

FREIZEIT UND SPORT · VEREINE UND VERBÄNDE

Für den Sport und Freizeitbereich bietet der Flecken Lamspringe mit 3 Sporthallen in unterschiedlicher Größe, Sportplätzen, Tennisanlage, Reitbahn, Reithalle, Schießsportanlage, einer Minigolfanlage und einem für alle Altersgruppen geeigneten Netz von Rad- und Wanderwegen nicht nur Einheimischen, sondern auch den Gästen Lamspringes Gelegenheit zu Freizeit, Sport und zum Entspannen.

Wer Freude am Schwimmen und am Sonnenbad hat, der sollte in den Sommermonaten das beheizte Waldschwimmbad aufsuchen. Das am 18. 6. 1960 in herrlicher Waldrandlage errichtete Freibad wurde im Jahre 1990/91 durch einen Um- und Ausbau völlig neu gestaltet. Das Schwimmbecken hat die Ausmaße 50 x 18 m. Neben der Hauptattraktion der Anlage, der Riesenrutsche, wurde besonders Wert auf die Ausgestaltung eines attraktiven Kleinkinderbadebereichs gelegt.

Neben der Sportanlage ›Waldstadion‹ auf knapp 280 m Höhe am Ende der Lindenstraße mit zwei Sportplätzen befindet sich in unmittelbarer Nähe die Tennisanlage des Tennisclubs mit 4 Plätzen. In der Nähe des Klosterkomplexes erfreuen sich mitten im Flecken der Reitplatz und zwei Reithallen großer Beliebtheit, und ›Am Hopfenberg‹ steht die Schießsportanlage des Lamspringer Schützenclubs. Zahlreiche Vereine und Verbände, politische Parteien und Kirchengemeinden bereichern das Gemeinschaftsleben im Ort und engagieren sich in vielfältiger Weise.

KUNST UND KULTUR

Anknüpfend an die Tradition der Klostergeschichte, waren die Bemühungen von Erfolg gekrönt, das Kloster wieder zu einer kulturellen Begegnungsstätte zu machen. Nach der Restaurierung der Eingangshalle und des Refektoriums sowie der Renovierung des großen Abtsaales und Herrichtung des Gewölbekellers (Kreuzkeller) werden die Räumlichkeiten im Abteigebäude wieder verstärkt für kulturelle Veranstaltungen genutzt. Die ›Lamspringer September-Gesellschaft‹ bietet nunmehr schon über 20 Jahre in ihrem jährlichen Programm Musik. Theater, Literatur und Bildende Kunst im Ambiente des Klosters Lamspringe an. Zahlreiche, teilweise weltbekannte Künstler, Autoren und Schauspieler, haben sozusagen schon ihre Visitenkarte in Lamspringe abgegeben. Der alte Schafstall (Abb. 16) des Klosters, vor einigen Jahren umfunktioniert und umgebaut zu einer Reithalle, dient ebenfalls als Veranstaltungsraum im Rahmen des ›Lamspringer Septembers‹ und bietet den Besuchern ein außergewöhnliches Ambiente. Konzerte und Auftritte berühmter Chöre in der großen Klosterkirche ergänzen das Musikangebot.

Die ›St. Hadrian und Dionysius‹ gewidmete Kirche wurde in den Jahren 1670 – 1691 erbaut. Sie befindet sich an der Stelle, wo im Mittelalter die frühere Klosterkirche stand, die um die Mitte des 17. Jahrhunderts baufällig geworden

17 | DIE 1984 ENTSTANDENE ›ST. DIONYSIUS‹-SKULPTUR
VON PETER NEDWAL MIT DER KLOSTERKIRCHE IM
HINTERGRUND.

18 | BLICK VOM DACHREITER AUF ›ST. HADRIAN UND
ST. DIONYSIUS‹ NACH OSTEN ZUR HAUPTSTRASSE
UND ZUR SOPHIENKIRCHE

19 | DER HISTORISCHE ›RATSKELLER‹ AN DER
HAUPTSTRASSE

war und abgerissen wurde. Die heutige Klosterkirche wurde im Stil der westfälischen Nachgotik erbaut und erhielt eine barocke Innenausstattung. Prägend sind der Hochaltar mit mächtigen Chorschranken und dem Chorgestühl sowie die in den Seitenschiffen vorhandenen Altäre, der Rosenkranzaltar und der Benediktaltar.

In der gleichen Zeit erbaut und ein Jahr nach der Klosterkirche eingeweiht, nämlich 1692, trotzt die ev. ›Sophienkirche‹ dem Durchgangsverkehr in der Hauptstraße und bildet hier eine deutlich sichtbare Engstelle. 2008 schuf der Lamspringer Künstler und Maler, Micha Kloth, die eigens für die Sophienkirche entworfenen zwölf Bilder an der Brüstung der Empore (Emporebilder) der Kirche. Auf dem ev. Kirchentag 2009 in Bremen wurde diese Besonderheit einem größeren Publikum vorgestellt.

In jüngster Zeit gibt es verstärkt Bestrebungen, das ›Kulturgut Kloster Lamspringe‹ akzentuierter in das Bewusstsein der Öffentlichkeit, besonders der Besucher zu bringen. Die Gründung des Vereins ›Kulturerbe Kloster Lamspringe‹ erfolgte mit der Zielsetzung, in den Räumlichkeiten des Klosters die Geschichte des Klosters Lamspringe anschaulich und lebendig mit neuester Technologie zu präsentieren und auch die leidvolle Geschichte des heiligen Oliver Plunkett, dessen Gebeine in der Klosterkirche aufbewahrt werden, zu erzählen. Dabei ergibt sich eine Verbindung in größerer europäischer Dimension, sind doch die Spuren des Heiligen Oliver Plunkett nicht nur in Lamspringe erkennbar, sondern auch in Irland und England. Der neu gegründete Verein hat auch eine so genannte ›Machbarkeitsstudie‹ beauftragt und ausarbeiten lassen, um die Möglichkeiten der touristischen Dimension ergründen zu lassen. Bildet doch das Kloster Lamspringe, das im Eigentum der Klosterkammer Hannover steht, ein besonderes Alleinstellungsmerkmal, denn es wurde als ›einziges englisches Kloster auf deutschem Boden‹ 1643 von englischen Benediktinermönchen gegründet, die aus

ihrer Heimat vertrieben wurden. In den Räumlichkeiten des ehemaligen Benediktinerklosters befinden sich neben der Verwaltung der Samtgemeinde Lamspringe noch das Heimatmuseum, die Samtgemeindebücherei und die Räumlichkeiten für die Jugendpflege der Samtgemeinde Lamspringe.

Klosterleben hat in Lamspringe schon seit 847 eine lange Tradition. Während der Zeit des Bestehens des Benedikterinnenklosters, welches seine Blütezeit im 12. und 13. Jahrhundert mit über 180 Nonnen erlebte, ist das Scriptorium, in dem damals Bücher in Handschrift hergestellt, bemalt und künstlerisch ausgestaltet wurden, besonders erwähnenswert. Im Jahre 2007 waren wertvolle und kunstvolle Werke aus der damaligen Schreibwerkstatt im Lamspringer Kloster unter dem Titel ›Gemalt aus Frauenhand‹ in der Herzog August Bibliothek in Wolfenbüttel in einer Sonderausstellung zu bestaunen. Ein besonderes Geheimnis birgt der ›Albani-Psalter‹, ein kostbares Buch aus dem 12. Jahrhundert, welches im Kloster St. Albans nahe London entstand und später während der Verfolgungszeit der katholischen Geistlichen auf ungeklärte Weise in das Lamspringer Kloster kam. Spätestens im Jahre 1657 muss das Werk in Lamspringe gewesen sein, wie auf dem ersten Blatt vermerkt: »Liber Monast. Lambspring 1657« Buch des Klosters Lamspringe. Nach der Sekularisation 1803 hatten die englischen Mönche offenbar versucht, das wertvolle Buch wieder auf die Insel zu bringen. Der Zoll in Hamburg vereitelte das Geschehen und so landete der ›Lamspringer Albani-Psalter‹ im Godehardikloster in Hildesheim.

Die zeitgenössische bildende Kunst wurde aber auch schon vor der Durchführung der ersten Veranstaltung des ›Lamspringer September‹ im Jahr 1989 erlebbar – ja, sozusagen hautnah spürbar. Im Jahre 1984 veranstaltete der Flecken Lamspringe ein Bildhauersymposium im Klosterpark mit dem Ziel, in zeitgemäßer Weise Vergangenheit und Gegenwart durch bildhauerische, schöpferische

18|

19|

Arbeit miteinander zu verknüpfen (Abb. 17). Gleichsam in einem offenen Atelier konnte die Bevölkerung miterleben, wie Ideen und Gedanken der Künstler in Holz und Stein umgesetzt wurden. Die Kunstwerke als Ergebnis dieses Bildhauersymposiums haben neue Akzente gesetzt und ergänzen die schon vorhandenen Gedenktafeln und Gedenksäulen für die Kriegstoten.

KINDER · JUGEND · SCHULSTANDORT

Lamspringe ist Schulstandort des Sekundarbereichs I mit Hauptschule und Realschule mit ca. 540 Schülern. Die Samtgemeinde Lamspringe selbst ist Schulträger für die ›Verlässliche Grundschule Lamspringe‹ mit ihren zurzeit 230 Schülerinnen und Schülern, die aus allen Mitgliedsgemeinden der Samtgemeinde kommen.

Zwei in kirchlicher Trägerschaft stehende Kindertagesstätten nehmen die Kinder im Vorschulalter in ihre Obhut. Seit August 2009 gibt es im kath. Kindergarten St. Oliver eine Krippengruppe für die Jüngsten. Ab 2010 soll auch eine Gruppe am ev. Kindergarten ›Arche Noah‹ eingerichtet werden. Eine Tagespflegeeinrichtung zur flexiblen Betreuung durch Tagesmütter hat die Samtgemeinde Lamspringe in eigener Trägerschaft im Klostergebäude eingerichtet. Insgesamt kann man festhalten, dass das Betreuungsangebot für die Kleinen zurzeit vielfältig sowie flexibel gestaltet und ausreichend ist.

WOHNEN · GEWERBE · VERKEHR · EINKAUFEN · SIEDLUNGSSTRUKTUR

Die ›Hauptstraße‹ als Ortsdurchfahrt in Lamspringe war schon immer der Mittelpunkt des Ortes selbst und Verkehrsader in nordsüdlicher Richtung in einem Taleinschnitt. In den Jahren 1987 bis 1989 wurde die gesamte Ortsdurchfahrt vom Ortseingang ›Hildesheimer Straße‹ über die ›Hauptstraße‹ bis zum heutigen Kreisel neu

gestaltet. Der letzte Abschnitt von ›Kastens Ecke‹ bis zur großen Kreuzung war dann 1992 fertig gestellt (Abb. 18) Der Umbau der erwähnten großen Straßenkreuzung, wo die Straßen abzweigen in Richtung Bad Gandersheim, Freden, Hildesheim und in den Ortskern des Flecken Lamspringe hinein, wurde nach einem anfänglichen Provisorium im Jahre 1999 zu einem vorbildhaften und schmucken Verkehrskreisel ausgebaut.

Die neu gestaltete Ortsdurchfahrt lässt die zahlreichen zum Teil mehrere hundert Jahre alten Fachwerkhäuser akzentuiert hervortreten, die den kulturhistorischen Wert des Flecken Lamspringe präsentieren. Besonders ist hier der auch optisch hervortretende alte historische Ratskeller als außergewöhnlicher Fachwerkbau (Abb. 19) zu nennen, hat er doch mit seinen ehemaligen Amtsstuben und dem Sitzungsraum des Rates für die Geschichte des Flecken Lamspringe eine ganz besondere Bedeutung.

Landschaftsprägend war in den letzten Jahrzehnten der Bau der ICE-Neubaustrecke von Hannover nach Würzburg. Die Hochgeschwindigkeitsstrasse verläuft von Norden nach Süden durch die gesamte Samtgemeinde Lamspringe und passiert den Flecken Lamspringe westlich. Ein Flurbereinigungsverfahren wurde durchgeführt und zahlreiche Wege und Straßen mussten umgeleitet oder gekappt werden. Neben zwei größeren Brückenbauwerken über die Schnellbahn wurde auch in zweijähriger Bauzeit der Riesbergtunnel zwischen Graste und Netze mit einer Länge von 1322 m geschaffen. Am 2. Juni 1991 wurde die Neubaustrecke für die neue Generation der Hochgeschwindigkeitszüge freigegeben.

Lamspringe hat mehrere Geschäfte die zur Deckung des täglichen Bedarfs geeignet sind, aber auch noch Fachgeschäfte des spezialisierten Bedarfs, die jedoch einem sehr starken Konkurrenzdruck unterliegen. Dies hat auch dazu geführt, dass besonders in der ›Hauptstraße‹ einige Ladengeschäfte bereits leer stehen. Supermärkte und Discounter

20|

21|

haben sich am westlichen Ortsrand an der Hindenburgstraße ›Im kleinen Maser‹ und in der Bismarckstraße
angesiedelt. Durch die Verlagerung an den Westrand der
Gemeinde sind die Einkaufswege der Menschen, die im
sogenannten ›Unterflecken‹, im Hellegrund, am Hartlah
oder am Söhrberg wohnen, nicht unmaßgeblich länger
geworden. Einkaufsmöglichkeiten für Lebensmittel sind
innerhalb der Ortsmitte leider nicht mehr gegeben.

Durch die besondere topographische Lage des Flecken
Lamspringe findet man die einem Straßendorf ähnliche
Situation im Bereich der Durchgangsstraße vor, in dessen
Zentrum sich der ältere und historische Teil des Fleckens
befindet. Von Bodenburg kommend (Hildesheimer Straße)
erstreckt sich diese Siedlungsstruktur über fast 3 km
hin bis zum westlichen und südlichen Ortsausgang in
der Hindenburgstraße bzw. Gandersheimer Straße. Im
mittleren Teil, der Hauptstraße (Abb. 20), befindet sich
auch der ältere und von Fachwerkbauten, besonders aus
dem 19. Jahrhundert, geprägte Teil Lamspringes. Durch
diese beschriebene besondere Lage des Ortes ergibt es sich,
dass die Wohngebiete teilweise fingerartig ausufern und
auch die angrenzenden Höhenlagen des Westerberges, des
Hebers, des Söhrbergs und des Hartlahs der Wohnbebauung
dienen. Der Gemeinderat des Flecken hat schon in der
Vergangenheit die Voraussetzungen dafür geschaffen,
dass weitere Flächen für die zukünftige Wohnbebauung
ausgewiesen wurden. Jedoch, und dies muss aus städte-
baulicher und struktureller Sichtweise angemerkt werden,
muss ein wesentliches Ziel der weiteren städtebaulichen
Entwicklung des Flecken Lamspringe darin bestehen,
die teilweise leer stehende Altbausubstanz innerhalb
der bestehenden Wohngebiete, besonders innerhalb
der historischen Bereiche, zukünftig weiter zu nutzen
und durch entsprechende Sanierungsmaßnahmen dem
heutigen Wohnstandard anzupassen. Durch die rückläufige
Bevölkerungsentwicklung, der Überalterung und der sich
stark verändernden gesellschaftlichen Rahmenbedingun-

gen – teilweise wohnen in den Häusern oder Wohnungen
nur noch 1 oder 2 Personen – muss die städtebauliche
Entwicklung der Zukunft den geänderten Rahmenbedin-
gen Rechnung tragen.

Auch für die gewerbliche Entwicklung sind die Voraus-
setzungen bereits vor Jahren geschaffen worden. Ca. 1,3
Hektar ausgewiesene Gewerbefläche steht für gewerbliche
Nutzung zur Verfügung, jedoch größtenteils im privaten
Besitz. Durch die geschaffenen rechtlichen Voraussetzun-
gen ist eine Erschließung jederzeit möglich.

Die Bedeutung des Flecken Lamspringe als Markt-Flecken
für die umliegenden Ortschaften der Börde-Region hat
dazu geführt, dass auch heute noch eine angemessene
allgemeine Infrastruktur vorhanden ist, die den Menschen
zugute kommt. Neben den Grundbedürfnissen, wie Arbeiten und Wohnen sowie der Versorgung, tritt immer mehr
der gesundheitliche Sektor in den Mittelpunkt. So sind in
Lamspringe drei Arztpraxen von Allgemeinmedizinern
etabliert, 3 Zahnarztpraxen und mehrere physiotherapeu-
tische Praxen. 2 Apotheken im Ort runden das Angebot im
medizinischen Gesundheitsbereich ab. Außerdem besteht
ein Alten- und Seniorenheim am Nordrand des Flecken
Lamspringe, welches privat betrieben wird.

Durch die Südrandlage des Flecken Lamspringe im
Landkreis Hildesheim (ca. 29 km von der Kreisstadt Hildes-
heim entfernt) ist es besonders wichtig, dass öffentliche
Verkehrsmittel in die Nachbargemeinden und -zentren zur
Verfügung stehen. Neben dem Schulbusverkehr, der außer
in den Ferienzeiten auch der Bevölkerung zur Nutzung
zur Verfügung steht, gibt es Busverbindungen nach Bad
Gandersheim und vor allem zur Bahnstation der Eurobahn
nach Bodenburg / Östrum, und diese fast im Stunden-
Takt. Auch besteht eine Busverbindung von Lamspringe
über Freden nach Alfeld, leider jedoch nur mit wenigen
Verbindungen am Tage.

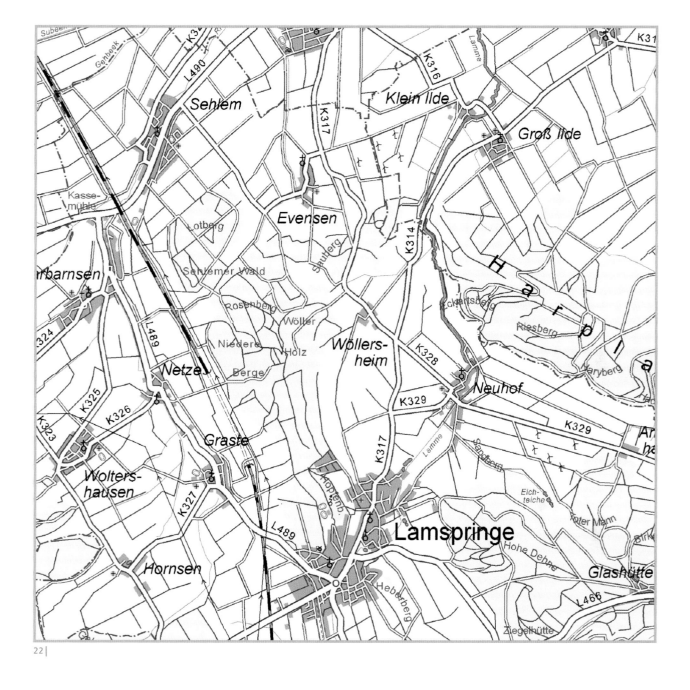

22|

20| ANSICHT DER HAUPTSTRASSE MIT DER SOPHIENKIRCHE IM
HINTERGRUND

21| BLICK AUS DEN OBSTGÄRTEN DES HEBERBERGS
AUF DEN ALTEN KLOSTERBEZIRK

22| DER FLECKEN UND DIE SAMTGEMEINDE LAMSPRINGE

Seit einigen Jahren hat der Samtgemeinderat zur Verbesserung des Öffentlichen Personennahverkehrs ein ›Rufbus-System‹ in der Erprobung, welches durch täglich vier Verbindungen zwischen Lamspringe und Bodenburg/Östrum (Eurobahn) besonders für die kaum vom ÖPNV angefahrenen Ortschaften als Angebotsverbesserung gelten kann. Durch die ländlich strukturierte Lage ist das Vorhalten von öffentlichen Verkehrsmitteln äußerst wichtig. Jedoch ist die Nutzung des vorhandenen Angebotes nicht immer ausreichend, da die Menschen oft auf Verkehrsmittel des Individualverkehrs zurückgreifen müssen, zumal die Busse des ÖPNV nicht immer zeitgerecht verkehren können.

Seit zwei Jahren ist Lamspringe integraler Bestandteil der 2007 gegründeten Leader-Förderregion der EU als ›Region Leinebergland‹ und mit weiteren sieben Samtgemeinden bzw. Städten als gemeinsame Region anerkannt. Bis zum Ende des Förderzeitraums im Jahr 2013 sollen zahlreiche Maßnahmen innerhalb der Leinebergland-Region durchgeführt werden. Zwei Schutzhütten, eine im Bereich des Flecken Lamspringe, die andere in der Gemarkung Harbarnsen, werden zukünftig die Bedeutung

des ›Radweges zur Kunst‹, der über ca. 57 km von Ruthe an der Innerstemündung im Norden des Landkreises über Sarstedt, Hildesheim, Bad Salzdetfurth, Bodenburg, Lamspringe weiter bis nach Bad Gandersheim und Kreiensen führt, erhöhen. Besondere Bedeutung und Beachtung findet der Teilbereich zwischen dem Flecken Lamspringe und der Nachbarstadt Bad Gandersheim im Landkreis Northeim, der als ›Skulpturenweg‹ nicht nur durch die bislang 14 Skulpturen bei Kunstinteressierten Anklang gefunden hat, sondern auch bei Wanderern, Walkern, Radfahrern oder auch Inlineskatern.

STÄRKUNG DES TOURISMUS

Die in den letzten Jahren verstärkt vollzogene touristische Ausrichtung des Flecken Lamspringe wird in den zahlreichen kleineren Schritten deutlich. Seit dem Jahre 2007 gibt es in der Verwaltung der Samtgemeinde Lamspringe eine Mitarbeiterin, die sich schwerpunktmäßig mit den touristischen Zielsetzungen und Aktivitäten beschäftigt. In Absprache mit der katholischen Kirchengemeinde werden täglich Öffnungszeiten und Führungen in der Klosterkirche angeboten. Auch ist das Heimatmuseum

23 | HERBSTSTIMMUNG IM LAMMETAL MIT BLICK VOM WESTHANG
DES SCHAFSBERGES IN RICHTUNG NEUHOF

regelmäßig an Samstagen sowie an Sonn- und Feiertagen geöffnet. Führungen im Abteigebäude mit Refektorium, Abtsaal, Monatszimmer und Kellergewölben (Kreuzkeller) finden zu besonderen Anlässen bzw. bei Bedarf und auf Nachfrage statt.

Angeboten wird auch eine so genannte ›Stadtführung‹ durch den Flecken Lamspringe (Abb. 21). In dieser gut einstündigen Führung werden die Sehenswürdigkeiten der Moderne ebenso zu Fuß erkundet, wie die Zeugnisse der historischen Vergangenheit.

Ein beschilderter Rundgang mit Erläuterungstafeln ist um das Klostergebäude eingerichtet und schließt auch einen Abstecher zur evangelischen Sophienkirche mit ein. Die Koordination der touristischen Aktivitäten liegt in den Händen der Mitarbeiterin im Tourismusbüro. Hier findet auch der Kartenverkauf zu verschiedenen kulturellen Veranstaltungen im Ort bzw. in der Region statt, wie auch der Kartenverkauf für den ›Lamspringer September‹. Ein wegweisendes System von touristischen Hinweis- schildern wurden im Ort platziert und weist den Weg zu den touristischen Stätten und zu der neuen Infotafel im Eingangsbereich der Samtgemeindeverwaltung, wo Besucher die wichtigsten Informationen erhalten können, wenn sie außerhalb der Öffnungszeiten des Tourismusbüros Auskünfte wünschen.
Das touristische Hinweisschild auf das Kloster Lamspringe an der Bundesautobahn A 7 in der Nähe der Anschluss- stelle Rhüden hat dazu geführt, dass nicht nur mehrere Millionen Autofahrer jährlich auf das Kloster Lamspringe aufmerksam werden, sondern auch, dass zahlreiche kulturbeflissene Menschen einen Abstecher von Rhüden aus nach Lamspringe unternehmen.
Seit gut zwei Jahren gibt es auch einen ausgewiesenen Wohnmobilstellplatz unmittelbar am Skulpturenweg.

VERANSTALTUNGEN

Mit seinem Reichtum an denkmalgeschützten Gebäuden beteiligt sich Lamspringe regelmäßig am jährlich bun- desweiten ›Tag des Offenen Denkmals‹ und öffnet hierfür alle Sehenswürdigkeiten. 2007 fand das 1. Lamspringer Dreschfest statt und führte tausende von Besuchern auf den Klosterhof, wo vor allem drei funktionstüchtige Dreschmaschinen, die allesamt früher in Lamspringe gebaut wurden, in Aktion zu erleben waren. 2010 ist eine Folgeveranstaltung in Planung, wiederum gepaart mit einer Gewerbeausstellung.
Ein besonderer Höhepunkt im Gemeinschaftsleben des Ortes stellte die 1150-Jahrfeier des Flecken Lamspringe im Jahre 1997 dar, die an mehreren Tagen festlich begangen wurde.

Zweimal fand bisher die überregional angelegte Veran- staltung ›RadKultour‹ statt, die tausende von Menschen zu Fuß, vor allem aber per Fahrrad zum Erleben der kulturellen Höhepunkte und des Programms aktivierte. Diese Veranstaltung, besonders intensiv betrieben im Gandersheimer Raum, strahlte bis zum Beginn des Skulp- turenweges nach Lamspringe aus. Im Juni 2008 feierte der Skulpturenweg seinen 10. Geburtstag mit zahlreichen Veranstaltungen auf der ca. 12 km langen Teilstrecke des Radweges zur Kunst zwischen Lamspringe und dem Kloster Brunshausen / Bad Gandersheim Die Schirmherrschaft für diesen Skulpturenweg hatte seinerzeit der Niedersächsi- sche Ministerpräsident Sigmar Gabriel übernommen.

Lamspringe hat sich viel vorgenommen. Die touristische Neuausrichtung bezüglich des ›Kulturgutes Kloster Lamspringe‹ ist gepaart mit zahlreichen Maßnahmen, die das Ziel haben, besonders Kurzurlauber und Tagestouristen mit dem Schwerpunkt Kulturtourismus in Lamspringe willkommen zu heißen. Dieses viel versprechende Vorha- ben ist im Zusammenspiel mit den anderen kulturellen Aktivitäten im südlichen Landkreis Hildesheim zu sehen, für deren Wirksamkeit die Lamme das verbindende Band sein kann, das über Bodenburg, Bad Salzdetfurth bis hin zu den Weltkulturerbestätten in Hildesheim reicht.

Der als wasserreiche Quelle unter dem Bildnis des Lammes beginnende Bach, der unserem Ort seien Namen gab, und der im Bereich nördlich von Neuhof zum landschaftsprä- genden Fluss wird (Abb. 23), bildet also das verbindende Band zwischen den Kultur tragenden Orten der Region. Eine sinnvolle Vernetzung in einem Gesamtkonzept kann diesem kulturell und landschaftlich reizvollen Teil Ostfalens neue und nachhaltige Energie spenden, denn es ist ja das Wasser, das das Leben auf unserer Erde erst ermöglicht und auf ihr zum Erblühen bringt. Somit kann die Lamme wie bereits im frühen Mittelalter, der Garant für dieses Vorhaben sein. |

Lamspringe

Neuhof

Groß Ilde

Klein Ilde

Bodenburg

Wehrstedt

Bad Salzdetfurth

Detfurth

Wesseln

Kl. Dünge

Heinde

03|

W
ie die Lebensader der Stadt fließt
die Lamme (Abb. 1), beginnend von der Gemarkungsgrenze Bodenburgs
bis zu ihrer Mündung in die Innerste unterhalb des Kirchbergs in
Heinde. Sie berührt oder durchließt dabei folgende Ortsteile der Stadt
Bad Salzdetfurth: Bodenburg, Wehrstedt, Bad Salzdetfurth, Detfurth,
Wesseln und Klein Düngen. Auf diese Weise bildet sie aus ihrem
Quellort Lamspringe kommend ein natürliches und verbindendes Band
zwischen den beiden Städten.

In der Vergangenheit diente der Flusslauf vorrangig wirtschaftlichen
Zwecken. In der Zeit, als das Leben in Salzdetfurth noch durch die
Salzproduktion geprägt wurde und Station an der Frankfurter Heerstraße war, ersetzte das Flussbett sogar wegen der Enge des Tales und
der dicht am Fluss stehenden Häuser (Abb. 4) für lange Zeit die Straße.
Die niedrigen Wasserstände der Furten ermöglichten den Pferde-
fuhrwerken, die ihren Weg aus Hildesheim kommend in Richtung
Lamspringe nahmen, den Zugang zur ›Wasser‹-Straße. Erst 1794, also
nach dem verheerenden Brand wurde die erste Straße durch den Ort
gebaut. In der Zeit von 1855 – 1862 erhielt diese Straße eine Pflasterung
und man befestigte das Ufer der Lamme mit Mauern in der Hoffnung,
das Wasser in Zukunft besser bändigen zu können. Bis in die Mitte der
1970er-Jahre war das letzte Zeichen dieser Furt als Ausfahrt aus dem
Lammebett in Höhe des schmalen Fußgängersteges an der Oberstraße
noch sichtbar (Abb. 2), wurde aber durch die trogförmige Einfassung
des Flusses mit Betonmauern geschlossen und so dient jetzt dieser
Bereich als Parkplatz.

Natürlich wurden mit zunehmendem Bedarf von mechanischer Energie
als Ersatz oder Ergänzung der Muskelkraft bereits in vorindustrieller
Zeit auch im Tale der Lamme Wassermühlen gebaut. Damit erhielt der
Fluss für die Bewohner des Tales neben dem Fischfang eine neue wirt-
schaftliche Bedeutung. Ein ›Die Kunst‹ genanntes Wasserrad (Abb. 3)
das mit Lammewasser betrieben wurde, stand im ›Kleinen Salzgarten‹.
Es befand sich direkt an der damals hölzernen Lammebrücke, die zum
Mühlenbusch führt.

01| LINKS| DIE LAMME UNTERHALB DES ›HOTEL
KRONPRINZ‹ MIT BLICK AUF ST. GEORG

02| AUSFAHRT DER LAMMEFURT IN HÖHE DER
OBERSTRASSE NR. 29 UM 1900 (FOTO: ANONYM)

03| ›DIE KUNST‹ AN DER LAMMEBRÜCKE, DIE DAMALS
›SCHLAGSTEG‹ HIESS, ZEICHNUNG (QUELLE: KLEINE
STADTKUNDE BAD SALZDETFURTH, S. 22, 1980
2. AUFLAGE)

04| SALZDETFURTH 1783 ETWA VOM FUCHSLOCH AUF
DEM TIDEXER ORTBERG AUS GESEHEN. AUSSCHNITT
AUS DER FEDERZEICHNUNG AUF DEM ›SITUATIONS-
PLAN DER VERGLICHENEN JURISDICTIONS UND
JAGDT GRÄNTZEN ZWISCHEN DEM FÜRSTLICHEN
AMTE WINZENBURG UND DEM V. STEINBERGISCHEN
GERICHTEN SALZDETFURTH, OESTRUM,
BODENBURG‹. RECHTS IST DAS ›OBERE TOR‹ ZU
SEHEN, DAS IN HÖHE DER SPARKASSE STAND.

04|

05 |

06 |

Leider sind von den vielen Mühlen an der Lamme nur noch drei im Stadtgebiet erhalten geblieben, wovon die Bergmühle zwischen Östrum und Bad Salzdetfurth ihr Wasser über einen Mühlengraben von der Riehe, dem größten Nebenfluss der Lamme bekam, und von der Wehrstedter Mühle nur noch ein Rest des Mühlhauses existiert (Abb. 7). Interessant ist es in diesem Zusammenhang zu wissen, dass die Mühle hinter der Eisdiele an der Mühlenstraße, wo sich jetzt ein Parkplatz befindet, ihr Wasser über einen Mühlengraben erhielt, der am Wehr Wehrstedter Straße abzweigte, hinter dem ›Neuen Krug‹ entlang lief, seinen Weg in Richtung Freibad nahm wo sich ebenfalls eine Mühle befand und dann seinen Verlauf im Bereich der Bahnhofstraße, die Mühlenstraße entlang bis zu Mühle nahm. Dort, wo heute die Volksbank steht, war eine Häuserlücke, durch die das Wasser der Mühle dann in die Lamme floss. Die über die Region hinaus wohl bekannteste Mühle ist die ›Mordmühle‹ in Kl. Düngen, um die herum sich die Sage von den erschlagenen Räubern rankt (Abb. 5). Während der 100-jährigen Existenz des Kaliwerkes diente der Fluss auch zur Aufnahme von Abwässern des Werkes.

Heute sind die wasserwirtschaftlichen Interessen stark in den Hintergrund getreten, zumal auch die Verlegung der Kläranlage von Detfurth noch Groß Düngen im Jahre 2005 an dieser Stelle eine Verbesserung gebracht hat. Somit stellt die Lamme in der Hauptsache ein touristisches Highlight im Stadtbild dar, denn nur in wenigen Städten findet man wie hier einen Flusslauf an so zentraler Stelle im Innenstadtbereich. Von den historischen Fachwerkhäusern der idyllischen Altstadt (Abb. 8) umrahmt, fließt er als ständiger Begleiter durch die Kurstadt. Auch im Kurbereich und dem gesamten Kurpark locken immer wieder malerische Ausblicke auf das ruhig dahin fließende Wasser.

09 |

10 |

11 |

12 |

09 | PFERDEFUHRWERK IN OBERSTRASSE WÄHREND DES
HOCHWASSERS 1943

10 | HOCHWASSER 1909 STANDORT ETWA ›HOTEL
KAISERHOF‹, RECHTS DAS HAUS AN DER LAMME
NR. 6/7 (QUELLE: ›VON SOLE, SALZ UND SÖLTERN‹,
F. KABUS, GÖTTINGEN 1961 FOTO: ANONYM)

11 | BLICK VOM FURTHAUSGANG AUS AUF ERNST OHMES
UND ERNST HOPFSEN, WIE SIE IN DER OBERSTRASSE
EIN SCHWEIN VOR DEM ERTRINKEN RETTEN

12 | STANDORT ETWA GRIESSBERGSTRASSE HAUS NR. 1,
BILDMITTE DIE LAMMEBRÜCKE AM ›HOTEL KAISER-
HOF‹ (QUELLE: ›VON SOLE, SALZ UND SÖLTERN‹,
F. KABUS, GÖTTINGEN 1961 FOTO: ANONYM)

13 | LAMMEBRÜCKE DER L490 IN WESSELN

14 | FUSSGÄNGERBRÜCKE IN DEN KURPARK AN DER
DETFURTHER STRASSE

Dass allerdings ein im urbanen Raum so stark kanalisierter Fluss bei starken Regenfällen oder plötzlicher Schneeschmelze sehr schnell die im engen Tal stehen Häuser und parallel verlaufenden Straßen überschwemmen kann, zeigen die großen Flutkatastrophen der Jahre 1342, 1466, 1532 und 1814. Im Jahre 1738 stieg die Lamme bis auf 3m über Straßenhöhe. Der Höchststand ist an der St. Georgskirche an der südlichen Ecke des Turmes markiert. (Abb.6) Auch der Gehlenbach mit seinem ca. 5 qkm großen Einzugsgebiet und der starken Hängigkeit des Geländes verursachte verheerende stoßweise Überschwemmungen. Allerdings ist es zu solchen Hochwassern, wie sie auf historischen Aufnahmen (Abb. 9, 10, 11, 12) zu sehen sind, schon seit längerer Zeit nicht mehr gekommen, da in der Neuzeit der Bau der Innerstetalsperre im Harz und weitere Regulierungsmaßnahmen die Hochwassergefahr weitestgehend gebannt haben und damit die fast jährlich in ihrer Existenz bedrohten Anrainer von einer großen Last befreit wurden. Allerdings stand auch im Jahre 2008 das Wasser der Lamme wieder auf der Oberstraße, sodass die Feuerwehr Sandsäcke auslegen musste.

Verkehrstechnisch war der Lammefluss für die sich wirtschaftlich immer stärker entwickelnde Salz- und spätere Kurstadt und die Zunahme des Individual- und Lieferverkehrs besonders an der engsten Stelle des Tales – also der Kernstadt – ein großes Problem, das Rat und

13 |

Verwaltung schon sehr lange beschäftigte. Der Verkehr mit ca. 14.000 Fahrzeugen täglich gefährdete sogar den Kurstatus der Stadt. In diesem Zusammenhang sind auch die hohen Aufwendungen zu nennen, die der Bau und Erhalt der 13 Brücken im Stadtgebiet erfordert. (Abb. 13, 14)

1949 erhält der Flecken Bad Salzdetfurth die Bezeichnung Stadt, was nicht zuletzt auf die stark angestiegenen Einwohnerzahl während und nach dem 2. Weltkrieg zurückzuführen ist. Es würde aber den Rahmen dieses Beitrages sprengen, wenn hier noch stärker auf die geschichtliche Entwicklung des Ortes eingegangen würde und so soll im Folgenden die Zeit nach der Gebietsreform 1974 dargestellt werden.

Die Stadt Bad Salzdetfurth in ihrer heutigen Rechtsform mit 13 Ortsteilen wurde 1974 im Rahmen der Gebietsreform gebildet, und zwar aus den Orten Bad Salzdetfurth, Bodenburg, Breinum , Detfurth, Groß Düngen, Heinde, Hockeln, Klein Düngen, Lechstedt, Listringen, Östrum, Wehrstedt und Wesseln. (Abb. 15) Die Bezeichnung Stadt wurde Bad Salzdetfurth mit Wirkung vom 01. 12. 1949 durch Erlass des Niedersächsischen Ministers des Innern verliehen.
Bad Salzdetfurth liegt mit seinem alten Stadtkern an der Engstelle des Lammetals. Die Lamme durchschneidet hier einen waldreichen Höhenzug im nördlichen Harzvorland. Die Kernstadt Bad Salzdetfurth

14 |

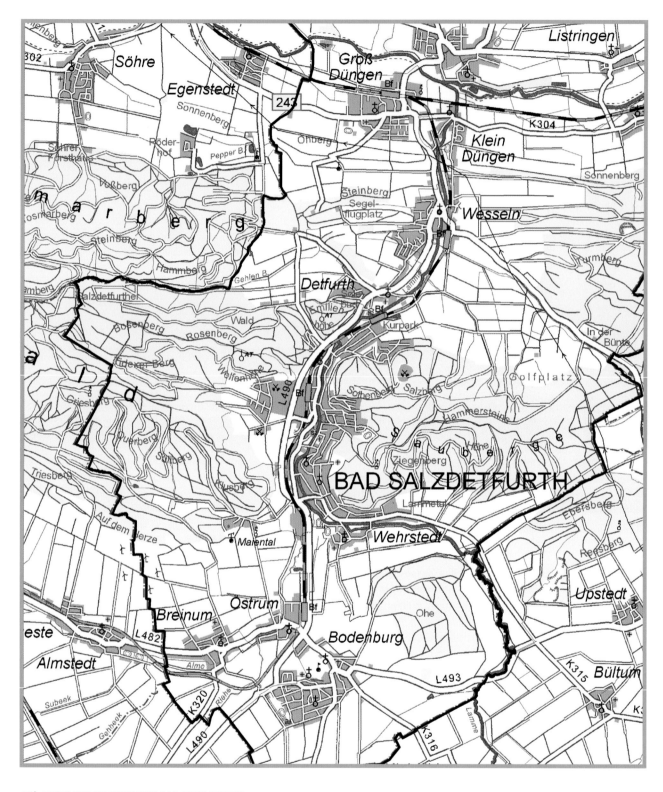

15| KARTE DES STADTGEBIETES BAD SALZDETFURTH
(QUELLE: STADT BAD SALZDETFURTH)

mit dem Ortsteil Detfurth ist ein staatlich anerkanntes Heilbad mit einem breiten Indikationsbereich und ist der einzige Kurort im Landkreis Hildesheim. Maßgebend für die Entstehung des Ortes an dieser Stelle waren die schon früh erkannten Salzvorkommen, die von 890 – ü1000 zu den Besitzungen des Klosters Corvey gehörten, das dann aber vom Michaeliskloster in Hildesheim verdrängt wurde. Man kann also davon ausgehen, dass sich bereits zu Beginn der Christianisierung dieser Region hier eine Siedlung befand die Ihren Ausgang von Tidexen (vorher Thiedecessen) einem altsächsischen Herrensitz auf dem Rohden zwischen Burgberg und Steinberg mit gutem Ackerland hatte, denn hier überquerte der alte Deitweg die Lamme. Das ›Verkehrshindernis Lamme‹ führte also letztlich zur Gründung der Siedlung. Tidexen wurde allerdings 1422 von den Hildesheimern zerstört – ebenso das Klostergut Lütgenrode auf dem Detfurther Roden.

Die Sage verlegt die Gründung allerdings in eine spätere Zeit, als bereits die Herren von Steinberg die Lehnsherren der Region waren. So wird erzählt, dass sich einst ein Ritter von Steinberg in seinen weiten Wäldern auf der Jagd verirrte. Vom Durst geplagt suchte er nach einer Quelle. Diese fand er am Fuß des heutigen Sothenbergs am Ufer der Lamme. Seine Enttäuschung war groß, als er merkte, dass statt des frischen Quellwassers Salzwasser aus der Erde sprudelte. Das augenblickliche Unbehagen verflog aber schnell, denn es wurde ihm klar, dass er hier eine Quelle des Reichtums entdeckt hatte. Der Ritter ließ danach Salzsieder aus anderen Gauen kommen. Sie rodeten den Wald und errichteten Siedekoten mit Salzpfannen. Damit war der Grundstein für einen ertragreichen Handel gelegt. Im Volksmund wurden diese Ansiedler ›Sölter‹ genannt.

Erstmals wird Salzdetfurth urkundlich im Jahre 1194 erwähnt bestand aber schon früher, da aus dem Inhalt der Urkunde hervorgeht, dass zu diesem Zeitpunkt bereits Salzpfannen und Wald verkauft wurden. Die Ansiedlung entwickelte sich zu einem Handelszentrum und wurde zu einem kleinen Umschlagplatz an der alten Frankfurter Heer- und Handelsstraße. Seit dieser Zeit wurde die Entwicklung des Salzfleckens durch Kriege, Seuchen, Nöte, Brände und Wasserfluten sowie durch Leibeigenschaft und freies Bürgertum geprägt. Weltliche und kirchliche Herren, wie auch die Gilde der Salzpfänner, waren die tragenden Kräfte in der wechselvollen Geschichte Salzdetfurths. Dadurch erlangte Mitte des 15. Jahrhunderts der Salzflecken immer mehr Bedeutung und trug die Bezeichnung: ›uppe dem Solte by Bodenborch‹.

Mit eigener Gerichtsbarkeit überwachte die Salzpfännergilde die Holznutzung und die Salzgewinnung. Das Salz durfte nicht entweiht werden durch Fluchen, Sittenlosigkeit oder Betrug. Es wurde auch zum kultischen Reinigen der Opfergaben und für das Weihwasser benutzt. Brot und Salz reichte man dem Brautpaar als besondere Segensgabe. Vorchristliches und christliches Brauchtum pflegte die Gilde bei ihren Geselligkeiten. Die ehemalige Kultgemeinschaft erstarkte im Mittelalter zum Schutzbund. Noch heute besteht die Salzpfännergilde als Interessengemeinschaft mit Boden- und Forstbesitz. Sie ist noch immer Eigentümerin der Solequellen.

ENTWICKLUNG DER STADT SEIT DER GEMEINDEGEBIETSREFORM 1974 – IHRE HEUTIGE STRUKTUR UND IHRE BESONDERHEITEN EINSCHLIESSLICH DER SPEZIFISCHEN KOMMUNALEN PROBLEME

Die Stadt Bad Salzdetfurth befindet sich z. Zt. einem tief greifenden Strukturwandel. Wie schon beschrieben, prägte Jahrhunderte lang die Salzgewinnung die Entwicklung und das wirtschaftliche Leben des Ortes. Ende des 19. Jahrhunderts nahm die Kali-Industrie an Bedeutung zu. Nach dem 2. Weltkrieg entwickelten sich weitere Industriezweige von denen insbesondere die Firma Fuba (Nachrichtenübertragungstechnik) zu nennen ist, die in Spitzenzeiten rund 1.700 Menschen beschäftigte. Daneben entwickelte sich als wirtschaftlicher Faktor immer stärker der Kurbereich mit seinen vielfältigen Einrichtungen. Die ersten gravierenden Einbrüche in der Kali-Industrie waren Mitte der achtziger Jahre zu verkraften. 1992 folgte schließlich die völlige Stilllegung der Kaliproduktion. 1996 musste die Firma Fuba Konkurs anmelden, und fast zeitgleich wurden die Kureinrichtungen durch die Gesundheitsreform empfindlich getroffen. Für Bad Salzdetfurth waren dieses schwere wirtschaftliche Tiefschläge.

Der Verlust an Arbeitsplätzen und der damit verbundene Rückgang an Steuereinnahmen führte letztlich dazu, dass Bad Salzdetfurth aus eigener Kraft heraus nicht mehr in der Lage war und ist, den städtischen Haushalt auszugleichen. Große Kraftanstrengungen zur Haushaltskonsolidierung wurden und werden seitdem unternommen. So ist die Finanz- und Strukturpolitik der Stadt ist darauf ausgerichtet, mittel- und langfristig wieder zu einer wirtschaftlichen Festigung und Stabilität zu gelangen. Hierzu zählt insbesondere die Ausweisung von Gewerbeflächen als Grundlage zur Schaffung neuer bzw. Erhaltung bestehender Arbeitsplätze.

Für das ehemalige Kaliwerksgelände mit einer Fläche von rund 70 Hektar ist in enger Zusammenarbeit mit der K+S AG, Kassel ein Bebauungsplan für dessen Nachnutzung aufgestellt worden. Unter der Priorität ›Kurortverträglichkeit‹ wurde so für die zukünftige Entwicklung dieses Geländes und damit auch für die Stadt eine planerische Grundlage und Zielsetzung geschaffen. Im Sinne der notwendigen ›Kurortverträglichkeit‹ werden hier zukünftig nur solche Betriebe zugelassen, die mit der Kurortfunktion der Stadt in Einklang zu bringen sind.

16 | DIE LAMME IN HÖHE DES SPORTPLATZES
MIT BLICK ZUM EHEMALIGEN POSTGEBÄUDE

Es ist auch in der Zwischenzeit gelungen, auf dem ehemaligen Kaliwerksgelände einige neue Betriebe anzusiedeln und damit neue Arbeitsplätze zu schaffen. Ein wichtiger Grundstein für die zukünftige wirtschaftliche Entwicklung der Stadt Bad Salzdetfurth konnte hier gelegt werden.

Für das Betriebsgelände der im Konkurs gegangenen Firma Fuba konnte mittlerweile eine wichtige Trendwende eingeleitet werden. Für Teilproduktionsbereiche des Unternehmens wurden Nachfolgefirmen gefunden. Hier entwickelte sich ein Technologiezentrum (Tec-Center) mit einer viel versprechenden und interessanten Zukunftsperspektive. Ca. 20 neue Firmen arbeiten inzwischen auf dem Gelände bzw. in den Gebäuden der ehemaligen Firma Fuba; und so haben rund 1700 Menschen haben hier einen Arbeitsplatz im High-Tec-Bereich gefunden. Sowohl in Groß Düngen, das über eine hervorragende Verkehrsanbindung (B 243 und Nähe des BAB-Anschlusses Hildesheimer Börde) verfügt, als auch auf dem ehemaligen Zuckerfabrikgelände in Östrum sind neue Gewerbeflächen entstanden.

ENTLASTUNGSSTRASSE UND STADTENTWICKLUNG

Wie schon in anderem Zusammenhang beschrieben, wirkte sich die Talenge im Kernstadtbereich negativ auf die Lebensqualität in der Stadt aus. So war der Bau einer kommunalen Entlastungsstraße die dringlich erforderliche Voraussetzung für eine Um- und Neugestaltung der Innenstadt zum Wohle ihrer Bürgerinnen und Bürger.

Das älteste der Stadt vorliegende Dokument, aus dem hervor geht, dass man sich intensiv um den Bau einer Entlastungsstraße bemüht, stammt aus dem Jahre 1949. So sollte der Bereich des Sportplatzes (Abb. 16) an der Lamme durch ein geschwungenes Brückenbauwerk überspannt werden, damit die Straße am Hang des Sothenberges entlang geführt unterhalb von Detfurth wieder das Tal der Lamme erreichen konnte.

Vermutlich liegen die Ursprungsüberlegungen für eine neue Straße aber noch weiter zurück. Mehr als fünfzig Jahre mussten also vergehen, bis die für Bad Salzdetfurth so wichtige Entlastungsstraße endlich realisiert werden konnte. Rund 14.000 Fahrzeuge täglich ermittelten Verkehrszählungen durch die enge, mit Fachwerkhäusern bebaute Innenstadt. Im Juni 1998 konnte dann endlich die neue Straße offiziell in Betrieb genommen werden. Rund 39 Mio. DM hat der Bau dieser Straße gekostet. Dafür erhielt die Stadt Zuschüsse nach dem Gemeindeverkehrsfinanzierungsgesetz und eine zusätzliche Finanzierungsquote des Landes Niedersachsen in Höhe von zusammen rund 31 Mio. DM. Der Eigenfinanzierungsanteil der Stadt betrug rund 8 Mio. DM.

Die hier investierten Gelder werden sich in den nächsten Jahrzehnten nicht nur für die Stadt Bad Salzdetfurth, sondern für die gesamte Region rentieren, denn ohne diese Straße hätte mittel- oder langfristig Bad Salzdetfurth den Kurortstatus verloren. Die Kureinrichtungen sind aber nicht nur ein wichtiger Wirtschaftsfaktor; sondern auch ein Garant von Arbeitsplätzen, die mit diesem Wirtschaftszweig in Verbindung stehen. Die erneute staatliche Anerkennung am 06.12.2008 im Rahmen einer Kurortüberprüfung ist ein wichtiger Erfolg und bestätigt die Richtigkeit dieser großen Baumaßnahme.

Die Ausweisung von Neubaugebieten und ein damit verbundener Einwohnerzuwachs hat Bad Salzdetfurth als Wohngemeinde gestärkt. So betrug zum Zeitpunkt der Gebietsreform im Jahre 1974 die Einwohnerzahl 14.540. Danach war ein ständiger Einwohnerrückgang zu verzeichnen. Den Tiefstand erreichte Bad Salzdetfurth 1988 mit 13.602 Einwohnern. Zum Stichtag 31.12.2008 betrug die Wohnbevölkerung wieder 14.707 Einwohner. Aufgrund der intensiven Wohnungsbaupolitik konnten so in den letzten Jahren Einwohner hinzugewonnen werden, obwohl durch den Wegfall der Arbeitsplätze bei Kali und Salz und Fuba überdurchschnittlich viele Einwohner Bad Salzdetfurth verlassen haben.

Bad Salzdetfurth hat eine gute Infrastruktur und von den vielfältigen Kur- und Fremdenverkehrseinrichtungen profitieren nicht nur Kurgäste und Besucher, sondern auch die in der Stadt wohnenden Menschen. Neben den Kur- und Fremdenverkehrseinrichtungen steht in Bad Salzdetfurth ein großes Sport- und Freizeitangebot zur Verfügung. Ob Schwimmen, Golf, Tennis, Reiten, Radfahren, Segelfliegen oder Wandern – für jeden ist etwas dabei. So verfügt die Stadt Bad Salzdetfurth über zwei Freibäder. Ein beheiztes, mit Großrutschbahn ausgestattetes Freibad befindet sich in der Kernstadt Bad Salzdetfurth direkt an der Lamme. Hier sind ein Schwimmbecken (50 Meter), ein Nichtschwimmerbecken sowie ein Babybecken vorhanden. Ein weiteres, nicht beheiztes Freibad befindet sich im Ortsteil Bodenburg. Auch dort gibt es ein Schwimmer-, ein Nichtschwimmer- und ein Babybecken. Beide Freibäder verfügen über herrliche mit Baumbeständen angelegte Liegewiesen.

Im Bereich der Wesselner Bünte befindet sich eine der schönsten 18-Loch-Golfanlagen Niedersachsens in hervorragender Hanglage mit Blick bis nach Hildesheim. Sie ist zum Teil im Wald gelegen und zieht die Freunde des Golfs von weit her in ihren Bann. Bad Salzdetfurth hat aber auch für Freunde des ›weißen Sports‹ viel zu bieten, denn insgesamt sind im Stadtgebiet 16 Tennisplätze vorhanden. Für den allgemeinen Sport, wie Fußball, Handball, Leichtathletik usw., stehen sieben städtische Sportplätze sowie acht Sport-, Turn- und Gymnastikhallen zur Verfügung, und wer Bad Salzdetfurth und seine hügelige Umgebung rechts und links der Lamme aus der Luft genießen möchte, der sollte den örtlichen Segelflugplatz auf dem Steinberg im Ortsteil Wesseln aufsuchen.

Das besondere Interesse des Rates und der Verwaltung gilt den Kindern, und so wurde dafür gesorgt, dass es ein ausreichendes Angebot an Kindergartenplätzen gibt. Nach Realisierung eines Kindergartenbauprogramms verfügt die Stadt inzwischen über Tageseinrichtungen für Kinder in den Ortsteilen Breinum, Bodenburg, Bad Salzdetfurth, Groß Düngen, Heinde und Lechstedt mit Angeboten für Vormittags-, Nachmittags- und Ganztagsbetreuung. Aktuell ist die Schaffung von zwei Krippeneinrichtungen, zwei Gruppen in der Kernstadt und eine weitere in Groß Düngen geplant. Damit wird den gesetzlichen Vorgaben nach Betreuungsplätzen für Kinder unter 3 Jahren Rechnung getragen. Als weiteres Betreuungsangebot für Kinder unter 3 Jahren, aber auch als ergänzende Betreuung für Kinder bis zu 14 Jahren gibt es in Bad Salzdetfurth mehr als 20 Tagespflegepersonen, die flexibel und einzelfallorientiert die Betreuung sicherstellen.

Bad Salzdetfurth ist aber auch ein attraktiver Schulstandort und verfügt über vier Grundschulen in Bad Salzdetfurth, Bodenburg, Groß Düngen und Heinde. Bewusst haben sich die verantwortlichen Gremien für ein dezentrales Grundschulangebot entschieden, um so den Kindern möglichst kurze Schulwege zu ermöglichen. Das gleiche gilt im übrigen auch für das dezentrale Angebot an Kindergartenplätzen.

Nach dem Verlassen der Grundschule haben die Schülerinnen und Schüler die Möglichkeit in der Kernstadt die Haupt- oder Realschule zu besuchen, und seit 2009 ist das schulische Angebot um eine Integrierte Gesamtschule erweitert worden. Somit steht zukünftig auch ein Gymnasialangebot in der Kurstadt zur Verfügung.

Die Sothenbergschule für Lehrbehinderte, sowie das Sprachheilzentrum in Trägerschaft der Arbeiterwohlfahrt runden das Angebot ab.

Für den Freizeitbereich der Jungendlichen Einwohner der Stadt bietet ein Jugendzentrum mit zwei hauptamtlichen Jugendpflegern vielfältige Aktivitäten an.

Zu erwähnen sind auch mehrere Altenbegegnungsstätten, die mit Unterstützung der Stadt von Kirchen und Wohlfahrtsverbänden getragen werden.

Zu einer modernen und offenen Stadt gehört auch ein kulturelles Angebot. Kulturelle Ereignisse sind wichtiger Bestandteil für das Sichwohlfühlen einer Gemeinde. Sie sind außerdem ein ›Standortfaktor‹ der örtlichen Wirtschaftsförderung. Für Bad Salzdetfurth als Kurort gilt dieses in besonderem Maße. Stadt und Kurbetrieb kooperieren deshalb auf diesem Gebiet. Außerdem ist neben mehreren Heimatstuben und dem ›Alten Fachwerkhaus‹ im Ortsteil Groß Düngen das ›Sole-, Salz- und Bergbaumuseum‹ eine besondere Attraktivität der Stadt. Hervorzuheben sind auch die Aktivitäten des ›Kulturbeirates‹ der Stadt sowie des ›Kultur- und Verschönerungsvereines‹ und des ›Kunstvereins Bad Salzdetfurth‹ im Ortsteil Bodenburg.

17|

18|

17| KANALARTIG BEGRADIGTE LAMME BEI TAFEL 12

18| TAFEL 12 DES ›ÖKOLOGISCHEN WASSERLEHRPFADES
BODENBURG‹ AN DER ›UWE SURMANN STRASSE‹,
IM ORTSTEIL WEHRSTEDT

19| MÜNDUNG DER RIEHE IN DIE LAMME CA. 200M VOR
DER LAMMEBRÜCKE WEHRSTEDTER STRASSE

Das ›Sole-, Salz- und Kali-Bergbaumuseum‹ entwickelt sich dank des Einsatzes ehrenamtlicher Mitarbeiter und Helfer des Bergmanns-vereines zu einem Museum von überörtlicher Bedeutung. Es bietet in seiner stadthistorischen Abteilung einen geschichtlichen Abriss der Stadtgeschichte. Außerdem wird der Prozess des Salzsiedens theoretisch und praktisch dargestellt.

In der heimatkundlichen Abteilung wird auf das alltägliche Leben der Bürger eingegangen. Auch werden geologische und mineralogische Besonderheiten aus dem Stadtgebiet beschrieben und ausgestellt. Besonders erwähnenswert ist die umfangreiche Mineralien- und Gesteinssammlung aus den Salzregionen Deutschlands.

In einer weiteren Abteilung wird auf die Geschichte des Kalibergbaus eingegangen. Eine besondere Abteilung ist Carl Huter gewidmet. Er wurde in Heinde geboren und ist als vielfältiger Naturphilosoph bekannt geworden. Er entwickelte sich vom Künstler, der Gedichte schrieb und Portraits malte, zu einem Forscher des menschlichen Wesens. Seine Forschungen auf dem Gebiet der Kybernetik und der Neurobiologie, seine Reform-Gedanken zur Erziehungs- und Sozialwissenschaft sowie die Auseinandersetzung mit der Heilkunde machten ihn bekannt. Seine Gedanken sind in zahlreichen Veröffentlichungen nachzulesen, die zum Teil auch im Museum zu sehen sind.

Auch in den Ortsteilen gibt es vielfältige Aktivitäten. So hat der Kulturverein Groß Düngen ein ›Fachwerkhaus‹ ausgebaut, das als kleines Veranstaltungszentrum für Konzerte, Theateraufführungen, Ausstellungen und Workshops zur Verfügung steht. Als ständige Ausstellung ist dort ein Heimatmuseum eingerichtet und das Ortsarchiv untergebracht. Neben dem Oster- und Erntedankmarkt, der am Fachwerkhaus durchgeführt wird, gibt es in der Winterzeit in Groß Düngen zwei besondere Höhepunkte. Es sind am 3. Advent der ›Handwerkliche Weihnachtsmarkt‹ und eine Konzertreihe.

Im Ortsteil Bodenburg haben sich im Laufe der vergangenen Jahre verschiedene kulturelle Aktivitäten entwickelt. So gibt es das BOMA, eine ironische Anspielung an das MOMA in New York City. Es ist ein privates Museum und beherbergt die ›Sammlung Kalkmann‹, das Kontakt-Kunst-Archiv und das künstlerische Oeuvre des Bildhauers Hans-Oiseau Kalkmann. Außerdem befindet sich in Bodenburg das Kunstgebäude des ›Kunstverein Bad Salzdetfurth e. V.‹. Dieser bezog am 16. Mai 1998 mit der Eröffnungsausstellung ›Europa besteige den Stier‹ ein in Niedersachen einmaliges Baudenkmal – den alten Bullenstall, den der Kunstverein in sechsjähriger Arbeit von einer Ruine zum Kunstgebäude umbaute. Hier finden neben Ausstellungen zeitgenössischer Kunst auch Konzerte, Filmvorführungen und experimentelle Veranstaltungen statt. Außerdem ist in Bodenburg der ›Förderverein Kontakt Kunst e. V.‹ beheimatet, der Träger der bisher in Bad Salzdetfurth durchgeführten Kontakt-Kunst-Aktionen ist.

Die ehrenamtlichen Mitarbeiterinnen und Mitarbeiter des Kulturbeirates sorgen in Bad Salzdetfurth für ein vielfältiges und interessantes Kulturprogramm, das immer wieder besondere Beachtung findet. Auf einer Länge von etwa 17 km ist in den drei südlichen Ortsteilen der Kurstadt ein ungewöhnlicher Lehrpfad, der ›Ökologische

Wasserlehrpfad Bodenburg‹ (Abb. 17) angelegt worden, der
sich mit dem Thema ›Wasser‹ als Grundlage allen Lebens
befasst und die Lamme von Station 11 (Lammewehr) bis 15
(Renaturierung einer Ackerfläche) begleitet. Der Wasserlehrpfad ist überregional bekannt und wird von vielen
Besuchergruppen, Familien (Abb. 18) und Einzelpersonen
sehr gut angenommen. Als Ergänzung dieses Pfades wurde
von der Stadt zusammen mit dem Kurbetrieb der Lehrpfad
›Wasser und Salz‹ mit seinen 9 Stationen in der Kernstadt
angelegt, der besonders von den Kurgästen und Besuchern
der Stadt geschätzt wird.

Natürlich hat in einer Kurstadt wie Bad Salzdetfurth der
Umweltschutz für Bad Salzdetfurth seit jeher einen hohen
Stellenwert. So ist z. B. das gesamte Stadtgebiet bis auf
ganz wenige im Außenbereich gelegene Grundstücke an
die zentrale Kanalisation angeschlossen. Alle Kläranlagen
verfügen über die Voraussetzungen der so genannten
dritten Reinigungsstufe (Denitrifikation), teilweise
erfolgen zurzeit Nachrüstungen.

Der Stadtrat hat einen Landschaftsplan als Richtschnur
für die weitere städtische Planung und Entwicklung
beschlossen. Ziel dieses Landschaftsplanes ist es, die
Stadtentwicklung mit den Belangen des Umweltschutzes
auf Dauer in Einklang zu bringen. Im Rahmen dieses
Landschaftsplanes hat die Stadt Bad Salzdetfurth in
den letzten Jahren verschiedene für den Naturschutz
wichtige Flächen erworben. Diese liegen insbesondere in
Bach- und Flußauen (Abb. 19), wo in Zusammenarbeit mit

Naturschutzverbänden und unter finanzieller Beteiligung
verschiedener Organisationen sehr interessante und für
den Naturhaushalt wichtige Renaturierungsmaßnahmen
durchgeführt worden sind.

Urlaubsreisen Bad Salzdetfurther Bürgerinnen und Bürger
oder Besuche von ausländischen Freunden in der Kurstadt
haben schon sehr früh zur Gründung von Städtepartner-
schaften geführt. Ein Partnerschaftsverein organisiert und
koordiniert diese Kontakte, die inzwischen zu den Städten
Yate in England, Benicasim in Spanien, Kelbra in Sachsen-
Anhalt sowie Bochnia in Polen bestehen. Besonders die
Besuche von Schülergruppen bilden hier einen kontinuier-
lichen Austausch und fördern so unter jungen Menschen
die Kontakt- und Toleranzbereitschaft und natürlich damit
auch den ›Europäischen Gedanken‹.

DER KURORT BAD SALZDETFURTH

Schon im Altertum war die Heilwirkung von Salz bekannt.
So benutzen es die Ägypter zum Austrocknen von Wunden
und zur Vorbeugung von Infektionen. In der klassischen
Medizin wird die heilende Wirkung des Salzes bewusst
in der Soletherapie eingesetzt. Sole ist flüssige Sonnen-
energie, denn alle Energie auf der Erde stammt von der
Sonne. Das Salz in der natürlichen Sole enthält somit viele
Mineralstoffe und Elektrolyte, die für den menschlichen
Energiehaushalt von großer Bedeutung sind.
Es war also kein Wunder, dass in Salzdetfurth mit seiner
überregional bedeutenden Salzgewinnung bereits am

27. Mai 1857 das erste Solebadehaus (Abb. 20) seinen Betrieb aufnahm. Das Haus stand am Markt auf dem heutigen Parkplatz neben dem Hotel ›Kronprinz‹. Die spärliche Einrichtung bestand aus 4 Wannen mit Kessel und Fässern. Bereits im Jahre 1865 wurden 2148 Bäder von Kurgästen genutzt. Die erzielten Besserungs- und Heilerfolge verstärkten die Nachfrage. Einige Jahre später wurden daher weitere vier Wannen und ein Fichtennadel-, Dampf- und Inhalationskabinett eingebaut. Dem Ort wurde durch Erlass des Preußischen Staatsministeriums vom 10.12.1921 die Zusatzbezeichnung ›Bad‹ verliehen. 1928 wurde dann das heutige Kurmittelhaus gebaut. Die Einrichtung beschränkte sich zunächst auf Wannenbäder, Räume für Packungen sowie Massagen und Inhalationsräume. 1957 wurden das Badehaus durch den Anbau eines Moorbe-handlungsflügels erweitert und moderne Kurmittelein-richtungen in Betrieb genommen. (Abb. 21)
Die hochprozentigen Salzdetfurther Solequellen und ein heilwirksames Niedermoor aus Luttrum (16 km entfernt) liefern die Grundstoffe für die Heilanwendungen.

Im Kurmittelhaus werden folgende Erkrankungen behandelt:

· Erkrankungen des Bewegungsapparates, z. B. degenerative Gelenkerkrankungen (Arthrosen), Wirbelsäulener-krankungen, entzündliche Gelenk- und Wirbelsäulener-krankungen.
· Erkrankungen der Atemwege, wie Asthma, Bronchitis und Erkältungskrankheiten.

· Erkrankungen des Magens und Darms
· Kreislauferkrankungen
· Hauterkrankungen
· Frauenspezifische Erkrankungen

Bis zum Jahr 1950 war die Salzpfännergilde alleinige Eigentümerin der Kureinrichtungen. Dann wurde der Kurbereich von der Stadt Bad Salzdetfurth übernommen. 1974 kam es zur Bildung einer Kurbetriebsgesellschaft mbH, an welcher der Landkreis Hildesheim mit 51 % und die Stadt Bad Salzdetfurth mit 49 % beteiligt sind. Somit hat sich Bad Salzdetfurth im Laufe seiner Geschichte vom ehemaligen mittelalterlichen ›Salzflecken‹ zu einer Kurstadt entwickelt, in der sich Tradition und Fortschritt miteinander verbinden.

Besonders in den letzten Jahren war es notwendig, dass sich der Kurbetrieb zu einem modernen Dienstleistungsun-ternehmen im Gesundheitswesen weiterentwickelte. Neben dem Kurmittelhaus sind insbesondere die vielfältigen Ein-richtungen im ›Sole-, Frei- und Hallenbad‹ und der Kurpark mit seinen 250 Jahre alten Gradierwerken zu nennen.
Im ›Sole-, Frei- und Hallenbad‹ kann man sich im rund 250 qm großen Innenbecken und rund 450 qm großen Außenbecken – auch bei Eis und Schnee – im ca. 32 °C warmen Solewasser entspannen. Neben dem Außen- und Innenbecken stehen ein Whirlpool, Solarien und großzügig gestaltete Ruhezonen mit Liegestühlen zur Verfügung.
Im Jahre 2007 wurde das Angebot des Solebades um eine neu gestaltete Saunalandschaft erweitert. Hier laden vier

Saunen und ein römisches Dampfbad zum Entspannen und Relaxen ein. Die in den letzten Jahren erfolgte Sicherung von Solequellen und Naturmoor für die nächsten Jahrzehnte sind eine wichtige Grundlage dafür, dass der Kurort Bad Salzdetfurth auch in Zukunft eine gute Chance hat, sich weiter zu entwickeln, um in Konkurrenz mit anderen Kurorten bestehen zu können.

Bereichert und ergänzt wird das Kurangebot durch zwei hochmoderne Rehabilitationskliniken. Hier werden Patienten aus dem gesamten Bundesgebiet behandelt. Die Salze-Kliniken I und II sind Fachkliniken insbesondere für Orthopädie und Anschlussheilbehandlungen; in der Klinik ›Salze I‹ besteht darüber hinaus ein Fachkrankenhaus für Geriatrie.

Die reizvolle Landschaft rechts und links der Lamme (Abb. 22) zieht immer wieder Gäste und Touristen in diese schöne Region Ostfalen und so liegt es nahe, dass die Stadt auch diese natürliche Ressource als einen weiteren wirtschaftlichen Standortfaktor ausbauen möchte. Folglich wird zur Zeit an der Erstellung eines touristischen Konzeptes gearbeitet, um zu klären, wie die vorhandenen Alleinstellungsmerkmale ausgebaut und erweitert werden können. Als besonderer Magnet für reisefreudige Gäste hat sich der Wohnmobilstellplatz am Solebad erwiesen. Seit der Eröffnung dieses Platzes im Frühjahr 2009 nutzten zahlreiche Besucher das Angebot und machten hier Station. Es wird also für die Stadt und den Kurbetrieb auch in Zukunft eine wichtige Aufgabe sein, den Veränderungen dieses Marktes Rechnung zu tragen, um immer wieder neue Wege zu beschreiten, damit ein- oder mehrtägige Besuche in der Kurstadt, ihren Ortsteilen und der Umgebung für die reisenden Menschen unserer Zeit attraktiv sind. Ein aktiver Urlaub in der Fachwerkstadt an der Lamme und ihrer landschaftlich reizvollen Umgebung kann durch den Ausbau der Rad- und Wanderwege zum Ziel für viele werden.

Ergänzt durch neue Angebote in der durch die Lamme reizvoll geprägten Landschaft wird die Stadt auch zukünftig auf sich aufmerksam machen. Ein Mountainbike-Park, eine Mountainbike-Strecke, ein Kletterwald und der weitere Ausbau der touristischen Infrastruktur sind einige Kernpunkte der Planungen, die die Lamme-Metropole auch über die Kreisgrenzen hinaus zu einem gern besuchten Anziehungspunkt werden lassen.

Bad Salzdetfurth hat der Lamme seine Entstehung zu verdanken – damit kann die Lamme auch der ›Fluss des Lebens‹ dieser Stadt in der Zukunft sein, … denn immer fließt die Lamme. |

21 |

22 |

20 | ALTES BADEHAUS VON 1868 - STANDORT JETZIGER
PARKPLATZ ›KRONPRINZ‹ AN DER LAMME

21 | LAMMEBOGEN HINTER DEM KURMITTELHAUS

22 | DIE LAMME IM BEREICH DES KURPARKS

Lamspringe

Neuhof

Groß Ilde

Klein Ilde

Bodenburg

Wehrstedt

Bad Salzdetfurth

Detfurth

Wesseln

Kl. Dünge

Heinde

KAPITEL 12

IN SEINEM ELEMENT ... DIE WASSERAKTIVITÄTEN
DES HANS-OISEAU KALKMANN IM TAL DER LAMME

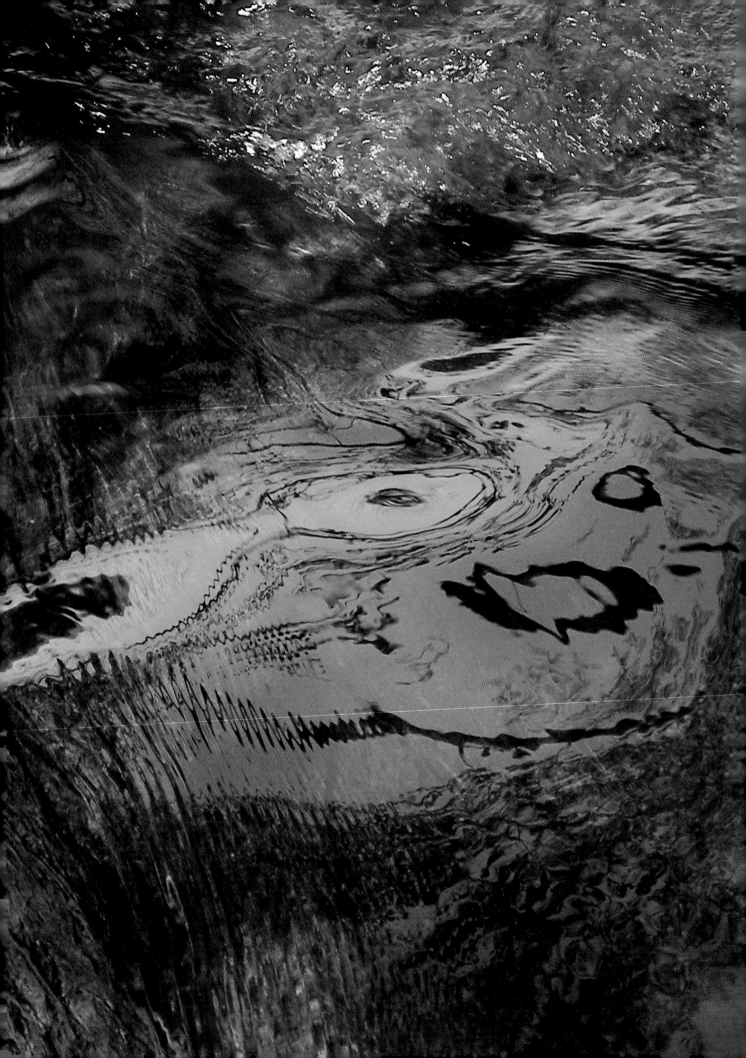

IN SEINEM ELEMENT ...
DIE WASSERKUNST
DES HANS-OISEAU KALKMANN
IM TAL DER LAMME
NORBERT HILBIG

02|

03|

Jeder Mensch wohl hat einen irgend gearteten Gegenstand, den er sich ganz zu Eigen gemacht hat, der fortan von wacher Neugier berührt wird, der immer aufs Neue sein Interesse evoziert. Ein Ort. Ein Thema. Es ist einer zuhause darin, ist vertraut mit ihm. Die Beschäftigung mit einem solchen Gegenstand ist dann intensiver, als mit jedem anderen, es wächst so etwas wie Besessenheit, es entsteht irgendwann eine Obsession. Der Gegenstand, den Hans-Oiseau Kalkmann sich gewählt hat – vielleicht auch umgekehrt –, ist das Wasser. Es entwickelt sich eine spezifische Begabung der Wahrnehmung, es wächst eine Bibliothek, ein Fundus von Zeitungs- und Zeitschriftenbeiträgen. Ein waches Auge und eine besondere Hellhörigkeit sind jetzt der Sache zugewandt. Kalkmann, eigentlich Hans-Werner, ändert Mitte der siebziger Jahre seinen Vornamen. *Hans-Oiseau* heißt er fortan, genannt nach dem, was ihn trägt und treibt, dem Vogel, (Abb. 2) Oiseau, und dem Wasser darin, *Eau*. Ein jeu de mots, wie er es liebt.

Die Faszination am Wasser wird gespeist von den widersprüchlichen Kräften, die ihm innewohnen, den widersprüchlichen Gesichtern, die es zeigt. Es ist Tropfen und Meer, unscheinbar und gewaltig. Es benetzt sanft die Haut des Kindes, und es zerschmettert als Flutwelle ganze Städte, es stillt unseren Durst und lässt uns ertrinken. Es ist zart und grausam, unscheinbar und mächtig. Es trägt den Schwimmenden und zieht ihn im Strudel hinab. Wir leben durch es, wie wir durch es sterben. Wir ersehnen in der Trockenheit seine Anwesenheit und fürchten sein Übermaß. Es streichelt und es peitscht, wie sein Gefährte, der Wind. Kein Wunder, dass solcher Widerspruch einen Künstler wie Kalkmann aufreizt.

Es entstammt der Mensch dem Wasser und er besteht – bis zu 80 Prozent – aus Wasser. Wasser ist der Hauptbestandteil aller Körperflüssigkeiten. Es transportiert das Wasser die Stoffe innerhalb des Körpers, indem diese im Wasser gelöst werden. Zudem ist das Wasser für die Wärmeregulation des menschlichen Körpers unverzichtbar. Wir sind Wasser, wir leben durch Wasser, wie alles, was lebt, durch Wasser lebt. Kein Wunder, dass ein naturwissenschaftlich umtriebiger Künstler wie Kalkmann das Wasser (Abb. 3) zum Gegenstand auch künstlerischer Auseinandersetzung macht.

01| LINKS| LAMMEWASSERBILD

03| ›ZWIEGESPRÄCH MIT EINER SAATKRÄHE‹, 1974 (AUS EINER SERIE VON S/W-FOTOS)

02| ›TWO WATERPIECES PRESSED INTO MY FACE‹, 1972 VIDEOSTILL, GALERIE IMPACT LAUSANNE KAMERA PETER PÖHNERT

04 |

Dann – das panta rhei des Heraklit. Πάντα χωρεῖ καὶ οὐδὲν μένει (Pánta chorei kaì oudèn ménei, »Alles bewegt sich fort und nichts bleibt.« Heraklit bringt den Fluss und uns zusammen. »Wir steigen in denselben Fluss und doch nicht in denselben, wir sind es und wir sind es nicht.« Wir und der Fluss, der Fluss und wir – immer in Bewegung. »Man kann nicht zweimal in denselben Fluss hinabsteigen.«[1] Über Flüsse reden ist wie über Menschen reden.

Unsere Sprache ist folglich voll von Wasser-Metaphern, wir können kaum sprechen ohne sie. Ereignisse überfluten uns. Von der täglichen Nachrichtenflut werden wir überschwemmt. Wir tauchen in eine Geschichte ein. Wir sind unsicher, verlieren die Orientierung, geraten ins Schwimmen. Wir drohen unterzugehen. »O glücklich, wer noch hoffen kann, / Aus diesem Meer des Irrtums aufzutauchen«[2] Von einem, der viel redet, sagen wir, es sprudelt aus ihm heraus. Über den, der unvermittelt zu weinen beginnt, sagen wir, er sei nah am Wasser gebaut. Macht einer abseits sozialer Kontrolle eigene Erfahrungen, sagen wir, er schwimmt sich frei. Wir leben in einer Überflussgesellschaft, wir dürsten nach Gerechtigkeit und wir ertrinken in Selbstmitleid. In einem Meer von Tränen.

Hans-Oiseau Kalkmann, kenntnisreich, um all dies wissend, ist aber nicht allein bibliophiler Dokumentar, gewissenhafter Archivar, sensibler Beobachter, Sprecher und Hörer, er ist vor allem Künstler, der mit dem Element seines Interesses, dem Gegenstand seiner Obsession, in besonderer Weise – eben künstlerisch – umzugehen weiß.

Schon vor vierzig Jahren beginnt Kalkmann seine spektakulären Kunstaktionen mit den ›Wasserstücken‹. Ich erinnere mich an die Begeisterung, die sie bei mir hervorriefen, diese Plastikbeutel, in denen Wasser eingeschweißt war, mal in einen Baum gehängt, mal als Straßensperre (Abb. 5) oder als Kreuz (Abb. 4) oder als Treppe gelegt. So unerhört einfach, so simpel und doch so stark und so voll von ästhetischer Kraft. An der Lammebrücke in Detfurth ereignete Kalkmann 1969 seinen ersten Wasserstück-Baum, später gab es Wasserstück-Ausstellungen und mitunter Wasserstück-Schlachten im Fridericianum in Kassel (Abb. 6), in Lausanne, Montreux, Budapest, Wien, Sydney, Reykjavik, Paris und anderswo (Abb. 7). Nebenher, zwischendurch oder parallel hielt Kalkmann Dia- und Filmvorträge über die Bedeutung des Wassers für unser Leben, über Wasserverschmutzung und den Zustand unserer Flüsse. Und was uns heute so klar und selbstverständlich scheint, das löste damals Unverständnis, Kopfschütteln, Irritationen aus, mobilisierte Abwehr und Widerstände zum Beispiel bei den Verantwortlichen des heimischen Kaliwerks. 1970 dann gründete H.-W. Kalkmann in Bad Salzdetfurth die »central administration of artistic environment defence« mit dem Ziel, das Wasserbewusstsein der Menschen zu entwickeln. Die

- - - - - - - - - - - - - - - - - - - -

1   Vgl. J. Hirschberger, ›Geschichte der Philosophie‹ (Bd. I), Ffm., o. J.
     S. 27 ff.
2   J. W. Goethe ›Faust – Der Tragödie erster Teil‹, Stuttgart 1963, S. 33

05|

06|

07|

politisch ökologische Dimension in der Auseinandersetzung mit Wasser – *seinem Element* – verschmolz immer wieder mit der künstlerischen. Aufklärung und Spiel, Politik und Ästhetik, Ökologie und Poesie waren stets verbunden. Schon damals »*konnte ich sehen, daß er viel über das Wasser wußte, über das Schweigen und Plappern des Wassers, über seine verweilende Zielstrebigkeit, über die Art, wie es sich bewegt und bleibt.*«[3]

Der Künstler kann das Wasser poetisch ansehen, und er kann es politisch, ökologisch mit wissenschaftlichen Augen ansehen. Kalkmann kennt beide Sehweisen. Er kann sehen, dass Wasser ein Gesicht hat. »*Es ist wahr, daß die Farbe des Himmels, die Helligkeit und der Schein des Lichts dem Wasser sein Gesicht geben, genauso wie sich durch den Zug einer Wolke das Gesicht des Wassers völlig verändern kann, helles, freundliches Wasser plötzlich ergraut, versteinert oder umgekehrt dunkles, drohendes Wasser durch die Berührung eines Sonnenstrahls unvermittelt auflacht, glitzert und glänzt.*«[4]

Mitte der neunziger Jahre konzipiert Kalkmann seinen ›ökologischen Wasserlehrpfad Bodenburg‹ (Abb. 10) – und realisiert ihn.[5] Die damalige Niedersächsische Umweltministerin Monika Griefahn gewinnt er als Schirmherrin, und viele andere Persönlichkeiten des öffentlichen Lebens gewinnt er als Förderer seines ehrgeizigen Projekts. Über Jahre hinweg gelingt es ihm, Sponsoren, Förderer, Mitstreiter zu begeistern durch sein authentisches Eintreten für eine Sache, durch den Biss, mit dem er Sachen fasst und festhält, durch seine Beharrlichkeit und

04| ›WASSERSTÜCKKREUZ‹,
   1972 BAD SALZDETFURTH, JAHNPLATZ

05| ›WATER-PIECE-STREET-BARIER‹,
   1969 BAD SALZDETFURTH, SALZPFÄNNERSTRASSE
   VOR HAUS NR. 11

06| ›COVERED ENTRANCE‹, 1969 KASSEL, MUSEUM
   FRIDERICIANUM AUSSTELLUNG OPERATIONEN

07| ›COVERED OPEN AIR SAIRS‹,
   1969 BAD SALZDETFURTH

3   J. v. Düffel, ›Vom Wasser‹, München 2000, S. 112
4   Ebenda, S. 13
5   Vgl. H.-O. Kalkmann, J. Kalkmann (Hrsg.), ›Ökologischer Wasserlehrpfad Bodenburg‹, Bad Salzdetfurth 1995

08|

09|

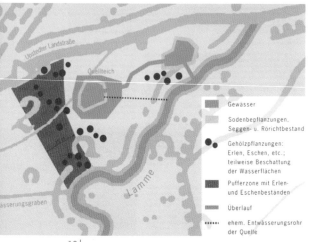

▆	Gewässer
	Sodenbepflanzungen, Seggen- u. Rörichtbestand
●●	Gehölzpflanzungen: Erlen, Eschen, etc.; teilweise Beschattung der Wasserflächen
	Pufferzone mit Erlen- und Eschenbeständen
	Überlauf
•••••	ehem. Entwässerungsrohr der Quelle

10|

11|

seine ansteckende Besessenheit. Kalkmann weiß, dass Aufklärung und Sinnlichkeit zusammenfinden müssen, um Wirksamkeit zu entfalten. Und so klärt sein Wasserlehrpfad nicht nur auf über Wasserkreislauf, Wasserschutz, Trinkwassergewinnung, Wasserversorgung, Wasserkraft und vieles andere. Er macht das Wasser auch sinnlich erfahrbar. Er vermittelt Wasser-Erfahrungen. Das kann nur einer, der die Geräusche des Wassers kennt, seinen Geschmack, sein Gesicht, seinen Geruch.

»Es gibt eine besondere Verbindung von Wasser und Geruch. Wenn nach einer langen Zeit der Trockenheit zum ersten Mal wieder Regen fällt und wir hinaus auf die Straße treten, dann wirkt die Luft nicht nur frischer und wie gereinigt. Sie ist voll von Gerüchen. Der auf dem Asphalt verdampfende Regen, die getränkte Erde, das Gras, das Laub, alles fängt nach diesem Wasserguß wieder an zu riechen. Und ein großer Teil der Klarheit und Frische, die wir nach einem solchen Guß empfinden, rührt daher, daß uns das Wasser die Dimension des Geruchs zurückgegeben hat. Wir nehmen alles stärker, kräftiger wahr, nicht nur weil die Farben satter, die Kontraste schärfer sind, sondern auch, weil wir die Dinge wieder riechen. Das Wasser hat uns von unserer Geruchsblindheit befreit. Und wir nehmen die Welt wieder mit allen fünf Sinnen wahr. Und ich rieche das Wasser selbst: grünes, wildes Wasser, das in einem breiten Strom wirbelnd dahinfließt. Noch bevor ich mich setze und schaue, noch bevor ich das Wasser gesehen habe, rieche ich seine kühle Frische, diesen Atem des Wassers in der frühlingshaften Luft, rieche, wie das Aufschwappen der Wellen an den Rändern des Flußbettes die Steine dazu bringt, ihren gewölbe-ähnlichen Geruch auszuströmen, benetzt von Wasser, beschienen von einer blassen Frühjahrssonne. Und dann sehe ich, wie das Wasser mit leichtem Wellenschlag den Steinen in alle Poren kriecht und ihnen ihre volle Färbung wiedergibt und ihren eigenen Geruch, den Atem des Wassers und der Steine.«[6]
Hans-Oiseau Kalkmann hat so viele Jahre den menschlichen Sinnen

- - - - - - - - - - - - - - - - - - - -
6   J. v. Düffel, ›Vom Wasser‹, a.a.O., S. 9 f.

12|

13|

gehuldigt durch seine viel beachteten internationalen Ausstellungen
zu den menschlichen Sinnesorganen im Kunstgebäude im Schlosshof
Bodenburg[7] wie auch durch eigene künstlerische Arbeiten. (Abb. 11)
Brunnen sind Tore zur Wasser-Unterwelt. Brunnen sind Wasser-
reservoirs und Denkmäler (Abb. 14), die dem Wasser huldigen,
Mittelpunkte unserer Städte, Insignien des Lebendigen. Kalkmann
hat einen um den anderen entworfen und viele davon gebaut: Einen
Regenwasser-Brunnen für die Feldmark des Flecken Bodenburg, einen
Sprudelstein für den Marktplatz der Stadt Höxter, ein *Wassermühlen-Spiel*
für die Stadt Wolgast (Abb. 13), einen *Blütenbrunnen* (Abb. 12) für Leipzig
und Calla Palustri heißt eine Brunnenanlage, die er für Lüneburg baut.
Für die Stadt Hann. Münden hat Hans-Oiseau Kalkmann wie so oft
gemeinsam mit seinem Sohn Jens und mit einer Gruppe unterschied-
lichster Künstler ein ganzes Ensemble von Wasser-Skulpturen realisiert.
Es wurde zum registrierten Projekt der Weltausstellung Expo 2000.
›Wasserspuren‹ hat er ausgelegt, die die Stadt durchziehen, *Wasser-Speier*,
Wasser-Teppich, *Wasser-Säule*, *Wasser-Klangspiel*.[8] Und wie so oft, wie schon
in den frühen Jahren der *Kontaktkunst-Aktionen*, hat Kalkmann auch hier
Menschen beteiligt, Bürger, Passanten, Kinder und Alte einbezogen,
mitmachen lassen, hineinfinden lassen in ein künstlerisches Denken
und Tun, durch das manchmal etwas von dem vorscheint, von dem man
glaubte, es wäre nicht.

- - - - - - - - - - - - - - - - - -

7   Vgl. die Kataloge zu den Ausstellungen: Kunstverein Bad Salzdetfurth (Hrsg.),
    ›Bocca della verità‹ (2004); ›La main dans la Main‹ (2005); ›Lend me your ear‹
    (2006); ›Trzeba mieć nosa‹ (2007); ›Einen Augen-Blick, bitte!‹ (2008)
8   J. Kalkmann u.a. (Hrsg.), ›Wasserspuren – Wasser sichtbar machen‹,
    Hann. Münden 2000

08 | ›WATER-PIECE – SNOWED IN‹,
      1970 BAD SALZDETFURTH, MÜHLENBUSCH
      EHEMALS BERGSTRASSE

09 | AKTION ›ROAD WHITE LINES‹, 1969/70 BAD SALZ-
      DETFURTH, BERGSTRASSE – JETZT MÜHLENBUSCH
      – OBERHALB DER EINMÜNDUNG BIRKENWEG

10 | ›ÖKOLOGISCHER WASSERLEHRPFAD BODENBURG‹,
      1995, DARSTELLUNG DES RENATURIERUNGSVOR-
      SCHLAGES FÜR DIE VERROHRTE QUELLE AN DER
      LAMME UND DER UPSTEDTER STRASSE
      (AUSZUG AUS: HEFT ZUR SACHE, STATION 15, S. 41)

11 | ›SCHUL-MUND‹, 2005, GRANIT (160 X 180 X 42CM)
      ERSTELLT IM RAHMEN DER 48. KONTAKT-KUNST-
      AKTION VOR DER GRUNDSCHULE BODENBURG

12 | ›BLÜTENBRUNNEN‹, 2001 LEIPZIG
      HORTUS MEDICUS DER UNIVERSITÄT,
      GEMEINSCHAFTSARBEIT MIT JENS KALKMANN

13 | ›WASSERMÜHLENSPIEL‹, 2001 WOLGAST
      42. KONTAKT-KUNST-AKTION,
      GEMEINSCHAFTSARBEIT MIT JENS KALKMANN
      UND ASSISTENZ VON MIREK ABRAMOWICZ

14 |

15 |

Für seine Kontaktkunst-Aktionen, für seine Brunnen-Skulpturen und seine Wasser-Objekte erhält Kalkmann zahlreiche Preise. Unter anderem im Brunnenwettbewerb in Ahlen / Westfalen mit der Skulptur ›Die Kraft des Wassers‹ und den Brandenburgischen Architekturpreis 2001 für seine 41. Kontaktkunstaktion, in der er in Fürstenberg an der Havel ein Wasser-Objekt realisiert mit dem rauschenden Titel ›Vereisen – Schieben – Tauen – Fließen – Versickern.‹ Die verschiedensten Aggregatzustände des Wassers wie auch seine expressiven und verhaltenen Bewegungsformen werden thematisiert, selbst das Versickern.

Was versickert, das durchmischt sich mit dem Gegenstand, den es betrifft, wird eins mit ihm. Die Durchmischung verändert alles. Die Durchmengung verwandelt beides: das Sickernde und jenes, in das es sickert. Sie ist ganz und gar eins geworden mit dem, das sie durchtränkte. »Wasser tropft auf den Boden, plitsch, platsch. Die Tropfen verschwinden sekundenschnell im Boden. Sie versickern in den mineralischen und organischen Teilchen der Erde, dem Gesetz der Schwerkraft gehorchend; sie nutzen Raum, wo gar keiner zu sein scheint, sie lassen die Fetzen ihrer eigenen Seele zurück und schenken diesen Teilchen Leben, während sie ihres verlieren, auf dem Weg zum glühenden Herzen des Planeten, zu dem Feuer, wo die Erde noch dem ähnelt, was sie war, als sie entstand.«[9] Es saugt der Gegenstand sich voll mit Flüssigkeit. »Giltay hielt einen Zuckerwürfel in den Tee und wartete, bis er sich vollgesogen hatte.«[10] Der Gegenstand saugt die Flüssigkeit ein, er übernimmt im Saugen eine aktive Rolle, während er im Durchtränken passiv ist. Er wird durchtränkt. Alles Sickern geht nach unten, ist Herabsickern. Es gibt kein Nach-oben-sickern. »Er ging bis zum letzten Waggon, einem Güterwagen, der Fisch und Fleisch auf Eis gelagert transportierte. Aus ihm sickerte Wasser wie aus einem von tausend Kugeln durchlöcherten Bassin.«[11] Der Gegensatz zum Sickern ist das Prasseln. Der Regen prasselt auf eine Oberfläche und dringt nicht durch. »Es regnete, ein leises, unbeständiges Prasseln auf dem Plastikdach, und sie lag gemütlich in die Decke gewickelt.«[12] Alles Prasseln ist hörbar, Sickern nicht. Prasseln ist aufdringlich, Sickern ist eindringlich.

Und ganz so wie das Wasser wandlungsfähig in immer neuen Bewegungsformen und Geschwindigkeiten daherkommt, ganz so kommt auch sein Protagonist Hans-Oiseau Kalkmann mal behutsam poetisch daher, mal energisch und kraftvoll. Gerade ist seinen theoretischen Schriften, in provozierenden Aktionen und politisch ökologischen Agitationen ist er widerständig, streitbar. Während er in der künstlerisch sensiblen Hinwendung zu seinem Gegenstand zart und leise sich Ausdruck schafft. Mal ist er ganz in die Sache versunken, dann wieder peitscht er wie Gischt an die Mauern der Ignoranz und der Dummheit, sie zum Einsturz zu bringen. Es geht immerhin um nicht mehr und nicht weniger als um unser Leben. Es geht um das, wodurch wir leben. Es geht ums Überleben. Und in diesem Kampf ist Kalkmann in seinem Element. Er gründet Anfang der siebziger Jahre die Zentrale für Umweltschutz in Bad Salzdetfurth, stempelt seine Post mit ›Achtung! Saurer Regen‹ (Abb. 18) und mit hunderten anderer provokativer Stempel. Was für Klaus Staeck die Postkarte war, wurde für Kalkmann der Poststempel. 1971 fordert er verschiedene Bundesministerien auf, den 1. Mai zum Tag der Umwelt zu machen. Aus Bad Salzdetfurth heraus organisiert er in vielen deutschen Städten spektakuläre und Aufsehen erregende Kunstaktionen mit großer Beteiligung vieler namhafter Künstlerkollegen.

9   M. Figueras, ›Kamtschatka‹, München 2008, S. 10 f.
10   H. Mulisch, ›Die Entdeckung des Himmels‹, Reinbek bei Hamburg 2005, S. 638

11   A. Baricco, ›Seide‹, München, Zürich 1998, S. 102
12   T. C. Boyle ›América‹, München, Wien 1996, S. 476

16 |

17 |

18 |

Bad Salzdetfurth, genauer: Bodenburg, das war und ist der Ausgangspunkt und der Rückzugsort Kalkmanns. Vielleicht braucht man solch
einen Ort als Fixpunkt in seinem Leben. Einen, der stabilisiert, der
Rückhalt und Deckung gibt. Und dieser Ort ist mit der Lamme (Abb. 16)
verknüpft, diesem kleinen Fluss, den Kalkmann ungezählte Male
abwärts und aufwärts abgegangen ist, bis er jede Biegung, jede Strömung kannte (Abb. 17). Ich kenne solche »*Spaziergänge, die man nicht so sehr
aus Lust als vielmehr aus dem Bedürfnis heraus unternimmt, den Tag abzulaufen
und den Körper so müde zu gehen, wie es die Gedanken und Gestimmtheiten schon
sind. (…) Ich hatte mir diesen Fluß nicht ausgesucht, aber es war das einzige Wasser
in der Nähe der Wohnung, in der ich damals (…) wohnte.*«[13] Auch Kalkmann
hat sich seinen Fluss nicht ausgesucht. Er war schon da. Aber er hat
ihn – wie und wodurch auch immer – kennen gelernt, sich vertraut
gemacht mit ihm. Und irgendwann hat er ihn geliebt. So stelle ich mir
das vor. Und man setzt sich dann ein, für den, den man liebt, und man
sorgt für ihn. Es ist, was man liebt, einem nicht gleichgültig. Und wie
Antoine de Saint-Exupérys kleiner Prinz sagen kann »*Ich bin für meine
Rose verantwortlich*«[14], so kann Kalkmann sagen, »Ich bin für meinen Fluss
verantwortlich.« Es ist ja *sein* Fluss geworden. Irgendwie sein Ur-Gewässer.
»»*Man kennt nur die Dinge, die man zähmt*‹, sagte der Fuchs. ›*Die Menschen haben
keine Zeit mehr, irgend etwas kennenzulernen. (…) Wenn du einen Freund willst, so
zähme mich!*‹ ›*Was muß ich da tun?*‹ sagte der kleine Prinz. ›*Du musst sehr geduldig
sein*‹, antwortete der Fuchs. ›*Du setzt dich zuerst abseits von mir ins Gras. (…) Aber
jeden Tag wirst du dich ein bißchen näher setzen können …*‹«[15] Wie viele Male
muss man seinen Fluss abgegangen sein, bis er gezähmt ist? Wie viele
Stunden, wie viele Tage und Jahre braucht die Lamme? Wie auch immer.
Es wurde Zeit, dass Hans-Oiseau Kalkmann seiner Geliebten ein Buch
schenkt. |

- - - - - - - - - - - - - - - - - - - -

13   J. v. Düffel, ›Vom Wasser‹, a.a.O., S. 113
14   A. de Saint-Exupéry, ›Der kleine Prinz‹, Düsseldorf 1961, S. 53
15   Ebenda, S. 50

14 | ›VEREISEN – SCHIEBEN – TAUEN – FLIESSEN –
VERSICKERN‹, FÜRSTENBERG / HAVEL 2000
GEMEINSCHAFTSARBEIT MIT JENS KALKMANN,
41. KONTAKT-KUNST-AKTION

15 | ›DAS 3. OHR-BRUNNEN‹, 1999 BODENBURG,
STANDORT ›HINTER DEM HAGEN‹,
34. KONTAKT-KUNST-AKTION IN ZUSAMMENARBEIT
MIT JENS KALKMANN UND MIREK ABRAMOWICZ

16 | ›LAMME-WELLE‹, 2005, HANS-OISEAU KALKMANN
(PROJEKT FÜR EINE BRÜCKENSKULPTUR ZUM
KURPARK STANDORT: DETFURTHER STRASSE IN
HÖHE DES ROSENGARTENS)

17 | LAMMEMÄANDER ÖSTLICH DER OHE IN DER NÄHE
DES ›SCHELLBRUNNENS‹

18 | ›ACHTUNG! SAURER REGEN‹, 1970, HINWEISSCHILD

Titelbild
Hans-Oiseau Kalkmann

Grußwort
Seite 6 (Lammequelle) Hans-Oiseau Kalkmann

Vorwort
Seite 8 aus: ›The Agile Rabbit Book of Historical
and Curious Maps‹, The Pepin Press, Amster-
dam 2005, S. 10
S. 9, 10 Hans-Oiseau Kalkmann

Einführung
Abb. 01 – 14 Hans-Oiseau Kalkmann

Kapitel 1
S. 20 / 21 Bilderleiste und Abb. 01
Hans-Oiseau Kalkmann
S. 21 und Abb. 2 – 18 Ludger Feldmann

Kapitel 2
S. 34 / 35 Bilderleiste, S. 35 und Abb. 01
Hans-Oiseau Kalkmann
S. 35 und Abb. 02 – 32 Heinrich Hofmeister
Abb. 15 G. Heine

Kapitel 3
S. 56 / 57 Bilderleiste Hans-Oiseau Kalkmann
S. 57 und Abb. 01 – 18 Ewald Bürig

Kapitel 4
S. 68 / 69 Bilderleiste Hans-Oiseau Kalkmann
S. 69 Ausschnitt aus EPISCOPATUS
HILDESIENSIS 1727
Abb. 01 aus Kabus: ›Sole Salz und Sölter‹, S. 8
Abb. 02, 03, 04, 09 Ausschnitt aus: Gaußsche
Landesaufnahme,
Fürstentum Hildesheim von 1827
Abb. 05, 06, 07 Hans-Oiseau Kalkmann
Abb. 08 Thomas Dahms

Kapitel 5
S. 78 / 79 Bilderleiste Hans-Oiseau Kalkmann
S. 79 und Abb. 01 – 17 Hans-Oiseau Kalkmann

Kapitel 6
S. 96 / 97 Bilderleiste, Abb. 01, 16, 18
Hans-Oiseau Kalkmann
S. 97 (Kettenbild) Marion Lidolt
Abb. 02 – 15, 17, 19 – 23 NLWKN

Kapitel 7
S. 108 / 109 Bilderleiste Hans-Oiseau Kalkmann
S. 109 und Abb. 01 – 11 Axel Christoph
Kronenberg

Kapitel 8
S. 120 / 121 Bilderleiste und Abb. 03, 16, 18 – 20
Hans-Oiseau Kalkmann
S. 121, Abb. 02, 06, 07, 11, 12, 14, 15, 17 K+S
Abb. 01 aus: Stadtgeschichte Bad Salzdetfurth

Kapitel 9
S. 150 / 151 Bilderleiste und Abb. 02, 12
Hans-Oiseau Kalkmann
S. 151 und Abb. 05 – 10, 12, 13 aus: Archiv
Eberhard Schüler, Bad Salzdetfurth
Abb. 01 aus: 800 Jahre Bad Salzdetfurth
Abb. 03 H. Koburg, aus Kabus ›Sole, Salz,
Sölter‹, S. 100
Abb. 04 aus: Fahrgastverband pro Bahn, S. 6

Kapitel 10
S. 164 / 165 Bilderleiste, S. 165 und Abb. 01 – 04,
06, 10 – 13, 15 – 21, 23 Hans-Oiseau Kalkmann
Abb. 08 Ausschnitt aus Axel Christoph
Kronenberg ›Kloster Lamspringe‹
Abb. 05, 09, 14 Wolfgang Pletz, Gemeinde-
verwaltung Lamspringe
Abb. 07 Urkarte der Gemarkung Neuhof
Herausgeber: Behörde für Geoinformation,
Landentwicklung und Liegenschaften Hameln.
Katasteramt Alfeld (Leine), Freigabe der Karte
zur Herstellung und zum Vertrieb (Veröffent-
lichung im dem Buch zum Lammeverlauf)
erteilt am 02. 11. 2009
Abb. 22 Stadt Bad Salzdetfurth

Kapitel 11
S. 182 / 183 Bilderleiste und Abb. 01, 05 – 08, 13,
14, 16 – 19, 21, 22 Hans-Oiseau Kalkmann
S. 183 und Abb. 02 anonym, Quelle unbekannt
Abb. 03 aus: Kleine Stadtkunde Bad Salzdet-
furth, S. 22
Abb. 04 anonym, aus: ›Situationsplan der
verglichenen Jurisdictions und Jagdt Gräntzen
zwischen dem Fürstlichen Amte Winzen-
burg und dem v. Steinbergischen Gerichten
Salzdetfurth, Oestrum, Bodenburg‹
Abb. 09, 11 Erich Reinecker, Bad Salzdetfurth
Abb. 10, 12 anonym, aus: Kabus ›Sole, Salz,
Sölter‹, S. 84
Abb. 15 Stadt Bad Salzdetfurth
Abb. 20 anonym, aus: Kabus ›Sole, Salz,
Sölter‹, S. 21

Kapitel 12
S. 198 / 199 Bilderleiste, S. 199 und Abb. 01,
10 – 13, 15, 17 – 19 Hans-Oiseau Kalkmann
Abb. 02, 04, 14 Jens Kalkmann
Abb. 2 Videostill, Kamera Peter Pöhnert
Abb. 05, 07 Klaus-Peter Exner
Abb. 06 Karsten Hesse
Abb. 09 aus: ›Heft zur Sache‹,
Bodenburg 1995, Seite 41
Abb. 16 Mirek Abramowicz
Abb. 18 Hans-Oiseau Kalkmann, Animation
Joanna Sochacka

Rücktitel
Hans-Oiseau Kalkmann